绿色金融与公司治理

沈 蜜　丁明发　等著

中国财富出版社有限公司

图书在版编目（CIP）数据

绿色金融与公司治理／沈蜜等著．－－北京：中国财富出版社有限公司，2025.6．－－ISBN 978－7－5047－8209－0

Ⅰ.F83；F276.6

中国国家版本馆 CIP 数据核字第 2024MU4610 号

策划编辑	李彩琴	责任编辑	孟　杨	版权编辑	武　玥
责任印制	荀　宁	责任校对	孙丽丽	责任发行	于　宁

出版发行	中国财富出版社有限公司		
社　　址	北京市丰台区南四环西路 188 号 5 区 20 楼	邮政编码	100070
电　　话	010－52227588 转 2098（发行部）	010－52227588 转 321（总编室）	
	010－52227566（24 小时读者服务）	010－52227588 转 305（质检部）	
网　　址	http://www.cfpress.com.cn	排　版	宝蕾元
经　　销	新华书店	印　刷	北京九州迅驰传媒文化有限公司
书　　号	ISBN 978－7－5047－8209－0/F · 3704		
开　　本	710mm×1000mm　1/16	版　次	2025 年 6 月第 1 版
印　　张	15	印　次	2025 年 6 月第 1 次印刷
字　　数	230 千字	定　价	69.80 元

版权所有·侵权必究·印装差错·负责调换

前 言

当前,全球正处于能源转型与生态治理的关键窗口期。以碳达峰、碳中和为核心目标的绿色发展战略,正在重塑资源配置方式与资本流动方向。绿色金融作为引导资金进入低碳、可持续领域的重要政策工具,日益成为国家治理体系中的关键一环。然而,绿色金融能否真正发挥政策效能,最终仍取决于企业这一微观行为主体的响应与调整。在这一过程中,公司治理机制的中介作用不容忽视。

本书以"绿色金融与公司治理"为研究主线,试图从企业行为的微观视角出发,系统探讨绿色金融政策如何通过公司治理结构、信息披露机制与所有权安排,影响企业在环境压力下的战略选择与经营行为。围绕碳排放、碳交易、绿色信贷、企业社会责任及环境信息披露等议题,书中构建了覆盖制度背景、理论机制与实证检验的完整分析框架,力图揭示绿色金融与公司治理之间的动态交互关系。

全书的逻辑脉络由若干具有代表性的研究问题串联而成:《碳排放对企业税务决策的影响》聚焦碳排放与税收规避的关系,发现高碳企业为缓解由绩效压力带来的财务约束,存在更强烈的避税激励。该部分引入"低碳城市试点"与"环保法庭设立"作为外生冲击,使用工具变量法强化识别,验证了环境压力如何间接驱动企业调整税务策略。《碳交易对盈余管理决策的影响》探讨碳排放权交易机制对盈余管理的约束作用,指出绿色政策具有替代内部治理的"外部规制功能",对企业会计行为产生显著影响。

后续文章依次研究绿色信贷政策对企业信息披露质量的提升效应、境外战略投资者在企业社会责任建设中的治理作用,以及企业社会责任披露对市场流动性改善的边际贡献，均从公司治理的维度展开理论推演与实证分析。《企业环境信息披露对融资约束的影响》进一步探讨企业环境信息披露对融资约束的缓解机制，揭示"绿色透明度"不仅是合规的体现，更是一种降低逆向选择风险、提升资本可得性的治理手段。

值得指出的是，绿色金融的实施效果具有显著的异质性，取决于企业类型、所有权结构、地区制度环境以及外部监管强度等多重因素。全书通过分组回归、交互项设计与稳健性检验，力图捕捉政策作用的边界条件，并为政策制定者提供可操作的识别思路与调控建议。

本书的研究不仅回应了绿色金融在实践中"如何通过公司治理传导到企业行为"的核心问题，也尝试突破现有绿色金融文献以宏观统计或行业层面为主的分析范式，将绿色议题与公司金融、治理结构、资本市场反应等微观机制有机结合。我们希望通过本书的研究，提供一个系统性的分析框架，既服务于学术界对绿色金融微观基础的理论探索，也为政策制定者理解绿色转型中的企业响应逻辑、设计更具针对性的制度工具提供经验证据和思考基础。

谨以此书，献给正在深入推进生态文明建设、探索绿色高质量发展的中国。

目录

CONTENTS

碳排放对企业税务决策的影响 ················ 沈 蜜 001
  一、引言 ·· 001
  二、文献综述与政策背景 ································· 004
  三、理论假设 ·· 008
  四、研究设计 ·· 009
  五、实证结果 ·· 015
  六、研究结论与政策建议 ································· 034

碳交易对盈余管理决策的影响 ········ 沈 蜜 田 园 040
  一、引言 ·· 040
  二、文献综述 ·· 042
  三、理论分析与研究假设 ································· 044
  四、研究设计 ·· 046
  五、回归结果与分析 ·· 050
  六、进一步研究 ··· 051
  七、稳健性检验 ··· 063
  八、研究结论与政策建议 ································· 070

绿色信贷政策对企业信息披露质量的影响 ········ 沈 蜜 075
  一、引言 ·· 075

二、文献回顾和假设提出 …………………………………… 078
三、实证设计 ………………………………………………… 083
四、实证结果分析 …………………………………………… 086
五、研究结论与政策建议 …………………………………… 100

境外战略投资者对企业社会责任表现的
影响 ………………………………… 沈　蜜　丁明发　何重达　107
一、引言 ……………………………………………………… 107
二、中国企业社会责任披露要求和 FSI 的制度背景 ……… 113
三、数据、样本及变量构建 ………………………………… 114
四、主要研究结果 …………………………………………… 119
五、横截面检验 ……………………………………………… 130
六、结论 ……………………………………………………… 143

企业社会责任披露对流动性的
影响 ……………………… 沈　蜜　丁明发　何重达　韩易凯　152
一、引言 ……………………………………………………… 152
二、机构背景和假设的提出 ………………………………… 160
三、数据、样本和变量构建 ………………………………… 163
四、实证模型和结果 ………………………………………… 173
五、稳健性测试 ……………………………………………… 188
六、结论 ……………………………………………………… 199

企业环境信息披露对融资约束的影响 ………………… 沈　蜜　214
一、引言 ……………………………………………………… 214
二、文献综述与理论假设 …………………………………… 216
三、研究设计及样本选取 …………………………………… 218
四、实证结果分析与稳健性检验 …………………………… 224
五、研究结论 ………………………………………………… 231

碳排放对企业税务决策的影响

沈 蜜

摘要： "十四五"是碳达峰的关键期、窗口期，关于碳排放对宏观经济和微观企业绩效及治理的讨论与日俱增。现有国内外文献尚未对企业层面的碳排放量与企业税收规避进行深入的探讨。基于 Trucost 数据库企业层面的碳排放量数据，本文用 2005—2020 年中国 A 股上市公司数据集，验证了碳排放量对企业税收规避的正面影响。用"低碳城市试点"和"环保法庭设立"两个政策冲击作为工具变量，构建了 2SLS 模型，缓解了模型的内生性。在机制检验部分，碳排放量对企业税收规避的促进源于盈余压力，碳排放量高的企业，企业风险高、绩效要求高。异质性分析发现，信息披露质量低的企业、非 A 类纳税人企业、非国有企业、所在行业竞争水平低的企业、位于高环境规制地区的企业和位于低税收执法水平地区的企业，碳排放量对企业税收规避有更显著的促进效应。稳健性检验中分别将被解释变量更换衡量方式、将解释变量换为碳排放量的组成后回归，均得到相同结论。在强化自主创新能力的新发展格局、构建绿色金融新格局的背景下，本文实证分析了碳排放量对企业税收规避的显著影响，理解内在机制，丰富了有关绿色金融和企业决策的研究文献。研究结论为理解高碳排放企业的行为与决策，以及微观层面的绿色金融提供一定的参考价值。

一、引言

近年来，气候变化已成为商业和政治议程上的核心议题，其中温室气体排放已成为关注的焦点。全球气温上升的主要原因是大量温室气体的排放，特别是二氧化碳，这直接威胁到人类的生存。人为碳排放的快速增长，对海平面上升、干旱、洪水等自然灾害产生了巨大的影响。国际能源署（IEA）的数据显示，2020年年末全球碳排放量比2019年同期增加了2%（6000万吨）。[①]

为了限制排放的指数级增长，《巴黎协定》要求缔约方减少碳排放。[②] 减少二氧化碳排放对确保人类的生态和环境福祉至关重要。这是为应对气候变化而制定的碳减排目标，对国家中长期经济和社会规划构成了约束力。作为全球最大的能源消耗国和二氧化碳排放国，中国按照国务院发展"十二五""十三五""十四五"规划进一步将碳强度限制纳入五年发展规划[③]，到2025年，我国规模以上工业单位增加值能耗比2020年下降13.5%。"十四五"是碳达峰的关键期、窗口期。为了完成碳达峰、碳中和目标，我国还制定了低碳城市试点、环保法庭设立、环保税改革等各种政策，助力绿色转型，构建新发展理念的"绿色"层面。作为温室气体的主要源头，这些政策和举措可能会对企业层面产生影响（Kabir等，2021）。

近年来，关于碳排放对微观企业绩效及治理的讨论与日俱增。例如，高碳排放会显著降低企业价值（Matsumura等，2014；白世秀和章金霞，2019），从而导致内部资金不足。同时高碳排放会使企业的现金流不确定性提高（Safiullah等，2021），债务成本和权益成本上升（Li等，2014；Jung等，2018），信用评级下降（Safiullah等，2021），从而使外部融资不足，出现没钱研发的问题（Cui等，2023）。但截至2024年，尚没有国内外文献对企业层面的碳排放量与企业税收规避进行深入的探讨。

为填补这一空白，本文从企业行为的视角，研究了碳排放量与企业税收规避之间的关系。基于Trucost数据库企业层面的碳排放量数据，本文用

---

① 参见国际能源署官网，https://www.iea.org/news/after-steep-drop-in-early-2020-global-carbon-dioxide-emissions-have-rebounded-strongly。

② 参见联合国官网，https://www.un.org/en/climatechange/paris-agreement。

③ 参见国发〔2011〕41号文件，http://www.gov.cn/zwgk/2012-01/13/content_2043645.htm；国发〔2016〕61号文件，http://www.gov.cn/zhengce/content/2016-11/04/content_5128619.htm；国发〔2021〕33号文件，http://www.gov.cn/zhengce/content/2022-01/24/content_5670202.htm。

2005—2020年中国A股上市公司数据集，验证了碳排放量对企业税收规避的正向影响。用"低碳城市试点"和"环保法庭设立"两个外部冲击构建了2SLS（二阶段最小二乘法）模型，缓解了模型的内生性。

接下来，本文探讨了企业碳排放与税收规避正相关关系的可能途径和机制。研究发现，企业税收规避的增加与企业因碳排放而受到的盈余压力有关。具体而言，盈余压力加剧了碳排放量对有效税率的递减效应，从而进一步强化了对避税的促进作用。这表明，高碳排放的企业可能会通过避税来管理盈余压力。此外，当企业业绩强劲时，盈余压力可能会减轻，这可能会影响企业对避税的立场。

在调节作用的探究中，信息披露质量较差的企业、非A类纳税人企业、所在行业竞争水平低的企业，碳排放量会对未来企业避税程度产生的促进作用更大。中国的制度环境使国有企业和非国有企业的税收决策存在显著差异，非国有企业的碳排放量对企业税收规避的影响更为明显。位于环境法规严格地区的企业受到的影响更为明显，因为这些地区的环境规制更严格，导致企业倾向于避税以降低成本。位于税收执法水平较低地区的企业受到的影响更为明显，因为这些地区的税收执法水平相对较低，使企业更容易从避税中受益。稳健性检验中，本文更换了一系列衡量研发税收规避的方法，结果依然显著。将解释变量换为碳排放量的组成后，回归结果一致。

本文可能具有以下贡献。第一，本文首次利用企业层面的碳排放来揭示其对大型新兴经济体避税影响。现有文献主要关注发达经济体及其对资产定价的影响，例如，Bolton和Kacperczyk（2021）的研究证明了企业碳排放与股票回报之间的关系，Phan等（2022）和Matsumura等（2014）分别探讨了碳风险的财务影响（投资效率和企业价值），而本文深入研究了碳排放对企业税务决策的影响，这种对传统研究范式的背离使我们能够深入了解环境因素与税收策略之间的相互作用，为应对碳相关挑战的企业行为提供了新的视角。第二，本文将盈余压力机制引入高碳排放企业的经营和决策讨论中，为高碳排放企业的行为提供洞见。与以往主要关注财务约束的研究相反（Phan等，2021；Tan和Yan，2021；Cui等，2023），本文深入研究了盈余压力对这些企业行为的影响。通过研究盈余压力如何影响碳排放与避税策略之间的关系，本研究发现了在环境责任和财务绩效背景下企业决策的一个以前未被探索的方面。第三，本文通过研究企业对环境法规和税收政策的反应，特别是在避税策略的背景下，对企业如何应对碳风险的文献进行了扩充。先前的研究主要集中在碳风险和企业行为的财务影响上，如跨境收购和资产剥离。例如，Bose 等（2021）探讨了企业如何管理碳排放以应对投资者压力和环境要求，从而导致资产配置和所有权结构的变化。然而，关于企业如何战略性地利用与碳足迹相关的税收激励和法规的研究有限。通过调查碳排放与避税行为之间的关系，本研究填补了文献中的一个重要空白，揭示了环境政策与企业税收策略之间复杂的相互作用。本文研究了碳排放量较高的企业如何利用税收筹划技术来减轻环境法规的财务后果，从而深入了解碳风险对企业税收和监管合规的更广泛影响。

本文余下安排如下：第二部分是文献综述与政策背景，回顾了企业税收规避的影响因素、碳排放对企业的影响以及碳排放的相关政策；第三部分是理论假设；第四部分是研究设计，包括变量、模型和数据来源；第五部分是实证结果，包括描述性统计、基准回归结果、内生性检验、机制分析、异质性分析及稳健性检验；第六部分是研究结论与政策建议。

二、文献综述与政策背景

（一）企业税收规避的影响因素

鉴于企业税收规避对企业增长潜力和未来前景的重要性，影响企业税收规避的因素已经引起了国内外学者越来越多的关注。企业避税策略可以被视为涉及风险预期收益的投资（Armstrong 等，2015）。为了决定是否采用某种特定的避税策略，管理人员会权衡该策略的预期收益（节税）与实施该策略的成本。对于许多战略，企业可能需要花费大量的前期成本来重组其组织结构和运营，然后才能意识到节省税收的好处（Mills 等，1998）。

企业战略方面，为了使股东财富最大化，企业和管理者有动机尽量减少他们的纳税义务，因为这样做可以增加企业的现金流并减轻资本约束（Crocker 和 Slemrod，2005）。例如，特殊目的主体的使用可以从各会计科目中节省大量的现金税，促进更大程度的避税（Demeré 等，2020）；而离岸销售强度与现金有效税率呈正相关，减少避税（Chen 等，2024）。

内部治理方面，机构持股会增加企业避税（Khan 等，2017），而具有内部控制弱点的企业避税程度较低（Bauer，2016）。税务董事的激励报酬（Armstrong 等，2012）、政治关联（李维安和徐业坤，2013）、管理层的过度自信（Olsen 和 Stekelberg，2016）、实际控制人拥有境外居留权（张胜等，2016）、控股股东股权质押（王雄元等，2018）、有税收征管经历的独董（赵纯祥等，2019）、非国有大股东（Long 等，2024）、有更强社会资本的高管（Liu 和 Chiu，2024）均会增加企业的避税行为，而具有国外经验的董事（Wen 等，2020）、具有三年经济困难时期经历的董事会主席（Pan 等，2023）与避税行为呈显著负相关关系。

外部环境方面，被起诉的企业及其高诉讼风险的同行在税务诉讼后增加了有效税率，并减少了相对极端的避税行为（Donelson 等，2024）。企业周围的社会规范和经理人原籍国的社会规范都会影响企业的税收决策，当企业位于家庭关系较强的地区，以及 CEO 来自家庭关系较强的国家时，企业会有更强的税收规避（Niu 等，2024）。财报问询函（邓祎璐等，2022）、政府财会监督（李建发等，2023）显著降低了企业避税程度，但地区官员变更导致的政策不确定性会增加企业的税收规避行为（陈德球等，2016）。

（二）碳排放对企业的影响

在碳减排目标下，企业碳排放对企业行为和决策的影响受到了广泛关注。碳排放对企业价值具有显著的负面影响（Matsumura 等，2014；白世秀和章金霞，2019）。碳排放持续降低企业价值，这是市场对企业负环境绩效的惩罚。此外，现有研究还从企业碳排放对企业经营和融资方面进行了深入探讨。

碳排放量高的企业需要较高的碳管理成本和运营成本，如清洁成本、合规成本、诉讼成本和声誉损害成本（Gray 和 Shadbegian，2003；Jung 等，2018；徐佳和崔静波，2020）。Homroy（2023）发现，碳排放量高的企业经营成本高，销售增长率低，经营现金流低。在碳减排政策的背景下，碳排放相关成本的增加会影响管理者对企业未来预期的信心，管理层会实施更加审慎的财务决策（Balachandran 和 Nguyen，2018），无法也不愿将资金投到风险较高的环节，如研发投资（Cui 等，2023）。碳排放量高的企业，财务绩效和盈利能力（如净资产收益率、销售回报率）往往较低（Lewandowski，2017；Homroy，2023）。碳排放还会降低企业的总资产收益率（ROA）、托宾 q 值、Z 分数和信用评级，使企业的现金流不确定性提高（Safiullah 等，2021），股息支付变少（Balachandran 和 Nguyen，2018）。企业排放强度越大，使用盈余管理的情况越多，还会降低会计信息质量（Ding 等，2023）。企业的短期财务绩效受到企业环境绩效的负面影响，碳排放也会降低企业的投资效率（Phan 等，2022）。

对于股权融资，投资者要求补偿碳排放风险，提高企业的风险溢价（Bolton 和 Kacperczyk，2021；Ehlers 等，2022）。碳排放量越高，股票收益越高（Oestreich 和 Tsiakas，2015），机构投资者会根据碳排放强度对企业进行筛选并进行投资转移（Bolton 和 Kacperzyk，2021），股权融资成本也越高（Homroy，2023）。根据 Jung 等（2018）的实证结果，碳排放量增加会使债务成本增加，从而外部融资不足。对于债务融资而言，碳排放量越高的企业融资约束越明显，从而导致财务杠杆较低（Nguyena 和 Phan，2020），信用评级较低（Safiullah 等，2021）。

通过以上两节的梳理可以发现，现有国内外文献尚未对企业层面的碳排放量与企业税收规避进行深入的探讨，因此可以从这一组关系切入，展开探究。

（三）碳排放的相关政策

随着绿色理念深入人心、绿色政策日益完善。本节对实证研究中所涉及的"低碳城市试点""环保法庭设立"等政策背景和实施成效进行简要回顾。

1. 低碳城市试点

低碳城市试点的直接结果是减少温室气体排放，改善环境质量，化解经济发展与向低碳模式转型之间的矛盾。Liu 和 Qin（2016）从该政策的整体布局和温室气体排放的主要行业（制造业、运输业和建筑业）对中国当前的低碳城市政策进行了系统回顾。他们发现，低碳城市试点政策是多层次的：中央政府制定政策目标，职能部门提出政策内容，地方政府负责执行，形成了系统的低碳政策体系。具体过程可分为五个步骤：一是政策号召，中央发布文件，强调"低碳经济""可持续城市""生态城市"等理念；二是地方行动，地方政府为获得中央的认可和优惠政策，制定区域化政策，展开竞争；三是开始试点，在 2010 年选取第一批省份和城市进行试点，优化政策内容，展开初步探索；四是扩大范围，在 2012 年和 2017 年分别选取第二批、第三批省份和城市试点，扩大试点范围；五是全国推行，基于已有试点经验总结，低碳城市未来可能会推广至全国，实现全面低碳化。

在地方层面，低碳城市理念背后的真正原因往往不是环境问题，而低碳城市的外部性往往是吸引地方决策者的原因，例如建设低碳城市将吸引来自上级政府和其他来源的投资，为低碳研发和应用带来技术上的好处（Liu 和 Qin，2016）。徐佳和崔静波（2020）发现，该试点政策促进了企业整体层面的绿色技术创新。

2. 环保法庭设立

2005 年 12 月，国务院印发国发〔2005〕39 号文件，要求加大环境执法力度。[①] 但《中华人民共和国民事诉讼法（2007 修正）》并未纳入环境公益诉讼条款，这对环境公益诉讼的发展是一个不利条件。[②] 在缺乏立法支持的情况下，贵州、云南、江苏等地仍成立了地方环保法庭，开展环境公益诉讼的试点实践。2007 年，贵州省清镇市成立了第一个专门环境法庭，并于 2010 年年

---

① 参见国发〔2005〕39 号文件，http：//www.gov.cn/gwzk/2005 - 12/13/content_125680.htm。
② 参见《中华人民共和国民事诉讼法（2007 修正）》，http：//www.npc.gov.cn/zgrdw/huiyi/lfzt/gjpcfxzaca/2008 - 10/23/content_1454187.htm。

底对我国首例环保基金资助环境公益诉讼案进行了宣判。[①] 地方法院的探索性实验取得了巨大的成功,为中国环境公益诉讼积累了宝贵的经验。

Zhang 等（2019）的实证研究表明,环保法庭设立的影响是多方面的。在城市层面,环保法庭设立显著提高空气质量,促进城市提前跨越环境库兹涅茨曲线拐点。在企业层面,通过提高环境保护司法、执法水平,减少地方政府干预等渠道,环保法庭设立显著提高了企业的环境投资。Huang 等（2022）发现,环保法庭可以促进绿色创新,提高环境纠纷的处理效率,促进政企合作,提高社会福利,改善当地环境质量。

三、理论假设

在当前的环境和监管背景下,高碳排放企业在应对环境责任和市场压力的过程中,可能会通过增加税收规避行为来保持其盈利性和市场竞争力。碳排放量较高的企业面临的盈余压力可能导致这些企业更倾向于采取税收规避行为,这种压力主要来源于高碳排放带来的直接和间接财务负担,用于维持盈余稳定和满足市场期望。

研究表明,高碳排放企业因其潜在的环境风险可能受到投资者的负面评价,从而影响其股票市场表现（Bolton 和 Kacperczyk,2021）。在这种情况下,为了维护企业的市场价值和投资者信心,企业管理层可能会采用税收规避来优化其盈余表现,以降低环保责任和高碳排放对企业财务状况的负面影响。也有研究指出,碳排放量较高的企业在追求利润最大化的同时,需要处理因碳排放标准严格而带来的潜在成本上升（Safiullah 等,2021）。这种压力可能使企业在短期内难以通过正常经营活动来完全吸收这些成本,因此,通过优化税务策略以降低税负成为一种可行的应对措施。

从盈余压力的视角出发,碳排放量较高的企业在应对环境责任和市场压

---

① 参见"我国首例环保基金资助环境公益诉讼案在贵阳宣判",http://www.gov.cn/jrzg/2010-12/30/content_1776273.htm。

力的过程中，可能会通过增加税收规避行为来保持其盈利性和市场竞争力，从而在维持盈余稳定性和满足投资者期望之间找到平衡（Desai 和 Dharmapala，2006）。进一步地，高碳排放企业往往需要面对更严格的社会和环境审计，这增加了其财务和操作的透明度要求。这种增加的审查可能导致企业需要更积极地管理其财务报告，包括采取各种税务策略来优化报告的财务结果。这不仅是为了应对市场和监管的压力，也是为了在竞争激烈的市场中维持其业务的可持续性和盈利性。

综上所述，本文提出假设 H1：

假设 H1：其他条件一定时，企业碳排放量会对未来企业税收规避产生促进作用。

四、研究设计

（一）样本分布

本文选取了 2005—2020 年有碳排放量数据的上市公司作为样本。碳排放量数据来源于 Trucost 数据库，财务与公司治理数据来源于 CSMAR 数据库。Trucost 是专业碳数据提供商，已有多篇文献用其数据展开研究（例如，Jo 等，2014；Bolton 和 Kacperczyk，2021；Cui 等，2023）。Trucost 和 CSMAR 数据库可以用上市公司的唯一标识 ISIN 码进行匹配，使碳排放量数据与公司财务等其他数据相结合。考虑到数据的有效性，本文剔除：①碳排放量数据缺失的公司；②金融行业的公司数据[①]；③ST 和 ST* 标记的公司；④控制变量缺失的观测值。最后得到公司—年度观测值 6571 个，涉及的公司数量为 1544 个。

如表 1 所示，按照证监会 2012 年的行业分类方法，样本分布于 18 个行业，代码为 A～S，不包含金融业。制造业观测占比约为 57%，信息传输、软件和信息技术服务业及房地产业占比均超过 7%。部分行业的公司数量极少，

[①] 金融行业具备财务信息的特殊性，与其他行业的信息披露要求和会计规则差异很大，故排除。

可能与这些行业的公司不排放碳或者排放极少有关。在时间分布上，碳排放量的初期数据较少，随后纳入数据库的数量逐年增多，在2016年发生了由260到1001的飞跃。最近三年数据占全体数据超过50%。

表1　　　　　　　　　样本的行业分布和年份分布

行业代码	行业名称	Obs	%	年	Obs	%
A	农、林、牧、渔业	82	1.25	2005	5	0.08
B	采矿业	277	4.22	2006	5	0.08
C	制造业	3763	57.27	2007	6	0.09
D	电力、热力、燃气及水生产和供应业	257	3.91	2008	11	0.17
E	建筑业	218	3.32	2009	17	0.26
F	批发和零售业	324	4.93	2010	122	1.86
G	交通运输、仓储和邮政业	240	3.65	2011	129	1.96
H	住宿和餐饮业	5	0.08	2012	139	2.12
I	信息传输、软件和信息技术服务业	474	7.21	2013	192	2.92
K	房地产业	473	7.20	2014	204	3.10
L	租赁和商务服务业	107	1.63	2015	260	3.96
M	科学研究和技术服务业	41	0.62	2016	1001	15.23
N	水利、环境和公共设施管理业	57	0.87	2017	1036	15.77
O	居民服务、修理和其他服务业	3	0.05	2018	1283	19.53
P	教育	8	0.12	2019	1521	23.15
Q	卫生和社会工作	29	0.44	2020	640	9.74
R	文化、体育和娱乐业	146	2.22			
S	综合	67	1.02			
	总计	6571	100	总计	6571	100

为了进一步刻画碳排放量的具体分布情况，本文绘制了样本的企业碳排放按行业平均柱形图（见图1）以及企业碳排放年度均值折线图（见图2）。

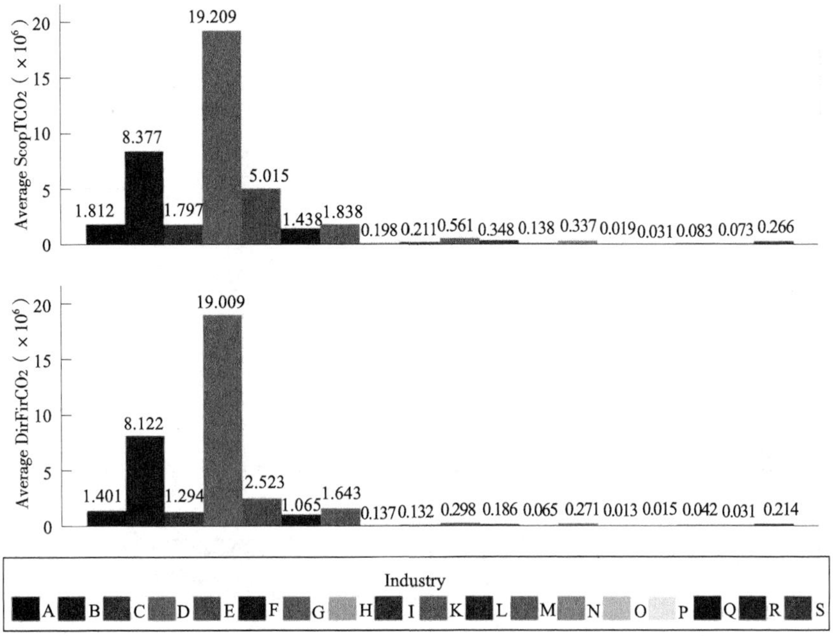

图 1　企业碳排放按行业平均柱形图

注：图 1 显示了样本各行业的平均碳排放量，行业代码所对应的行业名称见表 1。ScopeTCO$_2$ 是公司每年拥有或控制的范围 1、范围 2 和范围 3 二氧化碳排放量的总和。DirFirCO$_2$ 是公司每年拥有或控制的直接和一级间接二氧化碳排放量的总和。数据来源于 Trucost 数据库。

如图 1 所示，从行业上看，行业 D（电热燃水）、行业 B（采矿）、行业 E（建筑）的碳排放量水平位列前三，且行业 D 的平均碳排放量达到了 19（百万吨）以上。文献指出，电力生产占全球能源相关二氧化碳排放量的 1/3 以上（Ang 等，2011），是需要进行碳减排的重要部门。而对于制造业，虽然观测数和公司数占比最大，但平均碳排放量仅约 1.3（百万吨），排名第 6。

图 2 展示了碳排放量平均水平随时间的变化情况。总体而言，2005—2019 年碳排放总量增加，与这一时期中国的经济发展相一致。2008 年平均碳排放量有所下降，与 2007—2009 年全球金融危机有关。平均碳排放量从 2009 年到 2013 年快速增长，2016 年之后回落到每年 2（百万吨）左右，与 2013 年前后中国环境政策的变化相一致。2008 年 11 月 5 日，政府实施"四万亿计划"，实施积极的财政政策和宽松的货币政策，扩大内需，促进经济快速增

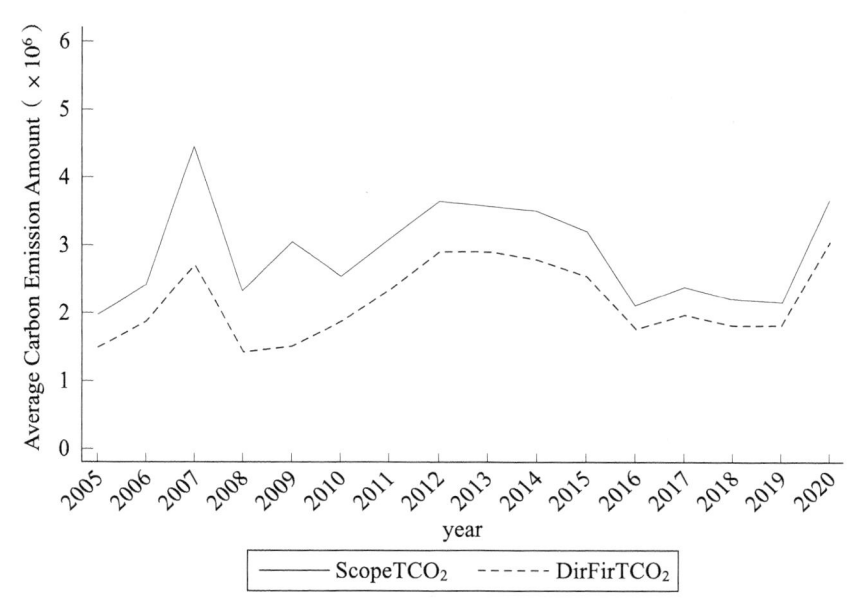

图 2　企业碳排放年度均值折线图

注：图 2 显示了样本各年平均碳排放量的趋势。ScopeTCO$_2$ 是公司每年拥有或控制的范围 1、范围 2 和范围 3 二氧化碳排放量的总和。DirFirCO$_2$ 是公司每年拥有或控制的直接和一级间接二氧化碳排放量的总和。数据来源于 Trucost 数据库。

长，导致 2009—2013 年碳排放量增加。《全球生态环境遥感监测 2018 年度报告》显示，由于政府积极推广应用清洁能源和实施重大生态工程，碳减排成效显著。从 2013 年以来的碳排放量下降就可以看出这一点。然而根据国家统计局的数据，2017 年和 2018 年，中国电力、钢铁、建材和化工等行业的煤炭消费出现反弹。2020 年平均碳排放量再次出现上升趋势，这与国际能源署的结论一致——由于经济活动增加提升了能源需求，中国等主要经济体在 2020 年引领了碳排放量增长。

（二）变量说明

"温室气体核算体系"是目前应用最广泛的碳核算工具之一。"温室气体核算体系"定义了直接排放源和间接排放源的范围：范围 1 排放（Scope 1）是指企业所拥有的化石燃料燃烧或化学品和材料加工过程中产生的排放（直接碳排放）；范围 2 排放（Scope 2）是指由企业购买的能源（包括电力、蒸汽、热力和制冷）产生的排放是间接碳排放；范围3排放（Scope 3）是指所有来自非企业所有或控制来源的上行及下行排放（除范围2的其他间接碳排放）。从排放方式来看，直接二氧化碳当量排放（Direct CO_2e emission）由企业所有或控制的化石燃料燃烧和生产过程产生的二氧化碳和所有其他温室气体排放衡量，而一级间接二氧化碳当量排放（First-tier indirect CO_2e emission）包括直接供应商向企业排放的二氧化碳和其他温室气体。

根据以上定义并参照文献的做法（Jo 等，2014；Bolton 和 Kacperczyk，2021），本文首先从 Trucost 数据库选取了三类碳排放的总和（Scope 1 + Scope 2 + Scope 3），对数处理后作为碳排放量的第一个衡量指标，ln$ScopeTCO_2$；其次还选取了直接和一级间接碳排放的总和（Direct + First-tier indirect），对数处理后作为二个衡量指标，ln$DirFirCO_2$。这两个碳排放量均为总量的衡量方式，分别作为基准回归的解释变量。

（三）模型构建

为了检验企业碳排放量与税收规避之间的关系，本文的基准模型（1）如下：

$$ETR_{i,t+1} = \alpha + \beta_1 \ln(CO_2)_{i,t} + \gamma' X_{i,t} + \psi_i + \varphi_t + \varepsilon_{i,t+1} \qquad (1)$$

其中，ETR 为有效税率，分别用 GAAP（一般公认会计原则）有效税率 $GETR$ 和现金有效税率 $CETR$ 衡量（Bradshaw 等，2019；Guo 等，2023）。解释变量 $\ln(CO_2)$ 为碳排放总量，由两种衡量方式（ln$ScopeTCO_2$ 和 ln$DirFirCO_2$）替代。下标 i 和 t 分别表示公司和年份，除了被解释变量为 $t+1$ 期，其余变量均为 t 期。变量定义见表2。基于假设H1，模型中的系数 β_1 预期为负。由于企业的税收规避因行业而不同，本文控制了基于中国证监会官方行业一级分类的行业固定效应 φ_t；宏观经济因素也会影响企业的税收规避，因此本文控制了年度固定效应 ψ_i。这些做法与 Guo 等（2023）保持一致。

表2　　　　　　　　　　　　　　变量定义

变量名	变量描述	来源
面板A：被解释变量		
GETR	GAAP有效税率，所得税总额除以税前收入。GAAP有效税率越高，税收规避程度越低	CSMAR
CETR	现金有效税率，定义为支付的现金税除以税前收入。根据Bradshaw等（2019）的研究，支付的现金税等于所得税减去应付所得税的变化。现金有效税率越高，税收规避程度越低	CSMAR
面板B：解释变量		
$\ln ScopeTCO_2$	公司每年范围1~3的碳排放总量加1后的自然对数	Trucost
$\ln DirFirCO_2$	公司每年直接和一级间接碳排放总量加1后的自然对数	Trucost
面板C：控制变量		
SIZE	企业规模。年末总资产的自然对数	CSMAR
ROA	资产回报率，以会计年度末的净利润除以总资产计算	CSMAR
DEBT	长期债务除以总资产	CSMAR
ABSDA	与业绩匹配的可自由支配应计项目的绝对值	CSMAR
MTB	年末市净率	CSMAR
GROWTH	销售增长率，从$t-1$年到t年的销售变化百分比	CSMAR
PPE	固定资产金额除以总资产	CSMAR
RDTA	研发费用除以总资产	CSMAR
INTAN	无形资产除以总资产	CSMAR
CASHTA	现金持有量除以总资产	CSMAR
FOREIGN	若企业的海外收入为正，则为1，否则为0	CSMAR
NOL	净经营亏损结转。如果企业在第$t-1$年有税前亏损且在第t年有利润，则为1，否则为0	CSMAR
INST	机构持股比例总计	CSMAR
SOE	若为国有企业则为1，否则为0	CSMAR
INDEP	独董比例。独立董事人数/董事总数	CSMAR

五、实证结果

(一)描述性统计

主要变量的描述性统计见表3。有效税率变量 GETR 和 CETR 的均值分别为 0.230 和 0.257,企业碳排放变量 $ScopeTCO_2$ 和 $DirFirCO_2$ 的均值分别为 253 万吨和 208 万吨,企业总资产 Size_raw 的均值约为 191 亿元。

表3 描述性统计

变量名	N	Mean	SD	Min	P25	P50	P75	Max
$ScopeTCO_2$(百万吨)	6571	2.530	11.419	0.000	0.072	0.240	0.946	318.731
$DirFirCO_2$(百万吨)	6571	2.080	11.056	0.000	0.035	0.123	0.517	317.051
Size_raw(十亿元)	6571	19.114	35.026	0.223	3.019	5.829	17.355	182.313
GETR	6571	0.230	0.221	0.000	0.123	0.171	0.253	1.000
CETR	6571	0.257	0.293	0.000	0.084	0.158	0.272	1.000
$lnScopeTCO_2$	6571	12.555	1.956	4.908	11.183	12.388	13.760	19.580
$lnDirFirCO_2$	6571	11.930	2.107	4.056	10.458	11.719	13.156	19.575
SIZE	6571	22.823	1.163	19.224	21.828	22.486	23.577	25.929
ROA	6571	0.069	0.096	-0.477	0.028	0.065	0.113	0.305
DEBT	6571	0.080	0.096	0.000	0.005	0.039	0.127	0.442
ABSDA	6571	0.058	0.066	0.000	0.016	0.038	0.077	0.384
MTB	6571	3.352	2.013	0.463	1.985	3.701	3.701	16.941
GROWTH	6571	0.192	0.457	-0.650	0.000	0.114	0.266	3.315
PPE	6571	0.200	0.168	0.000	0.071	0.157	0.289	0.876
RDTA	6571	0.004	0.019	0.000	0.000	0.000	0.000	0.329
INTAN	6571	0.047	0.072	0.000	0.000	0.022	0.061	0.379
CASHTA	6571	0.047	0.016	0.038	0.042	0.044	0.045	0.158
FOREIGN	6571	1.000	0.017	0.000	1.000	1.000	1.000	1.000
NOL	6571	0.041	0.199	0.000	0.000	0.000	0.000	1.000
INST	6571	0.532	0.228	0.000	0.375	0.570	0.707	1.000
SOE	6571	0.443	0.497	0.000	0.000	0.000	1.000	1.000
INDEP	6571	0.743	0.227	0.000	0.500	0.750	1.000	1.000

（二）基准回归结果

基准回归结果如表4所示。被解释变量为提前一期的企业避税指标 GETR 和 CETR，解释变量采用碳排放的衡量方式 $\ln ScopeTCO_2$ 和 $\ln DirFirCO_2$。在控制了控制变量序列、年份固定效应和企业固定效应后，列（1）和列（3）中的 $\ln ScopeTCO_2$ 的估计系数分别为 -0.020 和 -0.038，列（2）和列（4）中的 $\ln DirFirCO_2$ 的估计系数分别为 -0.017 和 -0.032，均在1%水平显著为负。也就是说，如果碳排放量每提高1%，则有效税率平均下降1.7%~3.8%，经济显著性也很强。基准结果初步验证了假设 H1。此外，本文利用方差膨胀因子（VIF）进行了多重共线性检验，结果显示表4列（1）—列（4）回归的最大 VIF 值分别为3.32、3.21、3.32 和 3.21，VIF 不及经验法则临界值10，说明基准回归的多重共线性问题不严重。

表4　　　　　　　　　　基准回归结果

	(1) GETR	(2) GETR	(3) CETR	(4) CETR
$\ln ScopeTCO_2$	-0.020*** (-2.74)		-0.038*** (-3.59)	
$\ln DirFirCO_2$		-0.017*** (-2.48)		-0.032*** (-3.31)
SIZE	0.005 (0.97)	0.005 (0.93)	0.001 (0.10)	0.000 (0.06)
ROA	-0.886*** (-21.90)	-0.890*** (-22.05)	-0.858*** (-14.71)	-0.865*** (-14.86)
DEBT	-0.103** (-2.33)	-0.103** (-2.33)	-0.095 (-1.49)	-0.094 (-1.48)
ABSDA	-0.039 (-0.89)	-0.039 (-0.90)	-0.140** (-2.23)	-0.140** (-2.24)
MTB	-0.000 (-0.07)	-0.000 (-0.04)	0.005 (1.59)	0.005 (1.62)

续 表

	(1) GETR	(2) GETR	(3) CETR	(4) CETR
GROWTH	-0.008 (-1.27)	-0.009 (-1.38)	-0.031*** (-3.33)	-0.033*** (-3.46)
PPE	0.114** (2.05)	0.113** (2.05)	-0.058 (-0.73)	-0.058 (-0.73)
RDTA	-0.072 (-0.21)	-0.070 (-0.20)	-0.035 (-0.07)	-0.031 (-0.06)
INTAN	0.023 (0.36)	0.023 (0.36)	-0.113 (-1.26)	-0.113 (-1.26)
CASHTA	0.486** (2.34)	0.488** (2.35)	0.712** (2.37)	0.716** (2.39)
FOREIGN	-0.252 (-1.50)	-0.251 (-1.49)	-0.167 (-0.69)	-0.165 (-0.68)
NOL	-0.048*** (-3.49)	-0.047*** (-3.45)	-0.029 (-1.47)	-0.028 (-1.42)
INST	-0.052 (-1.14)	-0.054 (-1.18)	-0.150** (-2.29)	-0.154** (-2.35)
SOE	0.014 (0.53)	0.014 (0.53)	-0.023 (-0.60)	-0.023 (-0.59)
INDEP	-0.030 (-1.28)	-0.030 (-1.29)	-0.002 (-0.05)	-0.002 (-0.06)
Constant	0.576** (2.45)	0.535** (2.30)	1.031*** (3.04)	0.959*** (2.86)
Year FE	Yes	Yes	Yes	Yes
Firm FE	Yes	Yes	Yes	Yes
N	6571	6571	6571	6571
R^2	0.457	0.457	0.355	0.355

注：括号中为 t 值，*** $p<0.01$、** $p<0.05$、* $p<0.1$，后同。

（三）内生性检验

由于反向因果关系而产生的内生性问题，在基准回归中已经通过因变量提前一期（ETR_{t+1}）的方法得到了解决，但一些不可见的企业特征也可能使推断产生偏差。为了进一步确保碳排放量对企业税收规避的作用是因果关系，本文选取了两个外部政策（低碳城市试点、环保法庭设立）驱动的工具变量进行验证，工具变量回归结果见表5。本文预计，这两个外部政策变量都与碳排放量相关，但与企业税收规避无关。外部政策的外生性很容易满足，是较为理想的工具变量，但与自变量的相关性还需要进一步验证。

表5　　　　　　　　　　工具变量回归结果

面板A：低碳城市试点

	(1) $\ln ScopeTCO_2$	(2) GETR	(3) CETR	(4) $\ln DirFirCO_2$	(5) GETR	(6) CETR
LCC	-0.338*** (-8.85)			-0.397*** (-9.61)		
$P\_\ln ScopeTCO_2$		-0.087*** (-5.09)	-0.074*** (-3.00)			
$P\_\ln DirFirCO_2$					-0.084*** (-4.86)	-0.071*** (-2.87)
Controls	Yes	Yes	Yes	Yes	Yes	Yes
Year FE	Yes	Yes	Yes	Yes	Yes	Yes
Firm FE	Yes	Yes	Yes	Yes	Yes	Yes
N	6571	6571	6571	6571	6571	6571
R^2	0.466	0.132	0.077	0.460	0.131	0.076

面板B：环保法庭设立

	(1) $\ln ScopeTCO_2$	(2) GETR	(3) CETR	(4) $\ln DirFirCO_2$	(5) GETR	(6) CETR
Court	-0.182*** (-4.60)			-0.256*** (-6.00)		

续 表

	(1) ln*ScopeTCO*$_2$	(2) *GETR*	(3) *CETR*	(4) ln*DirFirCO*$_2$	(5) *GETR*	(6) *CETR*
P_ln*ScopeTCO*$_2$		-0.098*** (-5.36)	-0.084*** (-3.17)			
P_ln*DirFirCO*$_2$					-0.096*** (-5.15)	-0.082*** (-3.06)
Controls	Yes	Yes	Yes	Yes	Yes	Yes
Year FE	Yes	Yes	Yes	Yes	Yes	Yes
Firm FE	Yes	Yes	Yes	Yes	Yes	Yes
N	6571	6571	6571	6571	6571	6571
R^2	0.462	0.132	0.077	0.455	0.132	0.077

第一个工具变量是低碳城市试点虚拟变量 *LCC*。低碳城市试点工作最早由国家发展改革委启动。① 已有研究表明，低碳城市试点政策不仅可以显著降低城市整体碳排放水平（Liu 等，2022）、提高绿色技术创新水平（徐佳和崔静波，2020），也可以提高碳排放效率（Yu 和 Zhang，2021）、改善碳减排绩效（Chen 等，2021）。根据以上文献的做法，本文手动收集了国家发展改革委于 2010 年、2012 年、2017 年公布的三批名单。② 参考 Yu 等（2021）研究，若上市公司注册地所在城市于第 *t* 年列入名单内，则该上市公司第 *t* 年及以后的 *LCC* = 1，否则为 0。为了检验工具变量的相关性，在表 5 面板

---

① 国家发展改革委启动国家低碳省和低碳城市试点工作，http://www.gov.cn/jrzg/2010-08/18/content_1683261.htm。

② 发改气候〔2010〕1587 号文件纳入天津市、重庆市、深圳市、厦门市、杭州市、南昌市、贵阳市、保定市，https://www.ndrc.gov.cn/xxgk/zcfb/tz/201008/t20100810_964674.html?code=&state=123。

发改气候〔2012〕3760 号文件纳入北京市、上海市、海南省、石家庄市、秦皇岛市、晋城市、呼伦贝尔市、吉林市、大兴安岭地区、苏州市、淮安市、镇江市、宁波市、温州市、池州市、南平市、景德镇市、赣州市、青岛市、济源市、武汉市、广州市、桂林市、广元市、遵义市、昆明市、延安市、金昌市、乌鲁木齐市，https://www.ccchina.org.cn/Detail.aspx?newsId=73282。

发改气候〔2017〕66 号文件纳入乌海市等 45 个城市（区、县），https://www.ndrc.gov.cn/xxgk/zcfb/tz/201701/t20170124_962888.html?state=123。

A 的列（1）和列（4），本文构建了以碳排放量为因变量，工具变量 LCC 为主要自变量的第一阶段回归。采用的控制变量和基准回归一致，对年份和企业也进行了控制。在第一阶段用 LCC 对碳排放量进行回归，得到碳排放量的预测值序列（$P\_lnScopeTCO_2$ 和 $P\_lnDirFirCO_2$）；然后再用这组预测值对研发投入进行回归。结果表明，LCC 与碳排放量高度负相关。在经验法则中，一个工具对应一个内生变量，所以这里能够拒绝弱工具的零假设，因此第二阶段的系数估计及其对应的标准误大概率无偏（Luong 等，2017）。列（2）—列（3）和列（5）—列（6）中碳排放量的拟合值系数表明，碳排放量对企业研发投入有负面影响。$P\_lnScopeTCO_2$ 的系数分别为 -0.087 和 -0.074，$P\_lnDirFirCO_2$ 的系数分别为 -0.084 和 -0.071。将这些系数估计与表 5 中的回归结果进行比较，来自 2SLS 的系数估计要大得多，这表明回归结果低估了碳排放量对企业研发投入的负面影响。

第二个工具变量是环保法庭设立虚拟变量 Court。第一个环保法庭建立于贵州省清镇市，拉开了环保司法专门化的序幕。在污染防治攻坚战中，环保法庭对于落实"三个治污"方针具有显著成效。[①] 已有文献表明，环保法庭设立有明显的区域污染治理效应（李毅等，2022），加大了企业的环境诉讼风险，可以显著提高企业的环境投资（Zhang 等，2019），促进企业进行环境治理（翟华云和刘亚伟，2019）和绿色创新（Huang 等，2022）。根据以上文献的做法，本文手动收集了每个环保法庭设立的时间和所在城市，时间采用揭牌当年记录。环保法庭设立的数据来源于各地中级人民法院官方网站的新闻报道。若上市公司注册地所在城市于第 t 年设置环保法庭，则设定该上市公司第 t 年及以后的 Court =1，否则为 0。表 5 面板 B 换用 Court 作为工具变量，在第一阶段用 Court 对碳排放量进行回归，得到碳排放量的预测值序列（$P\_lnScopeTCO_2$ 和 $P\_lnDirFirCO_2$）；然后再用这组预测值对研发投入进行回归。结果表明，Court 与碳排放量也呈高度负相关。第二阶段回归结果均显

[①] "三个治污"是指精准治污、科学治污、依法治污，在 2021 年全国生态环境保护工作会议上的工作报告中首次提出。参见工作报告内容，https：//www.mee.gov.cn/xxgk2018/xxgk/xxgk15/202102/t20210201_819774.html。

著为负，得到的结果与表 5 面板 A 类似。

总体而言，这些工具变量结果表明，企业碳排放量对有效税率产生了负向影响。在缓解内生性问题时，碳排放的估计效应更加明显。因此，本文采用工具变量方法的识别检验提供了证据，证明基准关系具有因果关系。在控制了所有可能的内生性问题后，碳排放量仍与企业有效税率呈显著负相关，即与企业税收规避程度正相关。2SLS 分析的结果进一步强化了基准回归估计的结果。

（四）机制分析

1. 企业风险

本文采用三个测度来度量企业风险。首先，参考 Kini 和 Williams（2012）、Choy 等（2014），基于会计指标构建 ROA 波动率（ROAVOL）和现金流波动率（CFVOL）。ROAVOL 定义为行业调整后的总资产收益率的季度标准差，计算周期为四年（从 $t+1$ 到 $t+4$）。类似地，CFVOL 定义为行业调整后 EBITDA 除以总资产的季度标准差，计算周期为四年（从 $t+1$ 到 $t+4$）。其次，参考 Benlemlih 等（2018）的定义，基于市场回报构建股价回报波动率（RETVOL），由公司每年的日股票收益的标准差衡量。三个指标均为企业风险的正向指标。表 6 的回归结果显示，企业碳排放量较高时，未来企业风险较高，这与 Safiullah 等（2021）的发现一致。

表 6　机制分析：企业风险

	(1) ROAVOL	(2) ROAVOL	(3) CFVOL	(4) CFVOL	(5) RETVOL	(6) RETVOL
$\ln ScopeTCO_2$	0.092*** (7.87)		0.106*** (2.74)		0.018** (2.19)	
$\ln DirFirCO_2$		0.084*** (7.66)		0.091** (2.52)		0.014* (1.79)
Controls	Yes	Yes	Yes	Yes	Yes	Yes

续 表

	(1) ROAVOL	(2) ROAVOL	(3) CFVOL	(4) CFVOL	(5) RETVOL	(6) RETVOL
Year FE	Yes	Yes	Yes	Yes	Yes	Yes
Firm FE	Yes	Yes	Yes	Yes	Yes	Yes
N	6571	6571	6571	6571	6551	6551
R^2	0.935	0.935	0.835	0.835	0.653	0.653

2. 企业绩效

企业绩效方面，本文选取 ROA 作为测度。表7的列（1）、列（2）结果表明，碳排放量较高的企业会有更高 ROA，这一结果和 Aswani 等（2024）是一致的。而列（3）—列（6）的碳排放和 ROA 的交互结果表明，企业碳排放量对有效税率的负向作用会被 ROA 削弱。

表7　　　　　机制分析：企业绩效

	(1) ROA	(2) ROA	(3) GETR	(4) GETR	(5) CETR	(6) CETR
$\ln ScopeTCO_2$	0.038*** (15.32)		-0.022*** (-3.08)		-0.039*** (-3.79)	
$\ln DirFirCO_2$		0.033*** (14.31)		-0.021*** (-3.07)		-0.036*** (-3.67)
$\ln ScopeTCO_2 \times ROA$			0.187*** (11.08)		0.166*** (6.78)	
$\ln DirFirCO_2 \times ROA$				0.173*** (10.85)		0.155*** (6.71)
ROA			-3.132*** (-15.16)	-2.841*** (-15.42)	-2.855*** (-9.51)	-2.617*** (-9.78)
Constant	-0.571*** (-6.98)	-0.506*** (-6.22)	0.512** (2.20)	0.485** (2.11)	0.974*** (2.88)	0.914*** (2.73)
Controls	Yes	Yes	Yes	Yes	Yes	Yes

续 表

	(1)	(2)	(3)	(4)	(5)	(6)
	ROA	ROA	GETR	GETR	CETR	CETR
Year FE	Yes	Yes	Yes	Yes	Yes	Yes
Firm FE	Yes	Yes	Yes	Yes	Yes	Yes
N	6571	6571	6571	6571	6571	6571
R^2	0.648	0.646	0.470	0.470	0.361	0.361

3. 企业盈余压力

本文采用三个测度来度量企业盈余压力。首先，参考 Caskey 和 Ozel（2017）、Liu 等（2021），对于每个公司—年度，指定 [-180, -4] 窗口内所有分析师预测的中值为共识预测，并将盈余压力 Earnings Pressure 定义为实际 EPS 减去分析师共识预测。其次，本文构建了行业平均 EPS 减去 EPS 的测度 PressureEPS，以及行业平均 EPS 增长减去 EPS 增长的测度 PressureEPSgrowth。三个测度均为企业盈余压力的正向指标。表 8 的回归结果显示，企业盈余压力会增强企业碳排放量对有效税率的削弱作用，即增强对税收规避的促进作用。

表 8　　　　　　　　机制分析：企业盈余压力

面板 A：实际 EPS 减去分析师共识预测

	(1)	(2)	(3)	(4)
	GETR	GETR	CETR	CETR
$\ln ScopeTCO_2 \times$ Earnings Pressure	-0.041*** (-11.43)		-0.036*** (-6.28)	
$\ln DirFirCO_2 \times$ Earnings Pressure		-0.038*** (-11.53)		-0.034*** (-6.42)
$\ln ScopeTCO_2$	-0.023*** (-2.97)		-0.052*** (-4.29)	
$\ln DirFirCO_2$		-0.019*** (-2.69)		-0.044*** (-3.87)

续表

	(1) GETR	(2) GETR	(3) CETR	(4) CETR
Earnings Pressure	0.634*** (13.28)	0.574*** (13.61)	0.560*** (7.39)	0.513*** (7.66)
Controls	Yes	Yes	Yes	Yes
Year FE	Yes	Yes	Yes	Yes
Firm FE	Yes	Yes	Yes	Yes
N	5244	5244	5244	5244
R^2	0.498	0.497	0.383	0.382

面板 B：行业平均 EPS 减去 EPS

	(1) GETR	(2) GETR	(3) CETR	(4) CETR
$lnScopeTCO_2 \times PressureEPS$	-0.018*** (-12.43)		-0.018*** (-8.58)	
$lnDirFirCO_2 \times PressureEPS$		-0.017*** (-12.25)		-0.017*** (-8.56)
$lnScopeTCO_2$	-0.032*** (-4.40)		-0.050*** (-4.75)	
$lnDirFirCO_2$		-0.029*** (-4.18)		-0.044*** (-4.49)
PressureEPS	0.293*** (14.00)	0.263*** (13.99)	0.284*** (9.55)	0.257*** (9.66)
Controls	Yes	Yes	Yes	Yes
Year FE	Yes	Yes	Yes	Yes
Firm FE	Yes	Yes	Yes	Yes
N	6554	6554	6554	6554
R^2	0.436	0.435	0.345	0.344

续 表

面板 C：行业平均 EPS 增长减去 EPS 增长

	(1) GETR	(2) GETR	(3) CETR	(4) CETR
$lnScopeTCO_2 \times PressureEPSgrowth$	-0.002*** (-5.64)		-0.002*** (-4.06)	
$lnDirFirCO_2 \times PressureEPSgrowth$		-0.001*** (-5.71)		-0.001*** (-3.98)
$lnScopeTCO_2$	-0.050*** (-6.03)		-0.074*** (-5.94)	
$lnDirFirCO_2$		-0.041*** (-5.43)		-0.061*** (-5.33)
$PressureEPSgrowth$	0.024*** (6.39)	0.021*** (6.57)	0.026*** (4.75)	0.023*** (4.77)
Controls	Yes	Yes	Yes	Yes
Fear FE	Yes	Yes	Yes	Yes
Firm FE	Yes	Yes	Yes	Yes
N	4762	4762	4762	4762
R^2	0.484	0.483	0.387	0.385

（五）异质性分析

1. 企业信息披露质量

参考 Lin 等（2019）和 Li 等（2022），本文根据深交所公布的信息披露质量评级结果，将 A、B、C、D 分别赋值为 4、3、2、1。如果该公司当年信息披露质量水平在中位数以上，$H\_IDQ = 1$，否则为 0，没有评级得分的样本不参与回归。表 9 的回归结果表明，信息披露质量水平较低的一组，企业碳排放量对企业有效税率的抑制作用更强，税收规避程度更高。

表9 异质性分析：企业信息披露质量

	(1) GETR H_IDQ=1	(2) GETR H_IDQ=0	(3) GETR H_IDQ=1	(4) GETR H_IDQ=0	(5) CETR H_IDQ=1	(6) CETR H_IDQ=0	(7) CETR H_IDQ=1	(8) CETR H_IDQ=0
$lnScopeTCO_2$	0.008 (0.43)	-0.054*** (-3.21)			-0.008 (-0.27)	-0.063*** (-2.88)		
$lnDirFirCO_2$			0.007 (0.42)	-0.052*** (-3.20)			-0.008 (-0.29)	-0.061*** (-2.88)
Controls	Yes	Yes	Yes	Yes	Yes	Yes	Yes	Yes
Year FE	Yes	Yes	Yes	Yes	Yes	Yes	Yes	Yes
Firm FE	Yes	Yes	Yes	Yes	Yes	Yes	Yes	Yes
N	1435	3119	1435	3119	1435	3119	1435	3119
R^2	0.647	0.547	0.647	0.547	0.576	0.476	0.576	0.476
Chi^2	43.42***		43.70***		29.11***		29.25***	
p值	0.0000		0.0000		0.0000		0.0000	

2. 企业纳税诚信

参考之前的文献做法（Wu 等，2021；Wu 和 Zheng，2022；Wang 等，2022；Zhang 等，2022；Li 等，2023），笔者从 RESSET 企业大数据平台和国家税务总局下载每年的 A 级纳税人名单并根据名称匹配上市公司。如果企业该年为 A 级纳税人，则企业的纳税诚信为 1，否则为 0。数据起始时间为 2015 年，在此之前的观测不参与回归。表 10 的结果表明，非 A 级纳税人的碳排放量对企业有效税率的抑制作用更强，税收规避程度更高。

表 10 异质性分析：企业纳税诚信

	(1) GETR $TaxA=1$	(2) GETR $TaxA=0$	(3) GETR $TaxA=1$	(4) GETR $TaxA=0$	(5) CETR $TaxA=1$	(6) CETR $TaxA=0$	(7) CETR $TaxA=1$	(8) CETR $TaxA=0$
$\ln ScopeTCO_2$	0.017 (0.79)	-0.032*** (-3.01)			-0.039 (-1.35)	-0.046*** (-3.07)		
$\ln DirFirCO_2$			0.018 (0.94)	-0.028*** (-2.76)			-0.036 (-1.37)	-0.039*** (-2.70)
Controls	Yes	Yes	Yes	Yes	Yes	Yes	Yes	Yes
Year FE	Yes	Yes	Yes	Yes	Yes	Yes	Yes	Yes
Firm FE	Yes	Yes	Yes	Yes	Yes	Yes	Yes	Yes
N	1054	4687	1054	4687	1054	4687	1054	4687
R^2	0.496	0.511	0.496	0.511	0.459	0.414	0.459	0.413
Chi^2	8.63***		7.49***		9.73***		8.05***	
p 值	0.0033		0.0062		0.0018		0.0046	

3. 企业产权性质

在中国的制度环境下，民营企业和国有企业的税收决策存在显著差异。国有企业和民营企业的企业地位和责任的差异导致税收筹划活动的动机不同，例如政府的目标不是国有企业的价值最大化，而是社会福利最大化。政府要实现某些社会目标，可能需要更高的税收（Xu 等，2014）。Bradshaw 等（2019）发现国有企业的避税率明显低于非国有企业。本文基于企业是否为国有企业进行分组，发现非国有企业的碳排放量对企业有效税率的抑制作用更强,税收规避程度更高。表 11 的结果与 Bradshaw 等(2019)、Wen 等(2020)的发现一致。

表 11 异质性分析:企业产权性质

	(1) GETR SOE=1	(2) GETR SOE=0	(3) GETR SOE=1	(4) GETR SOE=0	(5) CETR SOE=1	(6) CETR SOE=0	(7) CETR SOE=1	(8) CETR SOE=0
$lnScopeTCO_2$	-0.009 (-0.86)	-0.029*** (-2.87)			-0.016 (-0.97)	-0.051*** (-3.70)		
$lnDirFirCO_2$			-0.009 (-0.88)	-0.024** (-2.56)			-0.009 (-0.58)	-0.048*** (-3.68)
Controls	Yes	Yes	Yes	Yes	Yes	Yes	Yes	Yes
Year FE	Yes	Yes	Yes	Yes	Yes	Yes	Yes	Yes
Firm FE	Yes	Yes	Yes	Yes	Yes	Yes	Yes	Yes
N	2908	3663	2908	3663	2908	3663	2908	3663
R^2	0.437	0.490	0.437	0.490	0.319	0.405	0.319	0.405
Chi^2	10.02***		6.14**		3.96**		2.78*	
p 值	0.0015		0.0132		0.0466		0.0955	

4. 企业所在行业竞争水平

基于销售额的行业 HHI,本文将样本分为高低两组,H_HHI=1 表示市场集中度较高、竞争性较弱。表 12 的结果表明,位于市场集中度高、竞争性弱的行业的企业,其碳排放量对企业有效税率的抑制作用更强,税收规避程度更高。

表 12 异质性分析:企业所在行业竞争水平

	(1) GETR H_HHI=1	(2) GETR H_HHI=0	(3) GETR H_HHI=1	(4) GETR H_HHI=0	(5) CETR H_HHI=1	(6) CETR H_HHI=0	(7) CETR H_HHI=1	(8) CETR H_HHI=0
$lnScopeTCO_2$	-0.034*** (-3.03)	-0.011 (-0.96)			-0.035** (-2.22)	-0.025 (-1.56)		

续 表

	(1) GETR H_HHI =1	(2) GETR H_HHI =0	(3) GETR H_HHI =1	(4) GETR H_HHI =0	(5) CETR H_HHI =1	(6) CETR H_HHI =0	(7) CETR H_HHI =1	(8) CETR H_HHI =0
$\ln DirFirCO_2$			-0.028*** (-2.67)	-0.010 (-0.93)			-0.027* (-1.82)	-0.023 (-1.51)
Controls	Yes	Yes	Yes	Yes	Yes	Yes	Yes	Yes
Year FE	Yes	Yes	Yes	Yes	Yes	Yes	Yes	Yes
Firm FE	Yes	Yes	Yes	Yes	Yes	Yes	Yes	Yes
N	3454	3117	3454	3117	3454	3117	3454	3117
R^2	0.460	0.520	0.459	0.520	0.376	0.413	0.375	0.413
Chi^2	3.92**		4.37**		4.15**		3.41*	
p 值	0.0478		0.0366		0.0417		0.0647	

5. 企业所在地区环境规制

参考 Chen 等（2018）和 Wu 等（2022），以及城市政府工作报告文本，本文手动选取所有关于环境、环保、能耗、污染、减排等关键词作为环境相关词汇，并计算词频占比作为地区环境规制的测度。如果该企业所在城市当年的环境规制水平高于中位数，则 H_ER 赋值为 1，否则为 0。表 13 的回归结果表明，在环境规制水平较高的地区，企业碳排放量对企业有效税率的抑制作用更强，税收规避程度更高。

表 13　　　　　　异质性分析：企业所在地区环境规制

	(1) GETR H_ER =1	(2) GETR H_ER =0	(3) GETR H_ER =1	(4) GETR H_ER =0	(5) CETR H_ER =1	(6) CETR H_ER =0	(7) CETR H_ER =1	(8) CETR H_ER =0
$\ln ScopeTCO_2$	-0.036** (-2.46)	-0.018** (-2.00)			-0.068*** (-3.02)	-0.024* (-1.84)		
$\ln DirFirCO_2$			-0.034** (-2.47)	-0.014* (-1.68)			-0.061*** (-2.97)	-0.020* (-1.65)

续表

	(1)	(2)	(3)	(4)	(5)	(6)	(7)	(8)
	GETR H_ER =1	GETR H_ER =0	GETR H_ER =1	GETR H_ER =0	CETR H_ER =1	CETR H_ER =0	CETR H_ER =1	CETR H_ER =0
Controls	Yes	Yes	Yes	Yes	Yes	Yes	Yes	Yes
Year FE	Yes	Yes	Yes	Yes	Yes	Yes	Yes	Yes
Firm FE	Yes	Yes	Yes	Yes	Yes	Yes	Yes	Yes
N	2476	4095	2476	4095	2476	4095	2476	4095
R^2	0.545	0.516	0.545	0.515	0.425	0.431	0.425	0.431
Chi^2	8.43***		6.34**		8.59***		5.93**	
p 值	0.0037		0.0118		0.0034		0.0149	

6. 企业所在地区税收执法

参考 Jia 等（2020），本文计算了各区县财政总收入预算与 GDP 的比率来衡量地区税收执法程度。如果该公司所在区县当年的税收执法水平高于中位数，则 H_TE 赋值为 1，否则为 0。表 14 的回归结果表明，在税收执法水平较低的地区，企业碳排放量对企业有效税率的抑制作用更强，税收规避程度更高。

表 14　　　　　异质性分析：企业所在地区税收执法

	(1)	(2)	(3)	(4)	(5)	(6)	(7)	(8)
	GETR H_TE =1	GETR H_TE =0	GETR H_TE =1	GETR H_TE =0	CETR H_TE =1	CETR H_TE =0	CETR H_TE =1	CETR H_TE =0
$\ln ScopeTCO_2$	-0.007 (-0.82)	-0.032** (-2.26)			-0.024* (-1.81)	-0.052*** (-2.75)		
$\ln DirFirCO_2$			-0.007 (-0.81)	-0.023* (-1.74)			-0.021* (-1.70)	-0.041** (-2.32)
Controls	Yes	Yes	Yes	Yes	Yes	Yes	Yes	Yes
Year FE	Yes	Yes	Yes	Yes	Yes	Yes	Yes	Yes
Firm FE	Yes	Yes	Yes	Yes	Yes	Yes	Yes	Yes
N	4163	2408	4163	2408	4163	2408	4163	2408

续表

	(1) GETR H_TE =1	(2) GETR H_TE =0	(3) GETR H_TE =1	(4) GETR H_TE =0	(5) CETR H_TE =1	(6) CETR H_TE =0	(7) CETR H_TE =1	(8) CETR H_TE =0
R^2	0.480	0.497	0.480	0.496	0.378	0.429	0.378	0.428
Chi^2	3.83*		4.04**		5.92**		5.72**	
p 值	0.0502		0.0445		0.0150		0.0168	

(六) 稳健性检验

本文对核心变量进行替换以验证基准结果的稳健性，回归结果见表 15。

表 15　　稳健性检验回归结果

面板 A: 账面税收差异

	(1) MPBTD	(2) MPBTD	(3) DDBTD	(4) DDBTD		
$\ln ScopeTCO_2$	0.012*** (3.36)		0.012*** (3.29)			
$\ln DirFirCO_2$		0.011*** (3.33)		0.011*** (3.26)		
Controls	Yes	Yes	Yes	Yes		
Year FE	Yes	Yes	Yes	Yes		
Firm FE	Yes	Yes	Yes	Yes		
N	6571	6571	6571	6571		
R^2	0.316	0.316	0.317	0.317		

面板 B: 税务风险（税收筹划得分和未来税收波动）

	(1) TPS	(2) TPS	(3) GETR_V	(4) GETR_V	(5) CETR_V	(6) CETR_V
$\ln ScopeTCO_2$	0.018*** (4.91)		0.105*** (7.41)		0.064*** (4.05)	

续 表

	(1) TPS	(2) TPS	(3) GETR_V	(4) GETR_V	(5) CETR_V	(6) CETR_V
$\ln DirFirCO_2$		0.017*** (4.73)		0.096*** (7.22)		0.056*** (3.78)
Controls	Yes	Yes	Yes	Yes	Yes	Yes
Year FE	Yes	Yes	Yes	Yes	Yes	Yes
Firm FE	Yes	Yes	Yes	Yes	Yes	Yes
N	6571	6571	6571	6571	6571	6571
R^2	0.915	0.915	0.618	0.618	0.525	0.525

面板 C：碳排放量的组成成分

	(1) GETR	(2) GETR	(3) GETR	(4) CETR	(5) CETR	(6) CETR
$\ln Scope1$	-0.011** (-2.04)			-0.024*** (-3.17)		
$\ln Scope2$		-0.014** (-2.14)			-0.019** (-2.11)	
$\ln Scope3$			-0.028*** (-3.56)			-0.044*** (-3.82)
Controls	Yes	Yes	Yes	Yes	Yes	Yes
Year FE	Yes	Yes	Yes	Yes	Yes	Yes
Firm FE	Yes	Yes	Yes	Yes	Yes	Yes
N	6571	6571	6571	6571	6571	6571
R^2	0.457	0.457	0.458	0.355	0.354	0.355

第一，参考 Chen 等（2010），本文换用了税收规避的其他衡量方式。表 15 面板 A 采用了两种账面税收差异度量，账面税收差异越高说明企业税收规避程度越高。列（1）、列（2）采用了 Manzon 和 Plesko（2002）的账面税收差异度量 MPBTD，式（1）如下：

$$MPBTD_{it} = \frac{\left[PretaxIncome_{it} - \dfrac{CTaxExpense_{it}}{TaxRate_{it}} - TXO_{it} - MInter_{it} - \Delta NOL_{it}\right]}{AT_{it-1}} \tag{1}$$

其中，$CTaxExpense_{it}$ 为公司 i 在第 t 年的当期税费，$TaxRate_{it}$ 为企业法定所得税率，TXO_{it} 为其他所得税，$MInter_{it}$ 为属于少数股东的净利润，ΔNOL_{it} 为净经营亏损变动结转，AT_{it-1} 表示期初总资产。后两列采用了 Desai 和 Dharmapala（2006）的账面税收差异度量 DDBTD，该度量基于 MPBTD 进行修正，在账面税收差异中考虑公司盈余管理，通过控制公司的可支配性应计利润，将公司盈余管理产生的公司账面税收差异分离开来。式（2）如下：

$$MPBTD_{it} = \beta_0 + \beta_1 \frac{DA_{it}}{\ln AT_{it-1}} + \gamma_i + \varepsilon_{it} \tag{2}$$

其中，DA_{it} 表示公司 i 在第 t 年的可自由支配应计利润，$\ln AT_{it-1}$ 表示期初总资产的自然对数。最后得到的残差 $\gamma_i + \varepsilon_{it}$ 即为 DDBTD。回归结果显示，碳排放显著增加了账面税收差异，即增加了企业税收规避程度，这与基准结果一致。

第二，参考 Guo 等（2023），本文换用了税务风险的相关度量进行验证。表 15 面板 B 的列（1）、列（2）采用了税务筹划得分变量 TPS，基于 Jacobs 和 Schütt（2014）的方法构建。参考 Gallemore 和 Labro（2015）和 Higgins 等（2015）的构建方法，后 4 列采用了未来税收波动的度量，GETR_V 为 GETR 从 t 年到 $t+2$ 年的标准差除以 GETR 从 t 年到 $t+2$ 年的均值，CETR_V 为 CETR 从 t 年到 $t+2$ 年的标准差除以 CETR 从 t 年到 $t+2$ 年的均值。上述三个变量均为税务风险的正向测度。表 15 面板 B 的结果表明，碳排放对于企业税务风险的影响均为正相关，带来税务方面的潜在不利后果。

第三，参考 Cui 等（2023），本文对碳排放量的组成成分进行拆分，将 $\ln ScopeTCO_2$ 拆分为三个范围的碳排放量的对数值 $\ln Scope1$、$\ln Scope2$、$\ln Scope3$。[①] 表 15 面板 C 的结果表明，不同的碳排放衡量方式对有效税率的负

[①] 将 $\ln DirFirCO_2$ 拆分为直接二氧化碳当量排放对数值 $\ln Dir$ 和一级间接二氧化碳排放量对数值 $\ln Fir$，结果依然稳健，限于篇幅这里省略回归结果。

向作用都是稳健的。

六、研究结论与政策建议

（一）研究结论

基于 Trucost 企业层面的碳排放量数据，本文用 2005—2020 年中国 A 股上市公司数据集，证实了碳排放量对企业税收规避的促进作用。为了解决内生性问题，本文使用了工具变量法，基于准自然实验"低碳城市试点"和"环保法庭设立"。2SLS 检验表明，这种促进作用是具备因果关系的。

本文进一步探讨了碳排放量抑制企业税收规避的潜在经济机制。盈余压力加剧了碳排放量对企业有效税率的衰减效应，从而强化了对避税的促进作用。这表明，高碳排放企业可能会通过避税来管理盈余压力。此外，当企业业绩强劲时，盈余压力可能会减轻，这可能会影响企业的避税策略。异质性分析表明，信息披露质量低的企业、非 A 类纳税人企业、非国有企业、位于低竞争行业的企业、位于高环境规制的企业和位于低税收执法水平的企业的关系更加显著。稳健性检验中换用被解释变量的定义、换用碳排放量的组成成分作为解释变量回归，结果依然稳健，且发现高碳排放企业的未来税务风险较高。

（二）政策建议

本文的政策建议如下：

第一，国家应致力平衡区域发展，削减过剩产能。在经济发展和低碳排放之间取得平衡，不盲目照搬，走适合中国的发展道路。通过优化产业结构提高经济发展质量，通过科技进步和创新推动产业升级，用绿色发展助力社会主义现代化。

第二，地方政府应加大对环保产业和低碳技术发展的支持力度，同时实施更全面的税收优惠，鼓励企业投资环保领域，降低环境成本。此外，应采取措施加强对避税和逃税的监管,加强税收执法,确保税收制度的公平正义。

第三,企业要把握时代脉搏,积极主动地响应党的十九届六中全会精神,根据企业发展阶段逐步实施绿色转型策略,缩减高污染生产规模,合法合规地利用税收优惠,增强竞争力,实现可持续发展。

参考文献

[1] 白世秀,章金霞. 碳信息披露对碳排放量与公司价值影响的调节效应研究 [J]. 生态经济,2019,35(9):26-31.

[2] 陈德球,陈运森,董志勇. 政策不确定性、税收征管强度与企业税收规避 [J]. 管理世界,2016(5):151-163.

[3] 邓祎璐,陈运森,戴馨. 非处罚性监管与公司税收规避——基于财务报告问询函的证据 [J]. 金融研究,2022(1):153-166.

[4] 李建发,袁璐,李文文,等. 政府财会监督与企业税收规避——来自财政部会计信息质量随机检查的证据 [J]. 管理世界,2023,39(8):154-171,195,172.

[5] 李维安,徐业坤. 政治身份的避税效应 [J]. 金融研究,2013(3):114-129.

[6] 李毅,胡宗义,周积琨,等. 环境司法强化、邻近效应与区域污染治理 [J]. 经济评论,2022(2):104-121.

[7] 王雄元,欧阳才越,史震阳. 股权质押、控制权转移风险与税收规避 [J]. 经济研究,2018,53(1):138-152.

[8] 徐佳,崔静波. 低碳城市和企业绿色技术创新 [J]. 中国工业经济,2020(12):178-196.

[9] 翟华云,刘亚伟. 环境司法专门化促进了企业环境治理吗?——来自专门环境法庭设置的准自然实验 [J]. 中国人口·资源与环境,2019,29(6):138-147.

[10] 赵纯祥,张敦力,杨快,等. 税收征管经历独董能降低企业税负吗

[J]. 会计研究, 2019 (11): 70-77.

[11] 张胜, 魏汉泽, 李常安. 实际控制人居留权特征与企业税收规避——基于我国民营上市公司的经验证据 [J]. 会计研究, 2016 (4): 77-84, 96.

[12] ARMSTRONG C S, BLOUIN J L, JAGOLINZER A D, et al. Corporate Governance, Incentives, and Tax Avoidance [J]. Journal of Accounting and Economics, 2015, 60 (1): 1-17.

[13] ARMSTRONG C S, BLOUIN J L, LARCKER D F. The Incentives for Tax Planning [J]. Journal of Accounting and Economics, 2012, 53 (1-2): 391-411.

[14] ASWANI J, RAGHUNANDAN A, RAJGOPAL S. Are Carbon Emissions Associated with Stock Returns? [J]. Review of Finance, 2024, 28 (1): 75-106.

[15] BALACHANDRAN B, NGUYEN J H. Does Carbon Risk Matter in Firm Dividend Policy? Evidence from a Quasi-natural Experiment in an Imputation Environment [J]. Journal of Banking & Finance, 2018, 96: 249-267.

[16] BENLEMLIH M, SHAUKAT A, QIU Y, et al. Environmental and Social Disclosures and Firm Risk [J]. Journal of Business Ethics, 2018, 152 (3): 613-626.

[17] BOLTON P, KACPERCZYK M. Do Investors Care about Carbon Risk? [J]. Journal of Financial Economics, 2021, 142 (2): 517-549.

[18] BRADSHAW M, LIAO G, MA M S. Agency Costs and Tax Planning when the Government is a Major Shareholder [J]. Journal of Accounting and Economics, 2019, 67 (2-3): 255-277.

[19] CASKEY J, OZEL N B. Earnings Expectations and Employee Safety [J]. Journal of Accounting and Economics, 2017, 63 (1): 121-141.

[20] CHEN S, CHEN X, CHENG Q, et al. Are Family Firms More Tax Aggressive than Non-Family Firms? [J]. Journal of Financial Economics, 2010, 95 (1): 41-61.

[21] CHEN S, MAO H, SUN J. Low-Carbon City Construction and Corporate Carbon Reduction Performance: Evidence From a Quasi-Natural Experiment in China

[J]. Journal of Business Ethics, 2021, 180: 125-143.

[22] CHEN Z, KAHN M E, LIU Y, et al. The Consequences of Spatially Differentiated Water Pollution Regulation in China [J]. Journal of Environmental Economics and Management, 2018, 88: 468-485.

[23] CHOY H, LIN J, OFFICER M S. Does Freezing A Defined Benefit Pension Plan Affect Firm Risk? [J]. Journal of Accounting and Economics, 2014, 57 (1): 1-21.

[24] CROCKER K J, SLEMROD J. Corporate Tax Evasion with Agency Costs [J]. Journal of Public Economics, 2005, 89 (9-10): 1593-1610.

[25] DEMERÉ P, DONOHOE M P, LISOWSKY P. The Economic Effects of Special Purpose Entities on Corporate Tax Avoidance [J]. Contemporary Accounting Research, 2019, 37 (3): 1562-1597.

[26] DESAI M A, DHARMAPALA D. Corporate Tax Avoidance and High-Powered Incentives [J]. Journal of Financial Economics, 2006, 79 (1): 145-179.

[27] DONELSON D C, GLENN J L, MCGUIRE S T, et al. The Effect of Shareholder Scrutiny on Corporate Tax Behavior: Evidence from Shareholder Tax Litigation [J]. Contemporary Accounting Research, 2024, 41 (1): 163-194.

[28] GALLEMORE J, LABRO E. The Importance of the Internal Information Environment for Tax Avoidance [J]. Journal of Accounting and Economics, 2015, 60 (1): 149-167.

[29] GRAY W B, SHADBEGIAN R J. Plant Vintage, Technology, and Environmental Regulation [J]. Journal of Environmental Economics and Management, 2003, 46 (3): 384-402.

[30] HIGGINS D, OMER T C, PHILLIPS J D. The Influence of a Firm's Business Strategy on its Tax Aggressiveness [J]. Contemporary Accounting Research, 2015, 32 (2): 674-702.

[31] HUTTON A P, MARCUS A J, TEHRANIAN H. Opaque Financial Reports, R^2, and Crash Risk [J]. Journal of Financial Economics, 2009, 94

(1): 67-86.

[32] JACOB M, SCHÜTT H H. Firm Valuation and the Uncertainty of Future Tax Avoidance [J]. European Accounting Review, 2019, 29 (3): 409-435.

[33] JUNG J, HERBOHN K, CLARKSON P. Carbon Risk, Carbon Risk Awareness and the Cost of Debt Financing [J]. Journal of Business Ethics, 2018, 150 (4): 1151-1171.

[34] KHAN M, SRINIVASAN S, TAN L. Institutional Ownership and Corporate Tax Avoidance: New Evidence [J]. The Accounting Review, 2017, 92 (2): 101-122.

[35] KINI O, WILLIAMS R. Tournament Incentives, Firm Risk, and Corporate Policies [J]. Journal of Financial Economics, 2012, 103 (2): 350-376.

[36] LEWANDOWSKI S. Corporate Carbon and Financial Performance: The Role of Emission Reductions [J]. Business Strategy and the Environment, 2017, 26 (8): 1196-1211.

[37] LI P, SONG C, WANG J J, et al. CFOs' Audit Experience and Corporate Disclosure Quality: Evidence from China [J]. Accounting & Finance, 2022, 62 (3): 4013-4039.

[38] LIN P, LIN B, LEI F. Influence of CEO Characteristics on Accounting Information Disclosure Quality—Based on the Mediating Effect of Capital Structure [J]. Emerging Markets Finance and Trade, 2019, 56 (8): 1781-1803.

[39] LIU W, QIN B. Low-Carbon City Initiatives in China: A Review from the Policy Paradigm Perspective [J]. Cities, 2016, 51: 131-138.

[40] LUONG H, MOSHIRIAN F, NGUYEN L, et al. How Do Foreign Institutional Investors Enhance Firm Innovation? [J]. Journal of Financial and Quantitative Analysis, 2017, 52 (4): 1449-1490.

[41] MANZON JR G B, PLESKO G. The Relation between Financial and Tax Reporting Measures of Income [J]. Tax Law Review, 2022, 55: 175-214.

[42] MATSUMURA E M, PRAKASH R, VERA-MUÑOZ S C. Firm-Value

Effects of Carbon Emissions and Carbon Disclosures [J]. The Accounting Review, 2014, 89 (2): 695-724.

[43] MILLS L, ERICKSON M M, MAYDEW E L. Investments in tax planning [J]. The Journal of the American Taxation Association, 1998, 20 (1): 1-20.

[44] NGUYEN J H, PHAN H V. Carbon risk and corporate capital structure [J]. Journal of Corporate Finance, 2020, 64: 101713.

[45] OESTREICH A M, TSIAKAS I. Carbon Emissions and Stock Returns: Evidence from the EU Emissions Trading Scheme [J]. Journal of Banking & Finance, 2015, 58: 294-308.

[46] OLSEN K J, STEKELBERG J. CEO Narcissism and Corporate Tax Sheltering [J]. The Journal of the American Taxation Association, 2016, 38 (1): 1-22.

[47] WANG P, ZHOU A, WANG Y. Corporate Tax Integrity and the Cost of Debt: Evidence from China [J]. Emerging Markets Finance and Trade, 2022, 58 (6): 1702-1711.

[48] WU J, LIU B, ZENG Y, et al. Good for the Firm, Good for the Society? Causal Evidence of the Impact of Equity Incentives on a Firm's Green Investment [J]. International Review of Economics & Finance, 2022, 77: 435-449.

[49] XIANG J, ZHU L, KONG D. Labor Cost and Corporate Tax Avoidance [J]. Journal of Economic Behavior & Organization, 2023, 205: 338-358.

[50] XU N, LI X, YUAN Q, et al. Excess Perks and Stock Price Crash Risk: Evidence from China [J]. Journal of Corporate Finance, 2014, 25: 419-434.

碳交易对盈余管理决策的影响

沈 蜜　田 园

摘要：近年来，我国碳排放权交易机制快速发展，全国碳排放权交易市场逐步形成，对应的监管工作重点和投资策略正在建立和发展。本文从企业会计信息透明度的角度出发，探讨碳排放权交易机制中控排企业盈余管理程度的变化，为监管者和投资者提供理论依据。本文以2011—2020年沪深A股上市公司为样本，使用多期双重差分模型，研究发现，碳排放权交易机制显著提高了控排企业的正向盈余管理程度，而对企业负向盈余管理程度无显著影响。进一步地，本文发现碳排放权交易机制通过增加控排企业的减排支出，影响了企业的正向盈余管理程度。同时，碳排放权交易机制并没有显著提高企业受到的资本市场关注和社会公众关注。不过，资本市场关注对控排企业起到了监督作用，降低了其因碳排放权交易机制而进行正向盈余管理的程度。最后，本文发现政府环保补贴可以缓解碳排放权交易机制对控排企业正向盈余管理程度的提高。

一、引言

1979年，第一次世界气候大会召开，控制大气二氧化碳浓度、应对气候变化问题开始进入人们的视野。世界各国及政府间组织随后达成了多项重要国际协定，如《联合国气候变化框架公约》及《京都议定书》等，其中控制并减少碳排放成为应对气候变化的工作重点之一。碳排放权交易体系是控制并减少碳排放的一种市场性手段，该体系立足于"科斯产权理论"，通过明确企业环境资源的产权，即赋予企业碳排放权并准许其交易来内化企业碳排放的外部性，减少企业碳排放。2005 年，全球规模最大的碳排放权交易体系——欧盟碳排放权交易体系（EU-ETS）建立，帮助欧盟超额完成了碳减排目标。当前，碳交易在许多国家已得到广泛采用。截至 2024 年年底，全球共有 38 个碳交易体系在运行。

我国碳排放权交易市场实行总量控制与配额交易机制，即监管者在履约周期开始前确定控排企业名单并免费或有偿发放一定量的碳排放配额，在履约周期结束后，控排企业须向主管部门清缴与本期碳排放量相等的配额。若控排企业有碳配额盈余，则可以在碳市场出售获利，若控排企业碳配额不足以清缴其碳排放量，则控排企业须购买碳配额，否则将被处以罚款，每超出计量单位的罚款往往为碳市场近期加权平均价格的数倍。通过碳排放权交易机制，可以实现将控排企业碳排放的外部性内化为企业自身的成本，实现减排目的。我国的碳排放权交易体系于 2011 年启动试点建设，深圳、上海、北京、广东、天津碳交易试点于 2013 年启动交易，湖北、重庆试点于 2014 年启动，福建试点于 2016 年启动。全国碳排放权交易市场建设分阶段推进：2019 年公布控排企业名单；2021 年 7 月 16 日，全国碳排放权交易市场正式开市。随着我国碳排放权交易各试点市场的成熟和交易机制的不断完善，全国碳排放权交易市场将逐步扩大行业覆盖范围，有序纳入更多重点控排企业，助力我国"双碳"目标的达成。

在我国碳排放权交易机制的发展过程中，对控排企业的监管是核心工作环节：一方面要对控排企业进行碳核查，监督其配额清缴和履约情况；另一方面要关注碳排放权交易机制对控排企业其他方面产生的外部性，给予有针对性的监管。随着全国碳排放权交易市场的逐步推进，越来越多的行业和企业被纳入控排企业名单，在对企业的碳排放情况进行核查的同时，也应关注控排企业的会计信息质量，以免造成相关行业会计信息质量和环境的恶化。本文从企业会计信息透明度的角度入手，利用 2011—2020 年沪深 A 股上市公司面板数据，使用多期双重差分模型，研究碳排放权交易机制对控排企业盈余管理程度的影响。研究发现，碳排放权交易机制显著提高了控排企业的正向盈余管理程度,而对企业负向盈余管理程度无显著影响。进一步地,本文从碳排放权交易机制带来的成本和形成的关注压力两个层面对碳排放权交易机制影响控排企业正向盈余管理程度的渠道进行了探索,发现碳排放权交易机制通过增加企业的减排支出,影响了企业的正向盈余管理程度;同时,碳排放权交易机制并没有显著提高企业受到的资本市场关注和社会公众关注;不过,资本市场关注对控排企业起到了监督作用,降低了其因碳排放权交易机制而进行正向盈余管理的程度。最后,本文检验了政府环保补贴在基准回归效应中的调节作用,发现政府环保补贴可以缓解碳排放权交易机制对控排企业正向盈余管理程度的提高。

本文结构安排如下:①引言;②文献综述;③理论分析与研究假设;④研究设计;⑤回归结果与分析;⑥进一步研究;⑦稳健性检验;⑧研究结论与政策建议。

本文的贡献如下:①国内外已有环境规制与盈余管理的研究以命令型规制为研究对象,且未对影响渠道进行实证探索;本文以市场型的环境规制碳排放权交易机制为研究对象,同时丰富了对影响机制的检验,发展了环境规制与盈余管理的研究;②在机制检验的过程中,引入了资本市场关注和社会公众关注并得到了不同的结论,为关注压力影响企业盈余管理提供了新的证据;③手工收集整理了历年各试点及全国碳排放权交易控排企业名单,相比以往的研究对我国碳排放权交易机制的识别更加准确;④为监管机构在碳排放权交易机制中对控排企业的监督工作和投资者投资提供了理论依据。

二、文献综述

随着环境规制的发展和由命令型环境规制向市场型环境规制的迭代,环境规制带来的影响一直是研究关注的问题,其中环境规制对企业行为的影响是微观层面研究的重点。较多研究探究环境规制是否实现了政策目的,使企业节能减排,如 Najjar 和 Cherniwchan(2021)研究发现加拿大的空气质量标准制度使制造业企业减少了污染排放强度;Blundell 等(2020)研究美国国家环境保护局（US EPA）实行的设置严重违规者（High Priority Violators）等分类动态环境规制对企业减排行为的影响。除检验环境规制是否实现政策目的外，也有众多研究探究环境规制对企业带来的其他经济后果。在企业生产方面，Porter（1991）提出了"波特效应"假说，认为环境规制可以引导企业进行技术创新、提高生产效率，补偿环境规制带来的成本，甚至实现企业绩效的提升。在国内，张成等（2011）、黄德春和刘志彪（2006）、任胜钢等（2019）也基于"波特效应"研究讨论了我国环境规制对企业创新、技术进步、全要素生产率的影响。张成等（2011）研究发现，环境规制强度与企业生产效率之间存在非线性关系，较弱的环境规制会导致企业生产技术进步效率降低，只有当环境规制达到特定阈值时才可以发挥"波特效应"，促进企业生产技术进步。

在环境规制影响公司治理方面，Cahan等（1997）从政治成本的角度发现，当美国国会提出了新的环保法规，相关企业会进行负向盈余管理以避免法规通过。王克敏和周琳（2019）从企业维护自身形象和社会公众压力的角度出发，发现被纳入《上市公司环保核查行业分类管理名录》的企业盈余管理程度有所降低。这种效应与媒体关注和企业所在地环境状况有关；企业受到媒体关注越多，意味着受到社会公众关注越多，越容易受到社会公众监督；同理，企业所在地环境状况越差，越容易受到社会公众监督；当企业受到较多社会公众监督时，出于对自身形象的维护，会降低盈余管理程度。杨野等（2020）研究发现，新环保法的实施使重污染企业进行了向上的盈余管理，理论依据为前景理论，新环保法会使企业管理者认为企业生产效率和未来业绩将会受到负面影响，产生负面预期，从而更加偏好风险，进行盈余管理。相反地，崔也光和刘思源（2020）研究认为，环境规制会降低企业盈余管理程度。

关于碳排放权交易机制对企业行为的影响，部分学者围绕碳排放权交易机制是否实现减排目的展开研究，如Bartram等（2022）研究发现，加利福尼亚州的碳排放权交易机制导致有资金约束的企业将生产厂房迁出该州，形成碳排放的外溢，最终并没有达成减排目的；沈洪涛等（2017）主要对我国碳排放权交易机制下企业的减排方式进行探讨，研究发现，在碳排放权交易机制下，相比于增加减排技术投入，企业更多地通过减少产量减排。此外，较多学者从企业创新等角度研究碳排放权交易机制对控排企业发挥的正面积极作用，如胡珺等（2020）从环境规制"波特效应"的角度入手，发现碳排放权交易机制的实施显著推动了企业的技术创新；张涛等（2022）研究发现，碳排放权交易机制可以提高企业投资效率。由于我国碳排放权交易机制相比命令型环境规制和其他市场型环境规制起步较晚，目前关于碳排放权交易机制如何影响盈余管理的研究尚未形成。

当前关于盈余管理的研究，根据其动因可以主要归类为三种（张样建和徐晋，2006）：资本市场动因、契约动因以及政治成本动因。于忠泊等（2011）也对盈余管理动因进行了相似的归类：薪酬动因、资本市场动因、监管动因。其中，出于资本市场动因的盈余管理主要以调整企业股价为目的，包括新股发行中的盈余管理（Loughran 和 Ritter，1995），并购重组中的盈余管理（Louis，2004），基于预期的盈余管理（Burgstahler 和 Dichev，1997）。出于契约动因的盈余管理以管理层报酬最大化为目的，相关研究包括管理层奖金计划与盈余管理（Healy，1985），代理权争夺中的盈余管理（DeAngelo，1988）等。在盈余管理的政治动因中，避税动机较为常见，国内外均有相关研究（Gramlich，1992；李增福等，2011）。在出于政治成本动因的盈余管理中，向下的盈余管理相比出于其他两种动因的盈余管理更为常见，除避税外，管理者常常为了获得政府补贴、满足监管需求、避免监管处罚等原因进行向下的盈余管理（Jones，1991；Hall 和 Stammerjohan，1997）。

三、理论分析与研究假设

由于正向盈余管理程度与负向盈余管理程度在碳排放权交易机制中受到的影响和渠道有所差异，参考薄仙慧和吴联生（2009）、李广众和贾凡胜（2019）、王红建等（2014）的做法，本文将区分正负向盈余管理程度分别进行分析。

碳排放权交易机制主要可从两个渠道影响控排企业的正向盈余管理程度。

一是成本支出渠道。碳排放权交易机制会为控排企业带来支出，包括企业购买碳排放权的费用、减排支出、碳信息核查披露费用等（Chapple 等，2015）。此时管理层一方面可能出于契约动因，提高正向盈余管理程度以最大化管理层报酬；另一方面可能出于资本市场动因，提高正向盈余管理程度以给资本市场传递积极信号。

二是市场关注渠道。由于各试点碳市场每年将公开控排企业名单，控排企业往往成为资本市场以及社会公众关注的对象。

关于资本市场关注，部分研究认为资本市场关注可以起到监督作用，Yu（2008）利用美国的样本研究发现受到更多分析师关注的公司会进行更少的盈余管理；李春涛等（2014）研究了中国的情况，发现分析师关注具有监督作用，可以降低名企的盈余管理程度。另外，也有研究认为资本市场关注会对企业盈余管理起到激励作用，Degeorge 等（2013）研究发现，分析师关注对企业盈余管理的影响与金融发展水平有关，在金融发展水平欠发达的国家，分析师发布的盈余预测会成为企业盈余管理的目标，激励企业的盈余管理行为。

关于社会公众关注，部分研究认为媒体关注可以起到监督作用，减少企业的盈余管理行为（Dyck 等，2008；Miller，2006）；王克敏和周琳（2019）认为，媒体关注为企业带来的社会公众压力会促使企业减少盈余管理等负面行为。与资本市场关注类似，也有部分研究认为媒体关注会激励企业进行盈余管理，于忠泊等（2011）研究发现，媒体带来的市场压力使管理者更倾向于进行正向盈余管理以满足市场预期。

综合来看，当碳排放权交易机制带来的资本市场关注和社会公众关注起到的监督作用大于激励作用，碳排放权交易机制将降低控排企业的正向盈余管理程度，反之碳排放权交易机制将提高控排企业的正向盈余管理程度。

综上所述，碳排放权交易机制可从造成支出和带来关注两个渠道影响控排企业的正向盈余管理程度，且不同渠道对控排企业正向盈余管理程度的影响方向存在差异。

提出假设 H1a 和 H1b：

H1a：碳排放权交易机制提高了控排企业的正向盈余管理程度。

H1b：碳排放权交易机制降低了控排企业的正向盈余管理程度。

负向盈余管理的动机包括减少当期业绩以提升未来业绩（薄仙慧和吴联生，2009）、获得政府补贴（王红建等，2014）、避税（李增福等，2011）等。控排企业面临的市场压力较大，管理者提高负向盈余管理程度的成本较高；且由于各试点及全国碳排放权交易市场的控排企业选取均以企业所在行业和碳排放量为依据，与企业盈余情况无关，企业考虑政治成本而提高向下盈余管理程度的可能性较小。同时，向下的盈余管理引起资本市场和媒体的关注较少（王红建等，2014），控排企业基于关注降低负向盈余管理程度的动机较小。综上所述，本文认为碳排放权交易机制对控排企业的负向盈余管理程度无显著影响，提出假设 H2。

H2：碳排放权交易机制对控排企业负向盈余管理程度无显著影响。

四、研究设计

（一）样本选取与数据来源

本文选取 2011—2020 年沪深 A 股上市公司作为研究样本，并进行如下处理：①剔除金融业公司；②剔除 ST/PT 的公司样本；③剔除变量缺失的样本；④对于曾被纳入后又移出控排名单的企业，剔除其移出后的企业年度样本。

各年度被纳入碳排放权交易的控排企业名单来自全国碳市场及各试点地区（北京、上海、广东等）的发展和改革委员会及生态环境部门发布的官方文件，并经过手工整理；减排支出（*Expense*）、勒纳指数（*Lerner*）、赫芬达尔指数（*HHI*）、研报关注度（*Report*）、分析师关注度（*Analyst*）、新闻关注度（*News*）、环保补贴（*Subsidy*）来自 CSMAR 数据库，其他变量来自 Wind 数据库。本文对连续变量在 1% 和 99% 分位分别做了缩尾处理。

（二）模型设计与变量定义

中国的碳市场建设是从地方试点起步的。2011年10月在北京、天津、上海、重庆、广东、湖北、深圳7省市启动了碳排放权交易地方试点建设。2013年起，7个地方试点碳市场陆续开始上线交易，福建试点于2016年启动，2019年公布全国碳排放权交易市场的控排企业名单。这种逐步扩大试点范围的政策实施方式适合使用多期双重差分模型，因此本文设定基准回归模型（1）、模型（2）：

$$AbsDA_{i,t} = \beta_0 + \beta_1 Treat\_Post_{i,t} + \beta Controls_{i,t} + \delta_i + \tau_t + \varepsilon_{i,t} \text{ if } DA > 0 \quad (1)$$

$$AbsDA_{i,t} = \beta_0 + \beta_1 Treat\_Post_{i,t} + \beta Controls_{i,t} + \delta_i + \tau_t + \varepsilon_{i,t} \text{ if } DA < 0 \quad (2)$$

其中，i代表公司，t代表年份。

DA为操控应计利润，$AbsDA$是本文的被解释变量，为操控应计利润的绝对值，代表盈余管理程度。操控应计利润的绝对值越大，代表企业盈余管理程度越强。操控应计利润根据修正后的Jones模型（Dechow等，1995）分行业分年度估计得到。

$Treat\_Post$是本文的核心解释变量，若公司在当年被纳入碳排放权交易控排企业名单，则该变量取值为1，否则该变量取值为0。

$Controls$是本文的控制变量，参考胡奕明和唐松莲（2008）、章卫东（2010）及于忠泊等（2011）的研究，选取为：企业规模（$Size$），盈利能力（ROA），偿债能力（LEV），资本支出（$Capex$），股权集中度（$Shrhfd5$），机构投资者持股（$Inst$），企业性质（SOE），审计机构（$Big4$）。

δ_i代表公司固定效应，τ_t代表年份固定效应。在本文的回归中，对回归系数的标准误均在公司层面进行聚类（Cluster）调整。

变量定义见表1。

表1　　　　　　　　　　变量定义

变量符号	变量名称	变量定义
DA	操控应计利润	根据修正后的Jones模型得到的操控应计利润
AbsDA	盈余管理程度	操控应计利润的绝对值，值越大，说明企业盈余管理程度越强

续表

变量符号	变量名称	变量定义
Treat_Post	是否在当年被纳入碳排放权交易控排企业名单	若企业在当年被纳入碳排放权交易控排企业名单，则该变量取值为1，否则该变量取值为0
Size	企业规模	年末总资产的自然对数
ROA	盈利能力	净利润/平均总资产
LEV	偿债能力	总负债/总资产
Capex	资本支出	当年的资本性支出/期末总资产
Shrhfd5	股权集中度	前五大股东持股比例的平方和
Inst	机构投资者持股	机构投资者持股占比
SOE	企业性质	企业实际控制人为中央或地方政府定义为1，否则为0
Big4	审计机构	是否由国际四大会计师事务所审计
Expense	减排支出	根据财务报表附注中的管理费用和在建工程明细，筛选出企业与减排相关的费用和在建工程，并根据营业收入进行调整
Lerner	勒纳指数	将行业内企业按照当年的勒纳指数由小到大排序并按该排序将行业内企业等分为10组，分别赋值为1~10，赋值越高代表企业在行业内定价能力越强，支出转移能力越强
HHI	赫芬达尔指数	企业所在行业当年的赫芬达尔指数，利用单个企业营业收入计算其所占行业市场份额，该指数越大，说明行业集中度越高，行业内企业定价能力越强，支出转移能力越强
Report	研报关注度	ln（本年度跟踪分析企业的研报数量+1）
Analyst	分析师关注度	ln（本年度分析企业的分析师团队数量+1）
News	新闻关注度	ln（本年度企业在报刊报道标题中出现次数+本年度公司在网络报道标题中出现次数+1）
Subsidy	环保补贴	从企业财务报表附注的政府补贴中筛选与环境保护相关的政府补贴，并使用营业收入进行标准化

（三）变量描述性统计

表2 　　　　　　　　　变量描述性统计

	Obs	Mean	SD	Min	Median	Max
DA	26183	0.007	0.086	-0.546	0.006	0.544
AbsDA	26183	0.059	0.062	0.000	0.040	0.546
Treat_Post	26183	0.035	0.183	0.000	0.000	1.000
Size	26183	12.981	1.298	10.512	12.805	16.976
ROA	26183	0.039	0.066	-0.255	0.038	0.223
LEV	26183	0.432	0.212	0.053	0.422	0.942
Capex	26183	0.048	0.046	0.000	0.034	0.223
Shrhfd5	26183	0.160	0.114	0.015	0.130	0.560
Inst	26183	0.392	0.233	0.001	0.398	0.883
SOE	26183	0.360	0.480	0.000	0.000	1.000
Big4	26183	0.056	0.231	0.000	0.000	1.000

表2中，解释变量Treat_Post均值为0.035，与同样以碳排放权交易为事件进行双重差分的已有研究（胡珺等，2020）所报告的数值相似。

（四）变量相关性分析

通过变量相关性分析（见表3），可见解释变量Treat_Post与控制变量之间相关性系数绝对值大小均在合理范围内，基本不存在过高的相关关系，不存在严重的多重共线性问题。

表3 　　　　　　　　　变量相关性分析

	Treat_Post	Size	ROA	LEV	Capex	Shrhfd5	Inst	Big4	SOE
Treat_Post	1								
Size	0.139***	1							
ROA	0.004	0.010	1						
LEV	0.038***	0.468***	-0.365***	1					
Capex	0.038***	-0.046***	0.153***	-0.098***	1				
Shrhfd5	0.055***	0.241***	0.135***	0.035***	0.045***	1			
Inst	0.074***	0.448***	0.079***	0.202***	-0.029***	0.392***	1		
Big4	0.129***	0.349***	0.041***	0.102***	0.010	0.183***	0.223***	1	
SOE	0.049***	0.351***	-0.099***	0.290***	-0.096***	0.215***	0.393***	0.132***	1

五、回归结果与分析

使用模型（1）、模型（2）对基准回归进行检验，回归结果如表4所示。当操控应计利润（DA）为正时，在列（1）仅加入Treat_Post变量与列（2）进一步加入控制变量的回归结果中，Treat_Post估计系数分别在1%、5%水平上显著为正，说明被纳入碳排放权交易控排企业名单的企业显著增强了正向盈余管理程度。当操控应计利润（DA）为负时，列（3）、列（4）中Treat_Post的估计系数不显著，说明被纳入控排企业名单对企业负向盈余管理程度无显著影响。

验证了以下假设：

假设H1a：碳排放权交易机制提高了控排企业的正向盈余管理程度。

假设H2：碳排放权交易机制对控排企业负向盈余管理程度无显著影响。

表4　　　　　　　　　　基准回归

	(1) AbsDA DA>0	(2) AbsDA DA>0	(3) AbsDA DA<0	(4) AbsDA DA<0
Treat_Post	0.011*** (2.61)	0.009** (2.10)	-0.005 (-1.07)	-0.003 (-0.70)
Size		0.001 (0.39)		-0.003 (-1.22)
ROA		0.485*** (20.66)		-0.381*** (-20.95)
LEV		0.040*** (4.63)		0.051*** (5.96)
Capex		-0.064*** (-3.54)		0.005 (0.26)
Shrhfd5		0.008 (0.54)		0.045** (2.40)

续表

	(1) AbsDA DA>0	(2) AbsDA DA>0	(3) AbsDA DA<0	(4) AbsDA DA<0
Inst		-0.008* (-1.78)		-0.010** (-2.09)
Big4		0.004 (0.63)		0.003 (0.49)
SOE		-0.003 (-0.67)		-0.017*** (-3.57)
Constant	0.060*** (444.43)	0.011 (0.36)	0.058*** (347.59)	0.079*** (2.92)
Firm FE	Yes	Yes	Yes	Yes
Year FE	Yes	Yes	Yes	Yes
Cluster	Firm	Firm	Firm	Firm
Observations	13582	13582	11067	11067
R^2	0.376	0.434	0.353	0.481

注：括号中为 t 值，*** $p<0.01$、** $p<0.05$、* $p<0.1$。

六、进一步研究

（一）机制检验：减排支出

碳排放权交易机制会为控排企业造成支出，包括企业购买碳排放权的费用、减排支出、碳信息核查披露费用等（Chapple 等，2014）。碳盘查是企业内部进行碳排量自查、量化的过程，企业自身进行碳盘查的工作费为 12 万~18 万元/次；碳核查是由经国家发展改革委审核通过后的第三方核查机构对委托企业进行碳排放量的检查、判断并向国家发展改革委提交第三方审计报告。据北京市财政局统计，控排企业委托第三方机构进行碳核查的费用约为 3 万元/次。

为进一步检验碳排放权交易机制通过为企业造成支出而提高企业的正向盈余管理程度，参考张琦等（2019）的做法，在企业财务报表附注中筛选管理费用和在建工程有关减排的具体科目并将金额进行加总，使用营业收入对金额进行调节，作为企业的减排支出变量。

首先，为检验碳排放权交易机制是否使企业增加了减排支出，将减排支出作为被解释变量，使用多期双重差分模型进行检验，回归结果如表5所示，可见无论是否加入控制变量，$Treat\_Post$ 回归系数均在5%水平上显著为正，说明碳排放权交易机制显著提升了控排企业的减排支出。

表5 被纳入控排企业名单前后企业减排支出变化

	（1）Expense	（2）Expense
$Treat\_Post$	0.005** (2.01)	0.005** (2.25)
$Size$		0.003*** (3.99)
ROA		-0.006* (-1.96)
LEV		0.004* (1.72)
$Capex$		0.101*** (10.56)
$Shrhfd5$		-0.002 (-0.38)
$Inst$		0.000 (0.01)
$Big4$		0.001 (0.53)
SOE		0.004*** (2.75)

续 表

	（1） Expense	（2） Expense
Constant	0.007*** (75.97)	-0.034*** (-4.10)
Firm FE	Yes	Yes
Year FE	Yes	Yes
Cluster	Firm	Firm
Observations	25375	25375
R^2	0.552	0.567

注：括号中为 t 值，*** $p<0.01$、** $p<0.05$、* $p<0.1$。

其次，检验不同减排支出的控排企业正向盈余管理程度的差异情况，回归结果如表6所示。表6中列（3）将减排支出和减排支出与 Treat_Post 的交互项同时加入基准回归，交互项 Treat_Post_Expense 的估计系数在5%水平上显著为正，说明减排支出更多的控排企业会更多地提高正向盈余管理程度，支持了碳排放权交易机制通过造成减排支出提高控排企业正向盈余管理程度的机制。

表6　　　　　　　　使用减排支出进行检验

	（1） AbsDA DA>0	（2） AbsDA DA>0	（3） AbsDA DA>0
Treat_Post	0.009** (2.10)	0.008** (2.10)	0.005 (1.48)
Expense		0.031 (0.80)	0.003 (0.09)
Treat_Post_Expense			0.289** (2.06)

续 表

	（1）	（2）	（3）
	AbsDA	AbsDA	AbsDA
	DA > 0	DA > 0	DA > 0
$Size$	0.001	0.001	0.001
	(0.39)	(0.35)	(0.34)
ROA	0.485***	0.485***	0.484***
	(20.66)	(20.63)	(20.63)
LEV	0.040***	0.040***	0.040***
	(4.63)	(4.60)	(4.61)
$Capex$	-0.064***	-0.067***	-0.067***
	(-3.54)	(-3.59)	(-3.59)
$Shrhfd5$	0.008	0.008	0.008
	(0.54)	(0.53)	(0.53)
$Inst$	-0.008*	-0.008*	-0.008*
	(-1.78)	(-1.79)	(-1.76)
$Big4$	0.004	0.004	0.004
	(0.63)	(0.63)	(0.67)
SOE	-0.003	-0.003	-0.004
	(-0.67)	(-0.69)	(-0.73)
$Constant$	0.011	0.012	0.013
	(0.36)	(0.42)	(0.45)
Firm FE	Yes	Yes	Yes
Year FE	Yes	Yes	Yes
Cluster	Firm	Firm	Firm
$Observations$	13582	13582	13582
R^2	0.434	0.434	0.435

注：括号中为 t 值，*** $p<0.01$、** $p<0.05$、* $p<0.1$。

最后，从侧面使用支出转移能力对减排支出渠道进行机制检验。胡珺等（2020）使用产品市场竞争来刻画企业在供应链上的支出转移能力。类似地，本文参考陈志斌和王诗雨（2015）、胡珺等（2020），选取勒纳指数（Lerner）、赫芬达尔指数（HHI），分别代表行业竞争地位和行业竞争程度，来衡量企业的支出转移能力。勒纳指数（Lerner）、赫芬达尔指数（HHI）越大，说明企业行业竞争地位越高、行业竞争程度越低，定价能力越强，支出转移能力越强。若支出转移能力较强的企业，正向盈余管理程度受到企业被纳入控排企业名单的影响越小，则在一定程度上说明了，碳排放权交易机制为控排企业造成了支出，从而影响企业业绩，导致企业进行正向盈余管理。

表7结果表明，勒纳指数（Lerner）、赫芬达尔指数（HHI）与 Treat_Post 的交互项均在5%水平上显著为负，企业支出转移能力越强，正向盈余管理程度受到企业被纳入控排企业名单的影响越小，说明减排支出的增加是控排企业增加正向盈余管理程度的原因之一。

表7 使用支出转移能力进行检验

	（1）AbsDA DA>0	（2）AbsDA DA>0	（3）AbsDA DA>0	（4）AbsDA DA>0	（5）AbsDA DA>0
Treat_Post	0.009** (2.10)	0.008** (2.07)	0.026** (2.35)	0.009** (2.11)	0.013** (2.52)
Lerner		-0.001* (-1.78)	-0.001 (-1.59)		
Treat_Post_Lerner			-0.003** (-2.00)		
HHI				-0.006 (-0.42)	-0.003 (-0.24)
Treat_Post_HHI					-0.046** (-2.17)
Size	0.001 (0.39)	0.001 (0.58)	0.001 (0.58)	0.001 (0.39)	0.001 (0.39)
ROA	0.485*** (20.66)	0.502*** (18.90)	0.502*** (18.92)	0.485*** (20.67)	0.485*** (20.67)

续表

	(1) AbsDA DA>0	(2) AbsDA DA>0	(3) AbsDA DA>0	(4) AbsDA DA>0	(5) AbsDA DA>0
LEV	0.040*** (4.63)	0.039*** (4.56)	0.039*** (4.56)	0.040*** (4.64)	0.040*** (4.64)
Capex	-0.064*** (-3.54)	-0.063*** (-3.48)	-0.063*** (-3.53)	-0.063*** (-3.49)	-0.063*** (-3.50)
Shrhfd5	0.008 (0.54)	0.009 (0.59)	0.008 (0.54)	0.008 (0.58)	0.008 (0.57)
Inst	-0.008* (-1.78)	-0.008* (-1.72)	-0.008* (-1.71)	-0.008* (-1.77)	-0.008* (-1.77)
Big4	0.004 (0.63)	0.004 (0.64)	0.004 (0.62)	0.004 (0.62)	0.003 (0.61)
SOE	-0.003 (-0.67)	-0.003 (-0.72)	-0.003 (-0.72)	-0.003 (-0.66)	-0.003 (-0.66)
Constant	0.011 (0.36)	0.008 (0.28)	0.008 (0.27)	0.011 (0.37)	0.011 (0.37)
Firm FE	Yes	Yes	Yes	Yes	Yes
Year FE	Yes	Yes	Yes	Yes	Yes
Cluster	Firm	Firm	Firm	Firm	Firm
Observations	13582	13582	13582	13577	13577
R^2	0.434	0.435	0.435	0.434	0.435

注：括号中为 t 值，*** $p<0.01$、** $p<0.05$、* $p<0.1$。

(二) 机制检验：引起关注

首先，检验碳排放权交易机制是否显著增加了控排企业受到资本市场关注和社会公众关注的程度。关于资本市场关注程度，参考李春涛等（2014）的研究选取两个变量——研报关注度（Report）和分析师关注度（Analyst），分别为本年度跟踪分析企业的研报数量和分析师团队数量加1后取自然对数。

关于社会公众关注程度，选取变量新闻关注度（News），定义为本年度企业在报刊报道标题中出现次数与本年度企业在网络报道标题中出现次数之和加1后取自然对数。

分别以研报关注度（Report）、分析师关注度（Analyst）、新闻关注度（News）为被解释变量，Treat_Post 为解释变量进行回归，结果如表8所示，Treat_Post 系数均不显著，说明企业被纳入碳排放权交易机制控排企业名单后，受到资本市场关注和社会公众关注的程度并没有显著提高。无法说明受到关注程度的增强是被纳入碳排放权交易控排企业名单的企业增加正向盈余管理程度的原因之一。

表8　被纳入控排企业名单前后企业受关注程度变化

	（1）Report	（2）Report	（3）Analyst	（4）Analyst	（5）News	（6）News
Treat_Post	-0.000	0.002	-0.015	-0.013	-0.003	0.004
	(-0.00)	(0.04)	(-0.24)	(-0.24)	(-0.05)	(0.07)
Size		0.591***		0.475***		0.139***
		(24.15)		(24.23)		(4.61)
ROA		3.604***		2.731***		0.648***
		(21.54)		(20.70)		(3.83)
LEV		-0.562***		-0.516***		0.101
		(-6.17)		(-7.04)		(0.91)
Capex		2.808***		2.302***		0.438**
		(13.02)		(13.33)		(1.99)
Shrhfd5		-0.323		-0.215		-0.572***
		(-1.53)		(-1.26)		(-2.87)
Inst		0.897***		0.691***		0.269***
		(15.03)		(14.40)		(4.64)
Big4		0.161*		0.136*		-0.082
		(1.79)		(1.89)		(-1.09)

续表

	(1) Report	(2) Report	(3) Analyst	(4) Analyst	(5) News	(6) News
SOE		-0.355***		-0.265***		-0.030
		(-5.34)		(-4.98)		(-0.44)
Constant	1.767***	-6.132***	1.429***	-4.891***	4.361***	2.459***
	(653.32)	(-20.01)	(650.85)	(-19.94)	(2089.71)	(6.40)
Firm FE	Yes	Yes	Yes	Yes	Yes	Yes
Year FE	Yes	Yes	Yes	Yes	Yes	Yes
Cluster	Firm	Firm	Firm	Firm	Firm	Firm
Observations	25375	25375	25375	25375	25375	25375
R^2	0.681	0.736	0.684	0.738	0.614	0.618

注：括号中为 t 值，*** $p<0.01$、** $p<0.05$、* $p<0.1$。

下面验证关注压力是否在被纳入碳排放权交易控排企业名单影响企业正向盈余管理程度中起到调节作用。

资本市场关注的调节作用检验结果如表9所示，可以看出，研报关注度（Report）、分析师关注度（Analyst）与 Treat_Post 的交乘项系数均在5%水平上显著为负，说明资本市场关注对控排企业起到了监督作用，受到资本市场关注越多的企业，被纳入控排企业名单对正向盈余管理程度的促进作用呈边际递减趋势。

表9　　　　　　　　资本市场关注的调节作用

	(1) AbsDA DA>0	(2) AbsDA DA>0	(3) AbsDA DA>0	(4) AbsDA DA>0	(5) AbsDA DA>0
Treat_Post	0.009**	0.009**	0.012**	0.009**	0.011**
	(2.10)	(2.10)	(2.49)	(2.10)	(2.42)
Report		-0.000	-0.000		
		(-0.29)	(-0.04)		

续　表

	(1) AbsDA DA>0	(2) AbsDA DA>0	(3) AbsDA DA>0	(4) AbsDA DA>0	(5) AbsDA DA>0
Treat_Post_Report			-0.006** (-2.31)		
Analyst				-0.000 (-0.31)	-0.000 (-0.10)
Treat_Post_Analyst					-0.006** (-2.05)
Size	0.001 (0.39)	0.001 (0.44)	0.001 (0.44)	0.001 (0.44)	0.001 (0.44)
ROA	0.485*** (20.66)	0.486*** (19.84)	0.486*** (19.83)	0.486*** (19.90)	0.486*** (19.89)
LEV	0.040*** (4.63)	0.040*** (4.62)	0.040*** (4.64)	0.040*** (4.61)	0.040*** (4.63)
Capex	-0.064*** (-3.54)	-0.063*** (-3.48)	-0.063*** (-3.49)	-0.063*** (-3.48)	-0.063*** (-3.49)
Shrhfd5	0.008 (0.54)	0.008 (0.53)	0.007 (0.51)	0.008 (0.53)	0.008 (0.52)
Inst	-0.008* (-1.78)	-0.008* (-1.75)	-0.008* (-1.76)	-0.008* (-1.75)	-0.008* (-1.76)
Big4	0.004 (0.63)	0.004 (0.64)	0.004 (0.66)	0.004 (0.64)	0.004 (0.67)
SOE	-0.003 (-0.67)	-0.003 (-0.68)	-0.003 (-0.69)	-0.003 (-0.68)	-0.003 (-0.69)
Constant	0.011 (0.36)	0.009 (0.30)	0.009 (0.29)	0.009 (0.29)	0.009 (0.28)
Firm FE	Yes	Yes	Yes	Yes	Yes
Year FE	Yes	Yes	Yes	Yes	Yes
Cluster	Firm	Firm	Firm	Firm	Firm
Observations	13582	13582	13582	13582	13582
R^2	0.434	0.434	0.435	0.434	0.435

注：括号中为 t 值，*** $p<0.01$、** $p<0.05$、* $p<0.1$。

社会公众关注的调节作用检验结果如表10所示，可以看出，列（3）中新闻关注度（News）与 Treat_Post 的交乘项系数不显著，但新闻关注度（News）本身的估计系数在5%水平上显著为正，说明媒体关注带来的社会公众压力会促进企业的正向盈余管理，起到的监督效应较弱，且在碳排放权交易控排企业增强正向盈余管理程度中不起到调节作用。

表10　　　　　　　　社会公众关注的调节作用

	（1）AbsDA DA>0	（2）AbsDA DA>0	（3）AbsDA DA>0
Treat_Post	0.009** (2.10)	0.008** (2.05)	0.007 (0.39)
News		0.002** (2.41)	0.002** (2.38)
Treat_Post_News			0.000 (0.10)
Size	0.001 (0.39)	0.001 (0.26)	0.001 (0.25)
ROA	0.485*** (20.66)	0.483*** (20.52)	0.483*** (20.52)
LEV	0.040*** (4.63)	0.040*** (4.61)	0.040*** (4.61)
Capex	-0.064*** (-3.54)	-0.065*** (-3.58)	-0.065*** (-3.58)
Shrhfd5	0.008 (0.54)	0.009 (0.59)	0.009 (0.59)
Inst	-0.008* (-1.78)	-0.009* (-1.85)	-0.009* (-1.85)
Big4	0.004 (0.63)	0.004 (0.66)	0.004 (0.66)

续　表

	（1） AbsDA DA > 0	（2） AbsDA DA > 0	（3） AbsDA DA > 0
SOE	-0.003 (-0.67)	-0.003 (-0.65)	-0.003 (-0.65)
Constant	0.011 (0.36)	0.007 (0.24)	0.007 (0.24)
Firm FE	Yes	Yes	Yes
Year FE	Yes	Yes	Yes
Cluster	Firm	Firm	Firm
Observations	13582	13582	13582
R^2	0.434	0.435	0.435

注：括号中为 t 值，*** $p<0.01$、** $p<0.05$、* $p<0.1$。

综上所述，企业被纳入碳排放交易控排企业名单并没有显著增强企业被资本市场和社会公众的关注，引发关注不是碳排放权交易机制影响控排企业正向盈余管理程度的渠道。但资本市场关注在基准回归效应中起到了调节作用，资本市场关注的监督效应降低了控排企业提高正向盈余管理的程度；社会公众关注对主回归效应无调节作用，但社会公众关注本身会提高企业的正向盈余管理程度。以上结果的主要原因可能为，分析师团队及研报代表的资本市场关注具有更强的专业能力，能对财务报表等信息进行深入研究并对企业进行持续关注，能够更好地发现企业的盈余操纵行为，起到更强的监督作用（李春涛等，2014）；而媒体关注无专业分析支撑，且具有偶发性，监督作用更弱，同时也较容易引导专业化程度较低的投资者，管理者在媒体关注下迎合市场的可能性较大。

（三）环保补贴对基准回归效应的影响

前面的研究表明，碳排放权交易机制作为一种市场型的环境规制，提高了控排企业的减排支出，达成了一定的政策目标；但与此同时，碳排放权交易机制会通过增强企业的减排支出,促使控排企业提高正向盈余管理程度,对企业的会计信息质量产生负面影响。唐清泉与罗党论(2007)认为,政府补贴是政府干预市场的一种较为直接的手段,可以帮助政府达成社会目的、维护社会目标。在监管者层面,除了对控排企业会计信息质量进行重点监督,还可以通过定向的政府补助,有针对性地为企业的减排措施提供补贴,在激励企业减排的同时,缓解碳排放权交易机制对控排企业业绩的冲击,减轻环境规制对会计信息质量的负面影响。下面验证政府环保补贴是否可以缓解碳排放权交易机制对控排企业正向盈余管理程度的提高。

参考程博和方瑜茜(2021),从企业财务报表附注中筛选与环境保护相关的政府补贴,并使用营业收入进行标准化,作为环保补贴($Subsidy$)的代理变量。将环保补贴、环保补贴与 $Treat\_Post$ 的交乘项加入基准回归模型(1),得到回归结果如表11所示。可以看出,环保补贴与 $Treat\_Post$ 的交乘项估计系数在1%水平上显著为负,说明环保补贴越高,控排企业提高正向盈余管理的程度越低,政府环保补贴可以缓解碳排放权交易机制对控排企业正向盈余管理程度的提高。

表 11 环保补贴的调节作用

	(1) AbsDA DA>0	(2) AbsDA DA>0	(3) AbsDA DA>0
$Treat\_Post$	0.009** (2.10)	0.007** (1.97)	0.008** (2.23)
$Subsidy$		0.001 (0.14)	0.002 (0.31)
$Treat\_Post\_Subsidy$			-0.052*** (-2.79)
$Size$	0.001 (0.39)	-0.002 (-0.89)	-0.002 (-0.90)

续　表

	（1） AbsDA DA > 0	（2） AbsDA DA > 0	（3） AbsDA DA > 0
ROA	0.485*** (20.66)	0.481*** (20.66)	0.481*** (20.66)
LEV	0.040*** (4.63)	0.037*** (4.37)	0.037*** (4.39)
Capex	-0.064*** (-3.54)	-0.060*** (-3.35)	-0.060*** (-3.35)
Shrhfd5	0.008 (0.54)	0.010 (0.67)	0.010 (0.67)
Inst	-0.008* (-1.78)	-0.008* (-1.77)	-0.008* (-1.77)
Big4	0.004 (0.63)	0.004 (0.74)	0.004 (0.73)
SOE	-0.003 (-0.67)	-0.003 (-0.58)	-0.003 (-0.58)
Constant	0.011 (0.36)	0.046* (1.81)	0.047* (1.83)
Firm FE	Yes	Yes	Yes
Year FE	Yes	Yes	Yes
Cluster	Firm	Firm	Firm
Observations	13582	13477	13477
R^2	0.434	0.433	0.433

注：括号中为 t 值，*** $p<0.01$、** $p<0.05$、* $p<0.1$。

七、稳健性检验

（一）平行趋势检验

多期双重差分模型需要实验组、对照组在政策发生前被解释变量有相同的变化趋势,为检验多期双重差分模型的适用性,对实验组和对照组的正向盈余管理程度进行平行趋势检验,在回归中加入各时点时间虚拟变量和 *Treat* 的交互项。平行趋势检验结果如图 1 所示,可见政策发生前交互项系数均不显著,表明政策发生前对照组和实验组的正向盈余管理程度变化存在平行趋势。

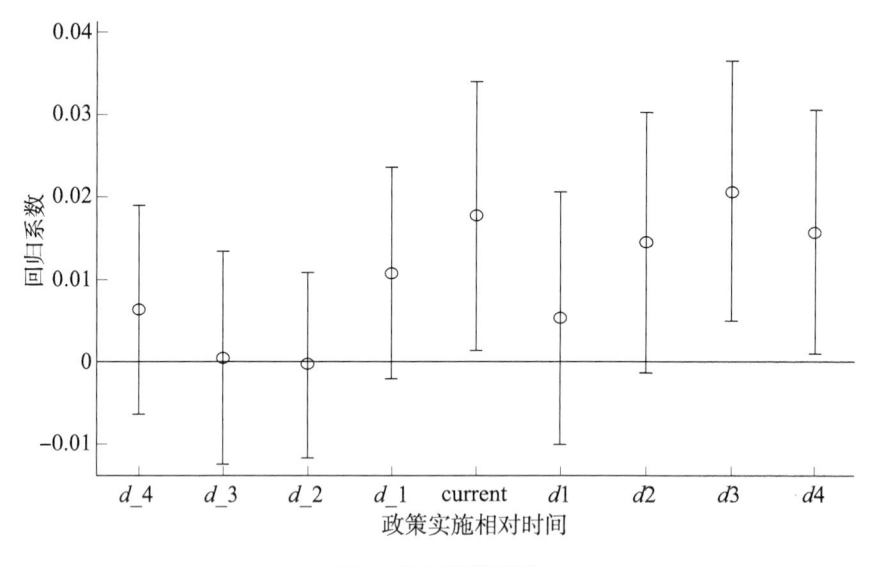

图 1 平行趋势检验

(二) 安慰剂检验

为检验控排企业正向盈余管理程度的提高是不是受到其他政策或随机因素影响的结果,本文参考刘畅等 (2020) 的方法,采取随机生成实验组的方法对基准回归结果进行安慰剂检验。首先按照每年被纳入控排企业名单的企业数量随机分配实验组,随后进行基准回归并记录估计系数,重复 1000 次。得到的结果分布如图 2 所示,原基准回归 *Treat_Post* 估计系数的 t 值为 2.10,在图中以竖线标注。可见随机处理后 *Treat_Post* 估计系数的 t 值集中分布在 0 附近,且绝大多数绝对值小于原基准回归 t 值的绝对值,说明控排企业正向盈余管理程度的提高不是受到其他政策或随机因素影响的结果。

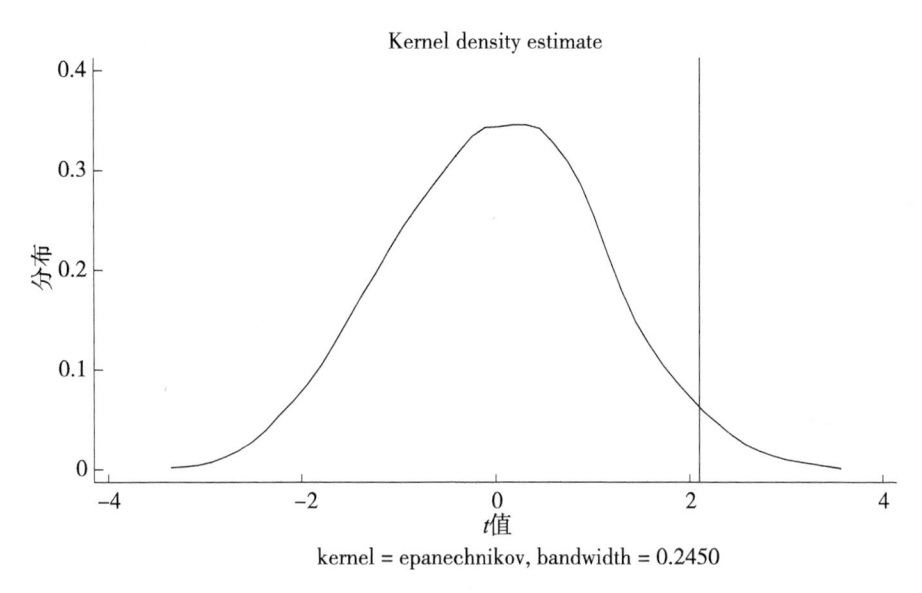

Kernel density estimate

kernel = epanechnikov, bandwidth = 0.2450

图 2　安慰剂检验

（三）PSM – DID

为检验选择性偏差对实验结果带来的影响，使用倾向得分匹配（PSM），以基准回归控制变量为协变量，采用最近邻匹配并按照 1∶2 的比例为实验组匹配对照组，使用匹配得到的样本重复基准回归，PSM 稳健性检验结果如表 12 所示。从表中可以看出，使用匹配后的样本，当操控应计利润大于 0 时，Treat_Post 的估计系数均在 5% 水平上显著为正；当操控应计利润小于 0 时，Treat_Post 的估计系数不显著，可见基准回归结果不是样本选择性偏差所致。

表 12　　　　　　　　　PSM 稳健性检验结果

	(1) AbsDA DA>0	(2) AbsDA DA>0	(3) AbsDA DA<0	(4) AbsDA DA<0
Treat_Post	0.013** (2.57)	0.010** (2.24)	0.002 (0.49)	0.000 (0.07)
Size		0.004 (0.36)		-0.001 (-0.27)

续 表

	(1) AbsDA DA>0	(2) AbsDA DA>0	(3) AbsDA DA<0	(4) AbsDA DA<0
ROA		0.430***		-0.300***
		(6.32)		(-4.96)
LEV		-0.001		0.049*
		(-0.06)		(1.91)
Capex		-0.026		-0.014
		(-0.77)		(-0.36)
Shrhfd5		0.035		0.055
		(1.26)		(1.45)
Inst		-0.022*		-0.002
		(-1.94)		(-0.11)
Big4		0.021*		0.023
		(1.71)		(1.15)
SOE		-0.001		-0.034
		(-0.15)		(-1.43)
Constant	0.047***	-0.022	0.051***	0.057
	(41.33)	(-0.16)	(37.65)	(0.82)
Firm FE	Yes	Yes	Yes	Yes
Year FE	Yes	Yes	Yes	Yes
Cluster	Firm	Firm	Firm	Firm
Observations	1836	1836	1570	1570
R^2	0.481	0.536	0.424	0.499

注：括号中为 t 值，*** $p<0.01$、** $p<0.05$、* $p<0.1$。

PSM 平衡性检验结果如表 13 所示，可见在匹配后的样本中，所有协变量均不拒绝"两组间协变量的取值不存在系统性偏差"的原假设，PSM 匹配结果通过平衡性检验。

表 13　　　　　　　　　　PSM 平衡性检验结果

Variable	Unmatched Matched	Mean Treated	Control	% bias	% reduct |bias|	t-test t	p>|t|	V(T)/V(C)
Size	U	13.760	12.920	62.800		27.550	0.000	1.220*
	M	13.760	13.754	0.500	99.300	0.130	0.895	0.900*
ROA	U	0.038	0.039	-2.500		-1.020	0.308	0.800*
	M	0.038	0.038	-1.200	54.500	-0.370	0.711	0.920
LEV	U	0.488	0.427	29.700		12.060	0.000	0.850*
	M	0.488	0.488	0.200	99.400	0.050	0.959	0.910*
Capex	U	0.062	0.047	32.000		13.730	0.000	1.100*
	M	0.062	0.063	-1.200	96.300	-0.330	0.745	0.730*
Shrhfd5	U	0.190	0.157	27.000		12.200	0.000	1.370*
	M	0.190	0.188	1.800	93.300	0.520	0.600	1.070
Inst	U	0.475	0.386	38.000		16.170	0.000	1.060
	M	0.475	0.481	-2.600	93.100	-0.810	0.420	1.060
Big4	U	0.163	0.048	37.900		21.000	0.000	.
	M	0.163	0.147	5.100	86.400	1.320	0.186	.
SOE	U	0.535	0.347	38.700		16.580	0.000	.
	M	0.535	0.553	-3.600	90.800	-1.070	0.283	.

注："U"为进行倾向得分匹配前的样本,"M"为进行倾向得分匹配后的样本;*代表方差比超出了 [0.91, 1.09] 的范围。

(四) 其他模型计算的操控应计利润

为检验基准回归的稳健性,使用扩展 Jones 模型(陆建桥,1999)得到的操控应计利润绝对值(AbsDA_KZ)及考虑业绩影响的修正 Jones 模型——KLW 模型(Kothari 等,1997)得到的操控应计利润绝对值(AbsDA_KLW)检验碳排放权交易机制对控排企业正向盈余管理程度的影响,结果如表 14 及表 15 所示,可见当操控应计利润大于 0 时,Treat_Post 的估计系数均显著为正;当操控应计利润小于 0 时,Treat_Post 的估计系数不显著。使用其他模型计算操控应计利润,得到的回归结果与基准回归结果一致,说明碳排放权交易机制显著提高控排企业正向盈余管理程度,对控排企业负向盈余管理程度无显著影响的结论具有一定稳健性。

表 14　扩展 Jones 模型计算的操控应计利润回归结果

	(1) AbsDA_KZ DA_KZ>0	(2) AbsDA_KZ DA_KZ>0	(3) AbsDA_KZ DA_KZ<0	(4) AbsDA_KZ DA_KZ<0
Treat_Post	0.013*** (2.63)	0.010** (2.22)	-0.005 (-1.16)	-0.001 (-0.16)
Size		0.003 (1.04)		-0.004* (-1.92)
ROA		0.519*** (20.32)		-0.432*** (-25.93)
LEV		0.048*** (5.39)		0.044*** (5.60)
Capex		-0.056*** (-2.85)		0.009 (0.56)
Shrhfd5		0.012 (0.79)		0.035** (2.01)
Inst		-0.014*** (-2.95)		-0.003 (-0.71)
Big4		-0.004 (-0.69)		0.006 (1.04)
SOE		-0.003 (-0.68)		-0.016*** (-3.22)
Constant	0.059*** (389.05)	-0.016 (-0.52)	0.057*** (332.20)	0.096*** (3.85)
Firm FE	Yes	Yes	Yes	Yes
Year FE	Yes	Yes	Yes	Yes
Cluster	Firm	Firm	Firm	Firm
Observations	13070	13070	11479	11479
R^2	0.376	0.438	0.355	0.519

注:括号中为 t 值,*** $p<0.01$、** $p<0.05$、* $p<0.1$。

表 15　　　　　KLW 模型计算的操控应计利润回归结果

	(1) AbsDA_KLW AbsDA_KLW > 0	(2) AbsDA_KLW AbsDA_KLW > 0	(3) AbsDA_KLW AbsDA_KLW < 0	(4) AbsDA_KLW AbsDA_KLW < 0
Treat_Post	0.014** (2.46)	0.012** (2.16)	-0.001 (-0.32)	-0.001 (-0.37)
Size		0.000 (0.05)		-0.002 (-0.98)
ROA		0.185*** (12.06)		0.032*** (2.78)
Lev		0.034*** (4.84)		0.051*** (8.63)
Capex		-0.042*** (-2.64)		-0.006 (-0.44)
Shrhfd5		0.020 (1.46)		0.017 (1.22)
Inst		-0.004 (-0.92)		-0.005 (-1.25)
Big4		-0.003 (-0.54)		-0.003 (-0.68)
SOE		-0.002 (-0.44)		-0.006 (-1.35)
Constant	0.051*** (325.51)	0.029 (1.23)	0.050*** (333.21)	0.049** (2.39)
Firm FE	Yes	Yes	Yes	Yes
Year FE	Yes	Yes	Yes	Yes
Cluster	Firm	Firm	Firm	Firm
Observations	11590	11590	13009	13009
R^2	0.379	0.396	0.348	0.357

注：括号中为 t 值，*** $p<0.01$，** $p<0.05$，* $p<0.1$。

八、研究结论与政策建议

本文研究发现，碳排放权交易机制显著提高了控排企业的正向盈余管理程度，而对企业负向盈余管理程度无显著影响。进一步在机制检验中，本文发现碳排放权交易机制通过增加控排企业的减排支出影响了企业的正向盈余管理程度；同时，碳排放权交易机制并没有显著提高企业受到的资本市场关注和社会公众关注，但资本市场关注对控排企业起到了监督作用，降低了其因碳排放权交易机制而进行正向盈余管理的程度。此外，本文发现政府环保补贴可以缓解碳排放权交易机制对控排企业正向盈余管理程度的提高。

以上结果表明，碳排放权交易机制对企业会计信息质量带来了负面影响，监管方在制度的落实中，既要进行碳排放方面的核查，也要对控排企业的会计信息予以关注。对于碳排放权交易机制的控排企业，政府可以选择提供定向环保补贴并监督资金用途，缓冲环境规制对企业业绩的冲击，减轻环境规制对企业会计信息质量的影响。同时，投资者在考虑对碳排放权交易控排企业的投资时，应对其盈余情况持审慎态度，谨慎投资。

参考文献

[1] 薄仙慧，吴联生. 国有控股与机构投资者的治理效应：盈余管理视角 [J]. 经济研究，2009，44（2）：81-91，160.

[2] 陈志斌，王诗雨. 产品市场竞争对企业现金流风险影响研究——基于行业竞争程度和企业竞争地位的双重考量 [J]. 中国工业经济，2015（3）：96-108.

[3] 程博，方瑜茜. 环境规制"组合拳"与环保补贴绩效 [J]. 财会月刊，2021（22）：28-37.

[4] 崔也光，刘思源. 环境规制对企业盈余管理的影响：促进还是抑制？[J]. 中国注册会计师，2020（5）：56-63.

[5] 胡珺, 黄楠, 沈洪涛. 市场激励型环境规制可以推动企业技术创新吗？——基于中国碳排放权交易机制的自然实验[J]. 金融研究, 2020（1）: 171-189.

[6] 胡奕明, 唐松莲. 独立董事与上市公司盈余信息质量[J]. 管理世界, 2008, 24（9）: 149-160.

[7] 黄德春, 刘志彪. 环境规制与企业自主创新——基于波特假设的企业竞争优势构建[J]. 中国工业经济, 2006（3）: 100-106.

[8] 李春涛, 宋敏, 张璇. 分析师跟踪与企业盈余管理——来自中国上市公司的证据[J]. 金融研究, 2014（7）: 124-139.

[9] 李广众, 贾凡胜. 政府财政激励、税收征管动机与企业盈余管理——以财政"省直管县"改革为自然实验的研究[J]. 金融研究, 2019（2）: 78-97.

[10] 李增福, 董志强, 连玉君. 应计项目盈余管理还是真实活动盈余管理？——基于我国2007年所得税改革的研究[J]. 管理世界, 2011, 27（1）: 121-134.

[11] 刘畅, 曹光宇, 马光荣. 地方政府融资平台挤出了中小企业贷款吗？[J]. 经济研究, 2020, 55（3）: 50-64.

[12] 陆建桥. 中国亏损上市公司盈余管理实证研究[J]. 会计研究, 1999（9）: 25-35.

[13] 任胜钢, 郑晶晶, 刘东华, 等. 排污权交易机制是否提高了企业全要素生产率——来自中国上市公司的证据[J]. 中国工业经济, 2019（5）: 5-23.

[14] 沈洪涛, 黄楠, 刘浪. 碳排放权交易的微观效果及机制研究[J]. 厦门大学学报（哲学社会科学版）, 2017, 67（1）: 13-22.

[15] 唐清泉, 罗党论. 政府补贴动机及其效果的实证研究——来自中国上市公司的经验证据[J]. 金融研究, 2007（6）: 149-163.

[16] 王红建, 李青原, 邢斐. 金融危机、政府补贴与盈余操纵——来自中国上市公司的经验证据[J]. 管理世界, 2014, 30（7）: 157-167.

[17] 王克敏, 周琳. 环保标签与公司形象维护[C]. 2019中国金融国际

年会，2019.

［18］杨野，沈彦波，何帆. 新《环境保护法》对企业盈余管理的影响——基于重污染企业的经验证据［J］. 商业研究，2020（8）：138－145.

［19］于忠泊，田高良，齐保垒，等. 媒体关注的公司治理机制——基于盈余管理视角的考察［J］. 管理世界，2011，27（9）：127－140.

［20］张成，陆旸，郭路，等. 环境规制强度和生产技术进步［J］. 经济研究，2011，46（2）：113－124.

［21］张琦，郑瑶，孔东民. 地区环境治理压力、高管经历与企业环保投资——一项基于《环境空气质量标准（2012）》的准自然实验［J］. 经济研究，2019，54（6）：183－198.

［22］张涛，吴梦萱，周立宏. 碳排放权交易是否促进企业投资效率？——基于碳排放权交易试点的准实验［J］. 浙江社会科学，2022（1）：39－47，157－158.

［23］张祥建，徐晋. 盈余管理的原因、动机及测度方法前沿研究综述［J］. 南开经济研究，2006（6）：123－141.

［24］章卫东. 定向增发新股与盈余管理——来自中国证券市场的经验证据［J］. 管理世界，2010（1）：54－63，73.

［25］BARTRAM S M, HOU K, KIM S. Real Effects of Climate Policy: Financial Constraints and Spillovers［J］. Journal of Financial Economics，2022，143（2）：668－696.

［26］BURGSTAHLER D, DICHEV I. Earnings Management to Avoid Earnings Decreases and Losses［J］. Journal of Accounting and Economics，1997，24（1）：99－126.

［27］HEALY P M. The Effect of Bonus Schemes on Accounting Decisions［J］. Journal of Accounting and Economics，1985，7（1-3）：85－107.

［28］LOUIS H. Earnings Management and the Market Performance of Acquiring Firms［J］. Journal of Financial Economics，2004，74（1）：121－148.

［29］LOUGHRAN T, RITTER J R. The New Issues Puzzle［J］. Journal of

Finance, 1995, 50 (1): 23 -51.

[30] NAJJAR N, CHERNIWCHAN J. Environmental Regulations and the Cleanup of Manufacturing: Plant-Level Evidence [J]. The Review of Economics and Statistics, 2021, 103 (3): 476 -491.

[31] DEANGELO L E. Managerial Competition, Information Costs, and Corporate Governance: The Use of Accounting Performance Measures in Proxy Contests [J]. Journal of Accounting and Economics, 1988, 10 (1): 3 -36.

[32] JONES J J. Earnings Management during Import Relief Investigations [J]. Journal of Accounting Research, 1991, 29 (2): 193 -228.

[33] CAHAN S F, CHAVIS B M, ELMENDORF R G. Earnings Management of Chemical Firms in Response to Political Costs from Environmental Legislation [J]. Journal of Accounting, Auditing and Finance, 1997, 12 (1): 37 -65.

[34] DYCK A, VOLCHKOVA N, ZINGALES L. The Corporate Governance Role of the Media: Evidence from Russia [J]. The Journal of Finance, 2008, 63 (3): 1093 -1135.

[35] PORTER M E. America's Green Strategy [J]. Scientific American, 1991, 264 (4): 193 -246.

[36] HALL S C, STAMMERJOHAN W W. Damage Awards and Earnings Management in the Oil Industry [J]. The Accounting Review, 1997, 72 (1): 47 -65.

[37] GRAMLICH J. Discussion of Earnings Management and the Corporate Alternative Minimum Tax [J]. Journal of Accounting Research, 1992, 30: 154 -160.

[38] BLUNDELL W, GOWRISANKARAN G, LANGER A. Escalation of Scrutiny: The Gains from Dynamic Enforcement of Environmental Regulations [J]. American Economic Review, 2020, 110 (8): 2558 -2585.

[39] DEGEORGE F, DING Y, JEANJEAN T, et al. Analyst Coverage, Earnings Management and Financial Development: An International Study [J]. Journal of Accounting and Public Policy, 2013, 32 (1): 1 -25.

[40] CHAPPLE L L, CLARKSON P M, GOLD D L. The Cost of Carbon:

Capital Market Effects of the Proposed Emission Trading Scheme (ETS) [J]. Abacus, 2014, 34 (1): 54-56.

[41] KOTHARI S P, LEONE A J, WASLEY C E. Performance matched discretionary accrual measures [J]. Journal of Accounting and Economics, 2005, 39 (1): 163-197.

[42] MILLER G S. The Press as a Watchdog for Accounting Fraud [J]. Journal of Accounting Research, 2006, 44 (5): 1001-1033.

[43] DECHOW P M, SLOAN R G, SWEENEY A P. Detecting Earnings Management [J]. The Accounting Review, 1995, 70 (2): 193-225.

[44] YU F. Analyst Coverage and Earnings Management [J]. Journal of Financial Economics, 2008, 88 (2): 245-271.

绿色信贷政策对企业信息披露质量的影响

沈 蜜

摘要：本文以2012年《绿色信贷指引》的出台作为准自然实验，选取2009—2016年中国A股非金融行业上市公司，采用双重差分法（DID）检验绿色信贷政策显著加剧高污染企业未来股价崩盘风险的影响及其作用机制。研究发现，与非高污染企业相比，绿色信贷政策显著加剧高污染企业的股价崩盘风险。在机制检验中，本文发现绿色信贷政策出台后，高污染企业受媒体和分析师关注的程度减少，在二级市场被卖空的比率增加，更重要的是高污染企业管理层囤积负面信息的程度增加。结果证明了绿色信贷政策给高污染企业带来的融资约束上升会导致企业管理层有更大动机囤积负面信息，加剧高污染企业与投资者之间的信息不对称程度，从而使未来的股价崩盘风险增加。进一步研究发现，政策效应在国有企业、高法律和高市场化环境、东部省份的高污染企业中更为显著。本文研究结果表明，高污染企业应积极主动地响应绿色信贷政策的号召，全面实施绿色转型策略，增大市场容量，赢得市场信赖，进而稳定股价，缓解股价崩盘风险。

一、引言

党的十九届五中全会提出，要"深入实施可持续发展战略，完善生态文明领域统筹协调机制，构建生态文明体系，促进经济社会发展全面绿色转型，建设人与自然和谐共生的现代化"。绿色金融作为重要的金融手段，具有连接、反映、配置和控制生态、经济和社会系统运行与结构的功能。通过构筑绿色金融发展新格局，能够为生态经济社会的高质量协同发展以及结构秩序稳定贡献金融力量。而"生态文明建设实现新进步"也被纳入经济社会发展的六大主要目标之一。目前，发展绿色金融已成为世界潮流，而中国也在不断开拓，积极转型。绿色金融能影响企业的投资方向，为绿色产业的发展提供相应的金融支持，推动传统产业向新型绿色生态产业发展。而绿色信贷是绿色金融的核心，是中国特色的环境经济政策。其制度设计参考了赤道原则（Equator Principles）等国际经验。绿色信贷是一种将环境保护纳入企业融资过程的标准，也是政府监管下可再生能源的市场激励机制。从微观上，银行主要面向企业发放绿色信贷，为企业提供利率优惠等信贷支持，减轻了企业偿还利息的负担，降低了生产成本，优化了信贷结构，提高了信贷服务质量。从宏观上，绿色信贷有效促进节能减排，保护环境，规避环境风险，帮助中国实现国家环境、能源和资源消费等目标，在实现绿色发展和经济可持续发展的战略目标中发挥了重要作用。

21世纪初，随着自然环境的恶化，要求兼顾经济发展和环境保护并重的呼声也越来越高，而企业是环境污染的主要制造者。为促进绿色经济转型，我国相关部门于2007年联合下发了"环发〔2007〕108号"文件，加强对环境污染企业的经济约束，为环境友好型或节能型企业或项目提供更多贷款，限制对高污染、高排放和产能过剩（"两高一剩"）行业进行投资。但由于实施标准的细节不明确和经济增长压力大等多重因素，这一文件的实施效果未达到预期。2012年，《绿色信贷指引》（以下简称《指引》）发布，首次明确了银行业绿色信贷的标准和原则，对指导银行业开展绿色信贷业务、构建银行业绿色信贷管理体系提供了参考，可以说是中国绿色信贷政策的里程碑。自该文件出台以来，我国的绿色信贷政策已进入精细化管理阶段，并越来越重视政策的实施效果，绿色信贷迅速发展，企业成为绿色信贷的受益主体，绿色信贷余额也逐年递增。根据中国人民银行发布的数据，截至2021年第一季度，我国绿色信贷余额总体规模已达到13.03万亿元，绿色信贷占总体信贷比重达7.22%，为大量绿色企业提供了信贷资源（见图1）。绿色信贷政策

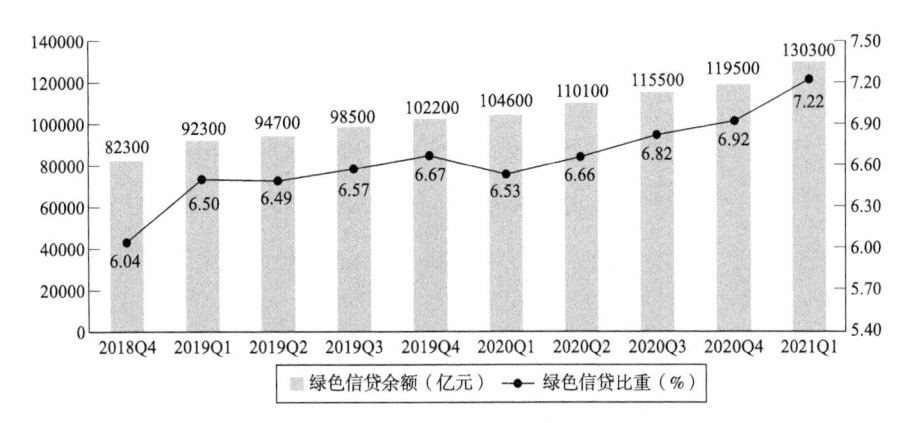

图 1 绿色信贷余额和绿色信贷比重的变化

将环保理念引入银行信贷,既能达到保护环境、促进协调发展的目的,也能增强银行的竞争力,还能为低污染企业提供有利的融资条件,可谓一举多得。

本文正是基于以上大背景对我国绿色金融领域中占据重要地位的绿色信贷展开研究。截至 2021 年,大部分有关绿色信贷对企业的研究主要集中在财务绩效和未来发展上,鲜有文献研究绿色信贷政策对股市的影响,本文考察了绿色信贷政策对高污染企业股价崩盘风险的影响。首先,本文将 2012 年《指引》的发布视为外生冲击事件,用双重差分法比较政策实施前后高污染企业(实验组)和其他企业(对照组)未来股价崩盘风险的变化;其次,从影响机制上,本文从媒体和分析师关注度、卖空率以及管理层负面信息囤积三个角度考察绿色信贷政策是否会加剧高污染企业与市场之间的信息不对称程度;最后,本文考察绿色信贷政策对高污染企业股价崩盘的风险是否在不同企业性质、不同法律和市场环境上有所不同,为绿色信贷政策实施效果的异质性提供进一步的证据,丰富了政策实施的研究现状。除此之外,本文还考察了高污染企业是否会积极响应绿色信贷政策进行绿色经济转型,进而稳定股价,缓解股价崩盘风险。

本文的创新和贡献体现在以下几个方面:第一,第一次研究绿色信贷政策对高污染企业股价崩盘风险的微观影响;第二,丰富了关于管理层囤积负面信息和未来股价崩盘风险的文献,从股价同步性的角度验证了绿色信贷政策对高污染企业负面信息的囤积作用;第三,考察了绿色信贷政策和股票市场之间的相互作用，扩展了金融机构如何对企业施加环境影响的理解，并对我国环境政策的制定与实施具有启示意义。

本文余下内容安排为：第二部分为文献回顾和假设提出；第三部分为实证设计，详细介绍了数据来源、模型和变量；第四部分为实证结果分析，包括基本回归分析、机制检验、进一步分析和稳健性检验；第五部分为研究结论与政策建议。

二、文献回顾和假设提出

（一）文献回顾

绿色信贷政策的影响研究可分为环境、银行和企业三个角度。从环境的角度来看，绿色信贷政策一方面可以显著抑制二氧化碳等污染物的排放（He 等，2019；江红莉等，2020），对我国能源的高效利用具有积极影响（Song 等，2021）；另一方面可以显著提高经济绩效，实现了经济目标和环境目标的双赢（Wang 等，2021），这些都是波特假说的拓展和再讨论。从银行的角度来看，绿色信贷政策能够降低信用风险和不良贷款率，并对银行的环境绩效和财务绩效有显著的正向影响（Cui 等，2018），也提高银行的环境风险管理能力（蔡海静等，2019），但对商业银行的经营绩效的影响有正向和负向两种不同观点（Wang，2020；张羽，2020）。从企业的角度来看，绿色信贷政策会对企业融资造成直接影响。已有文献证明，绿色信贷政策显著降低高污染企业的债务融资规模（苏冬蔚和连莉莉，2018；Liu 等，2019；李新功和朱艳平，2021），进而降低债务期限结构（吴虹仪和殷德生，2021）、扩大投融资期限错配风险（Cao 等，2021）、降低并购绩效（王建新等，2021）。绿色信贷政策也促使高污染企业转向替代性融资方式（薛俭和朱迪等，2021），为融资谋其他出路。还有证据显示高污染企业进行了盈余管理，盈余质量显著下降（郁智和曹雅丽，2021），加剧了信息不对称程度。对于未来发展，绿色信贷政策显著增加了高污染企业的绿色技术创新（Hong 等，2021；Hu 等，

2021；谢乔昕和张宇，2021），提高了投资效率（Qi，2021；王艳丽等，2021）。此外，绿色信贷与高污染企业研发水平之间存在正的非线性关系（Chen 等，2019），而绿色信贷对全要素生产率的影响有正向和负向两种不同观点（Zhang，2021；Wen 等，2021）。

上述研究已经对绿色信贷政策的效果有了较为充分的认识和理解，但通过梳理发现，少有文献将绿色信贷与股价崩盘风险联系起来。因此，基于已有的信息囤积理论框架，本文加入绿色信贷的元素，从微观企业的角度对其可能产生的机制进行分析和实证研究，具有一定理论和现实价值。

（二）研究假设

1. 绿色信贷与股价崩盘风险

我国绿色金融支持主动性创新企业发展，并刺激主动性较弱的企业进行改革创新。绿色信贷仍是绿色项目融资的主渠道和构建绿色金融体系的主力军（He 等，2019）。我国金融环境属于不完全竞争市场，企业获得的资金主要来源于银行金融体系（Cao 等，2021）。绿色信贷政策在其中发挥了"胡萝卜加大棒"的双重属性，环境绩效较好的企业在实施后更容易获得银行贷款，而高污染企业的贷款融资难度加大（Zhang 等，2020），更难拿到成本低的绿色信贷。绿色信贷政策将环境风险纳入企业融资行为需要考量的一环，因为绿色信贷对限制重污染企业的融资效果巨大。苏冬蔚和连莉莉（2018）发现，绿色信贷政策会显著减少高污染企业的有息债务融资、流动性负债和长期负债，并且使经营绩效大幅下降。Liu 等（2019）证明，绿色信贷政策会显著减少高污染企业的银行贷款，使重污染企业的债务融资能力显著下降，环境监管成本更高，面临的公众压力和环境诉讼风险也更高。绿色信贷政策也会显著增加高污染企业的债务融资成本（苏冬蔚和连莉莉，2018；李新功和朱艳平，2021）。Lamont 等（2001）认为，信贷限制或使企业无法借款，阻碍企业为期望投资提供资金，对企业造成融资约束。综合来看，2012 年《指引》的出台让高污染企业的融资能力大打折扣，融资能力低下的这类企业会有更高的融资约束，处于不利的地位。

根据经典的负面信息囤积理论（Bad News Hoarding Theory），管理层为了隐瞒私人控制的利益、获得薪酬或保住工作，会暂时隐瞒或延迟披露负面信息。当累积的负面信息达到某个阈值时，内部人员可能没有能力或不愿意隐瞒更多的负面信息，然后所有的负面信息立即被发布到市场上，从而导致股价暴跌（Jin 和 Myers，2006；Hutton 等，2009；Kim 等，2011）。基于这一观点，本文认为由绿色信贷带来的融资压力会促使高污染企业的管理层对投资者隐瞒负面信息，进而对未来的股价崩盘风险起到正向作用。管理层会基于企业和个人因素的考虑，担心向市场发布此类消息可能导致股价疲软或表现不佳，从而引起投资者的关注、增加投资者抛售和卖空股票的可能性（Bhargava 等，2017）。与不受融资约束的企业相比，受融资约束的企业可用于投资的内部资金有限，需要更多的外部资金，外部融资动机强烈，企业面临"融资难"时更有可能隐瞒负面信息；面临融资约束的企业可能不得不放弃具有正净现值的优质项目，所引发的投资不足难发展、债务积压易违约等问题可能对企业价值起到负面影响，也将进一步加剧企业未来的股价崩盘风险（He 等，2019）。

也有文献证明，当企业处于其他不利情形（如股权质押或财务困境风险）时，管理层的机会主义更想掩盖对企业经济基本面有不利影响的负面信息（卜华等，2020；邵剑兵和费宝萱，2020；夏同水和郑雅君，2020；Andreou 等，2021）。而企业具有融资压力时，为了便利外部融资，管理层特别倾向于隐瞒负面信息一段时间以顺利获得外部资金，因为这类负面信息可能会增加企业发行股票和债券的成本（Chen 等，2001；Hutton 等，2009；Kim 等，2011）。郁智和曹雅丽（2021）也证明，绿色信贷政策会使得高污染企业的盈余管理活动增加。因此，绿色信贷政策的发布使高污染企业在融资市场中处于相对劣势地位，融资约束增加，管理层隐藏信息的动机也就加大，也更容易发生负面信息囤积。绿色信贷政策所带来的负外部性，会激励企业的管理层不断向投资者隐瞒负面信息，这种策略只能减缓当前的问题，把股价下跌的后果留给未来，增加企业对未来股价崩盘的敏感性，有"饮鸩止渴"之嫌。

市场对股票的定价效率有限，即使市场能够根据公开信息有效地为受约束的股票定价，也并不意味着市场参与者能够解读融资约束对未来崩盘风险的影响，因为崩盘风险的程度在很大程度上取决于管理层囤积的负面信息的数量（He等，2019）。大部分的外部投资者没有内幕消息，不太可能去准确评估隐藏的负面信息的多少，并以此调整自己对股价的判断（Dye，1985；Jung和Kwon，1988）。这种信息不对称激励管理层进行负面信息囤积活动，企业信息囤积的程度导致股价同步波动性增大、股价崩盘风险加剧，这是股价崩盘风险重要的传递渠道和影响机制（Hutton等，2009）。为了维护企业形象、维持企业价值，企业的信息披露有"报喜不报忧"的天然倾向，对积极消息进行高调宣传，而对负面消息采取"大事化小、小事化了"的处理方式，达到息事宁人的效果。这种选择性披露偏好，会造成内外信息不对称，降低股票价格所含有的信息容量，加剧未来股价崩盘风险（周方召等，2020）。当投资者处于信息极度不对称的环境时，管理层更容易隐瞒并囤积负面信息（Andreou等，2021），对信息的不透明性再添一把柴火。大量的散户投资者由于个人专业知识少、信息获取的渠道窄、信息处理和识别的能力有限，对股市的理解犹如"盲人摸象"，容易造成股价泡沫，加剧未来股价崩盘风险（周方召等，2020）。因此，负面信息囤积会加剧信息不对称程度，进而显著提升未来股价崩盘风险。

此外，从信号理论的角度来看，绿色信贷政策是一种对低污染企业释放积极信号的表现，这一政策的发布会提高市场对低污染企业股票价格的预期（Flammer，2013），增加对低污染企业的兴趣，从而吸引投资者买入，使得股票价格上涨；与此同时，市场已经看到高污染企业的劣势，投资者购买和持有这类企业股票的意愿会下降，因此高污染企业比低污染企业更不愿意披露企业的负面信息。从外部监督看，绿色信贷政策的发布同样会将媒体关注的焦点从高污染企业转移到低污染企业。已有文献证明，媒体报道越多，企业隐瞒负面信息的程度越低，而股价崩盘风险则越低（黄新建和赵伟，2015；An等，2020），但反过来，绿色信贷政策降低了高污染企业的媒体曝光度，使其股价崩盘风险增加。从银行信贷供给的角度来看，绿色信贷政策的实施使银行加强了对污染企业的绿色信贷审查，同时污染税、巨额污染罚款甚至停产等惩罚措施增加了高污染企业无力偿还债务的可能性（Cao 等，2021），更有可能使企业违约，进而使股价崩盘（He 等，2019）。

总之，绿色信贷政策会导致高污染企业融资能力下降，融资约束增加。管理层有动机囤积负面信息，加剧信息不对称程度，最终加剧了未来股价崩盘风险。

基于以上分析，本文提出假设 H1：

假设 H1：《指引》发布后，高污染企业未来股价崩盘风险会增加。

2. 产权差异对绿色信贷与股价崩盘风险关系的影响

从政策实施的策略来看，国有企业通常享有政府担保和融资便利，拥有更多的资源（Cai 等，2020），因此绿色信贷政策对不同企业实施的策略可能会有所不同：第一，国有企业作为国家经济发展的"排头兵"，承担了更多的国家政策性任务，在引导整个产业绿色转型升级方面发挥着重要的引领作用，因此银行在实施绿色信贷政策时会更加关注国有高污染企业（Cao 等，2021）；第二，绿色信贷政策极大减少了地方政府对国有企业原有的扶持，削弱了银行对国有企业贷款的政治利益，降低了对非国有企业的信贷歧视（Liu 等，2019），这就导致了高污染企业中，国有企业受到的融资压力比非国有企业更大（苏冬蔚和连莉莉，2018；丁杰，2019）。

除此之外，从信息不对称的角度来看，股票价格所包含的信息量取决于市场的流动性，而企业所有权集中程度高时，市场流动性减少，从而减少了市场监测的程度（Tirole，1993）。国有企业的所有权集中程度较高，相较而言股票价格所包含的信息较少（周方召等，2020）。再者，面对外部政策冲击时，国有企业出于政治考量，会抑制负面信息（Piotroski 等，2015；Ding 等，2020）。因此，相比于非国有高污染企业，当遭遇绿色信贷政策冲击时，国有高污染企业的信贷融资受到更大的抑制作用，管理层囤积负面信息的动机也会更强，加剧信息不对称程度，从而使股价崩盘风险更大。

基于以上分析，本文提出假设 H2：

假设 H2：相较于高污染非国有企业，《指引》对高污染国有企业未来股价崩盘风险的影响更大。

三、实证设计

（一）样本选取与数据来源

参照 Cao 等（2021）的设计方法，本文以 2009—2016 年 A 股上市公司为研究样本，高污染企业为实验组，其他企业为对照组。为保证实验的严谨性，本文进行以下处理：（1）剔除金融行业；（2）剔除研究区间内 ST 和 *ST 的公司；（3）剔除 2011 年以前退市和 2012 年以后上市的公司；（4）剔除数据异常或缺损的公司。最后在 1% 水平上缩尾处理，得到 2107 家公司、15923 个观测值。股票收益率相关数据来源于 RESSET 数据库，公司层面的数据均出自 CSMAR 数据库，宏观层面的数据来源于同花顺 iFinD 数据终端。本文利用 Stata 15.1 进行数据处理和回归分析。

（二）模型设定与变量说明

1. 构造股价崩盘风险

根据 Chen 等（2001）的收益分布模型，即式（1），本文收集了公司 i 在第 t_w 周的股票周回报率 r_{i,t_w}，用于计算负收益偏态系数 NSk_ret：

$$NSk\_ret_{i,t} = -\frac{n(n-1)^{\frac{3}{2}} \sum_{i=1}^{n} r_{i,t_w}^3}{(n-1)(n-2)(\sum_{i=1}^{n} r_{i,t_w}^2)^{\frac{3}{2}}} \quad (1)$$

其中，n 为该公司该年度参与计算的股票周回报率的数量。负收益率偏态系数越大，说明左尾极端观测值越多，股价崩盘风险越大。进一步地，为避免负收益偏态系数包含系统性风险成分产生偏差，本文根据 Dimson（1979）和 Hutton 等（2009）的做法，构造市场和行业指数模型，即式（2），在价值加权市场和行业指数中加入提前项和滞后项来修正非同步交易，可得股价同步性（R^2），以衡量股票的定价效率，即收益率中所含信息量的多少。R^2 越大，说明信息囤积的程度越高。

$$r_{j,t_w} = \alpha_j + \beta_{1,j} r_{m,t_w-1} + \beta_{2,j} r_{i,t_w-1} + \beta_{3,j} r_{m,t_w} +$$
$$\beta_{4,j} r_{i,t_w} + \beta_{5,j} r_{m,t_w+1} + \beta_{6,j} r_{i,t_w+1} + \varepsilon_{j,t_w} \quad (2)$$

其中，r_j 是股票 j 的回报率，r_m 是股票市场回报指数，r_i 是行业加权回报指数。计算式（2）中的残差项 ε_{j,t_w}，代入式（3），从而得到修正负收益偏态系数 NSk_resid。修正负收益偏态系数的计算方法与式（1）类似：

$$NSk\_resid_{i,t} = -\frac{n(n-1)^{\frac{3}{2}} \sum_{i=1}^{n} \varepsilon_{i,t_w}^3}{(n-1)(n-2)\left(\sum_{i=1}^{n} \varepsilon_{i,t_w}^2\right)^{\frac{3}{2}}} \quad (3)$$

最后，根据 Chen 等（2001），本文将上下波动率（$Duvol$）作为第三种崩盘风险的衡量方式：

$$Duvol_{i,t} = \log \frac{(n_{Up}-1) \sum_{Down} r_{i,t_w}^2}{(n_{Down}-1) \sum_{Up} r_{i,t_w}^2} \quad (4)$$

其中，n_{Up}、n_{Down} 分别表示在第 t 年中，公司 i 的周回报率与前周相比上升、下降的周数，分别称作上升周和下降周。然后，将上升周和下降周的数据分开，分别开方后加总，代入式（4）即可得到上下波动率。

2. 设定回归模型

参照苏冬蔚和连莉莉（2018）、Liu 等（2019）的做法，本文以 2012 年《指引》的发布这一政策外生性冲击作为对企业股价崩盘风险的影响。参考 Chen 等（2001）、Kim 等（2011）和 Liu 等（2019），采用以下 DID 模型来验证本文的假设 H1：

$$CRASHRISK_{i,t+1} = \beta_0 + \beta_1 Pollute_i + \beta_2 Policy_t + \beta_3 (Pollute \times Policy)_{i,t} +$$
$$\beta_4 CRASHRISK_{i,t} + \gamma Controls_{i,t} + \varepsilon_{i,t} \quad (5)$$

其中，i 和 t 分别为公司和年份。等式左边中，$CRASHRISK_{i,t+1}$ 表示上文介绍的三种崩盘风险指标（NSk_ret、NSk_resid 和 $Duvol$）在第 $t+1$ 年的值，并且等式右端用第 t 年的值加以控制。$Pollute_i$ 为企业分组变量，根据薛俭和朱迪等（2021）提供的行业代码列表判定是否为高污染企业；若为高污染企业，则为 1（作为实验组），否则为 0（作为对照组）。$Policy_t$ 为政策实施虚拟变量,若为2012年及以后发布实施,则为1,否则为0。参考 Kim 等 (2011) 的做法,本文选用了企业规模 (Size)、杠杆率 (Leverage)、资产回报率 (ROA)、周回报率标准差 (Sigma)、周回报率平均值 (Return)、周转率差额 (Dturn)、市净率 (MB) 和盈余管理水平 (ABACC) 作为控制变量,以 $Controls_{i,t}$ 表示。变量的具体定义见表1。

表1　　　　　　　　　　变量的具体定义

类型	变量名称	变量说明
被解释变量	NSk_ret	负收益偏态系数,见式 (1)
	NSk_resid	修正负收益偏态系数,见式 (2) 和式 (3)
	Duvol	上下波动率,见式 (4)
解释变量	Policy × Pollute	DID 变量。若为2012年及以后发布实施,则 Policy 为1,否则为0。若为高污染企业,则 Pollute 为1,否则为0
控制变量	Size	企业规模,ln (企业总资产)
	Leverage	杠杆率,总负债÷总资产
	ROA	资产回报率,净利润÷总资产
	Sigma	该年公司股价周回报率的标准差
	Return	该年公司股价周回报率的平均值
	Dturn	该年平均每月股份周转率－上年平均每月股份周转率
	MB	市净率,市场价值÷所有者权益
	ABACC	盈余管理水平,修正 Jones 模型残差的绝对值

(三) 数据描述性统计

表2展示了主要变量的描述性统计。高污染虚拟变量 Pollute 的均值为 0.498,即说明接近一半的样本都属于高污染企业。表3中选用了 FC 指数 (Fazzari 等,1988) 和 WW 指数 (Whited 和 Wu,2006) 作为融资约束的衡量代表,FC 指数越高、WW 指数越低,说明融资约束越大。根据高污染企业的非参数检验结果,绿色信贷政策发布后,高污染企业融资约束的均值水平显著增加。

表 2　描述性统计

变量名	N	Mean	SD	Min	P25	P50	P75	Max
NSk_ret	15923	0.648	1.517	−7.141	−0.172	0.318	0.992	6.895
NSk_resid	15923	0.354	1.693	−6.872	−0.589	−0.078	0.622	6.666
$Duvol$	15923	0.337	0.985	−5.794	−0.318	0.248	0.926	8.415
$Policy$	15923	0.660	0.474	0.000	0.000	1.000	1.000	1.000
$Pollute$	15923	0.498	0.500	0.000	0.000	0.000	1.000	1.000
$Size$	15923	21.938	1.281	19.011	21.039	21.783	22.658	25.929
$Leverage$	15923	0.444	0.225	0.053	0.267	0.436	0.609	1.173
ROA	15923	0.035	0.063	−0.371	0.012	0.035	0.064	0.196
$Sigma$	15923	0.067	0.027	0.023	0.049	0.061	0.077	0.209
$Return$	15923	0.568	1.189	−2.466	−0.220	0.387	1.197	6.283
$Dturn$	15923	0.028	0.256	−0.577	−0.123	0.013	0.178	0.768
MB	15923	3.820	3.459	−1.052	1.967	2.927	4.466	23.591
$ABACC$	15923	0.056	0.070	0.000	0.006	0.034	0.077	0.372

表 3　高污染企业融资约束的非参数检验

	《指引》发布前		《指引》发布后		差异（t值）
	观测数	平均值	观测数	平均值	
FC	1907	0.217	3609	0.445	−0.228***
WW	1817	0.036	3511	−0.095	0.131***

注：*、** 和 *** 分别表示10%、5%和1%的显著性水平。

四、实证结果分析

（一）基本回归分析

1. 基本回归

本文根据式（5），对三种崩盘风险的衡量分别进行了全样本 DID 回归，关注《指引》发布前后企业股价崩盘风险的变化。表 4 中，列（1）—列

(3) DID 系数均显著为正，表明绿色信贷政策对高污染企业具有正的净效应，显著增大了未来股价崩盘风险。一方面，相比于高污染企业，低污染企业在《指引》发布之后能拿到贷款的可能性更大，高污染企业不被市场看好从而造成未来股价下跌；另一方面，高污染企业的融资能力下降，融资约束增加，管理层负面信息囤积动机增加，信息不对称程度加剧，最终加剧了未来股价崩盘风险。表 4 的结果验证了假设 H1。

表 4　　绿色信贷政策对企业股价崩盘风险的影响

	（1） NSk_resid_{t+1}	（2） NSk_ret_{t+1}	（3） $Duvol_{t+1}$
$Policy_t \times Pollute$	0.155 *** (2.71)	0.144 *** (2.74)	0.162 *** (5.32)
$Policy_t$	0.580 *** (7.49)	0.367 *** (5.17)	0.786 *** (18.94)
$Pollute$	-0.173 *** (-3.61)	-0.129 *** (-2.95)	-0.108 *** (-4.23)
NSk_resid_t	0.036 *** (4.47)		
NSk_ret_t		0.019 ** (2.35)	
$Duvol_t$			-0.024 ** (-2.48)
$Constant$	1.034 *** (3.21)	1.363 *** (4.61)	-1.817 *** (-10.56)
Controls	Yes	Yes	Yes
Industry FE	Yes	Yes	Yes
Year FE	Yes	Yes	Yes
$Adj. R^2$	0.0845	0.0982	0.237
N	15890	15890	15890

注：括号内为 t 值；*、** 和 *** 分别表示 10%、5% 和 1% 的显著性水平，下同。

2. 产权差异

本文根据企业产权性质，将全样本分为国有企业和非国有企业两组进行考察。在表 5 的列（1）和列（2）中，国有企业的 DID 系数为 0.139，在 5%

水平上显著为正；而非国有企业的 DID 系数不显著。列（3）和列（4）的结果与列（1）和列（2）类似。在列（5）和列（6）中，两组 DID 系数均显著为正，但国有企业系数的大小和显著性都明显高于非国有企业。因此，从统计显著性和经济显著性来看，比起高污染非国有企业，《指引》对高污染国有企业的影响更大，说明高污染国有企业贷款会更加困难，融资约束更大，管理层囤积负面信息的动机也会增强，未来股价崩盘风险也会更大。从而验证了假设 H2。

表 5　　　　　　　　　　　　　　产权差异

	（1） NSk_resid_{t+1} 国有企业	（2） NSk_resid_{t+1} 非国有企业	（3） NSk_ret_{t+1} 国有企业	（4） NSk_ret_{t+1} 非国有企业	（5） $Duvol_{t+1}$ 国有企业	（6） $Duvol_{t+1}$ 非国有企业
$Policy_t \times Pollute$	0.139** (2.02)	0.108 (1.24)	0.107* (1.70)	0.120 (1.50)	0.154*** (3.80)	0.135 (1.36)
$Policy_t$	0.217** (2.23)	0.512*** (4.35)	-0.022 (-0.24)	0.340*** (3.14)	0.507*** (8.72)	-2.665** (-2.51)
$Pollute$	-0.192*** (-3.34)	-0.092 (-1.25)	-0.141*** (-2.71)	-0.061 (-0.91)	-0.102*** (-3.02)	-0.083* (-1.90)
NSk_resid_t	0.058*** (4.75)	-0.018* (-1.66)				
NSk_ret_t			0.044*** (3.42)	-0.027** (-2.45)		
$Duvol_t$					0.038** (2.39)	-0.072*** (-4.28)
Constant	0.212 (0.56)	-1.269** (-2.33)	0.863** (2.50)	-0.911* (-1.82)	-1.739*** (-7.81)	0.000 (0.000)
Controls	Yes	Yes	Yes	Yes	Yes	Yes
Industry FE	Yes	Yes	Yes	Yes	Yes	Yes
Year FE	Yes	Yes	Yes	Yes	Yes	Yes
Adj. R^2	0.0495	0.0930	0.0926	0.0988	0.2090	0.2778
N	6952	8938	6952	8938	6952	8938

(二) 机制检验

第一,为了检验绿色信贷政策的发布是否会对高污染企业产生融资约束,将 FC 指数和长期银行贷款与总资产的比值 LTLoan 作为被解释变量放入回归。由表 6 可知,列(1)中交叉项系数均显著为正,列(2)中交叉项系数均显著为负,这与本文假设部分的推理一致,即绿色信贷政策使得高污染企业的融资约束显著增强、融资能力显著削弱。

表 6 机制检验:融资约束

	(1) FC_t	(2) $LTLoan_t$
$Policy_t \times Pollute$	0.052* (1.93)	-0.012*** (-3.82)
$Policy_t$	0.396*** (13.60)	-0.022*** (-6.76)
$Pollute$	0.060*** (2.67)	0.023*** (8.64)
$Constant$	-0.473*** (-3.28)	-0.331*** (-20.21)
Controls	Yes	Yes
Industry FE	Yes	Yes
Year FE	Yes	Yes
Adj. R^2	0.164	0.305
N	15364	13031

第二,为了检验绿色信贷政策的发布对高污染企业未来股价崩盘风险影响是否通过信息囤积机制传递,并且精确区分信息的类型,本文根据 Bris 等(2007)、Ding 等(2021)的构造方法,将股价同步性分为股价正同步性(R_+^2)和股价负同步性(R_-^2),即在式(2)的基础上对等式左边的收益率按正负分为两组进行回归:

$$r_{i,t_w} \mid r \geq 0 = \alpha_i + \beta_{1,i} r_{m,t_w-1} + \beta_{2,i} r_{i,t_w-1} + \beta_{3,i} r_{m,t_w} +$$
$$\beta_{4,i} r_{i,t_w} + \beta_{5,i} r_{m,t_w+1} + \beta_{6,i} r_{i,t_w+1} + \varepsilon_{i,t_w} \tag{6}$$

$$r_{i,t_w} \mid r < 0 = \alpha_i + \beta_{1,i} r_{m,t_w-1} + \beta_{2,i} r_{i,t_w-1} + \beta_{3,i} r_{m,t_w} +$$
$$\beta_{4,i} r_{i,t_w} + \beta_{5,i} r_{m,t_w+1} + \beta_{6,i} r_{i,t_w+1} + \varepsilon_{i,t_w} \tag{7}$$

进一步对股价正、负同步性做差，可得净股价正同步性（$R_+^2 - R_-^2$），反映了负面信息比正面消息更隐蔽的程度（Ding 等，2021），即负面信息囤积程度或信息不对称程度。然后将三种股价同步性分别作为被解释变量放入回归。

由表7可知，列（1）将盈余管理指标 ABACC 作为被解释变量，发现绿色信贷政策显著增强了高污染企业的盈余管理，加剧信息不对称程度；列（2）和列（3）表明绿色信贷政策对高污染企业的正面消息的传播无显著效果，但对负面信息的传播效果显著为正；列（4）中，交叉项的系数显著为负，这与本文的预期一致，绿色信贷政策加剧了高污染企业的信息不对称程度，使得高污染企业囤积大量负面信息。那么投资者反应如何呢？已有文献指出，卖空比率与未来股价崩盘风险的正相关关系显著（Callen 和 Fang，2015）。参照 Callen 和 Fang（2015），本文定义卖空比率 Shortsell 为卖空股数占总流通股的比重，表7列（5）显示，绿色信贷政策的发布，显著促进了投资者卖空高污染企业的股票，从而使企业股价崩盘。此外，媒体、分析师等外部监督方式通过处理、披露和传播新的信息，增加了市场的信息容量，使投资者能够更好地了解管理层的机会主义情况，并识别管理层是否在囤积负面信息（Andreou 等，2021）。参考 An 等（2020）的做法，本文分别设定 Media、AnalyAtt 为企业每年在媒体报道、分析师报告中出现的次数加1后取自然对数，作为媒体曝光度和分析师关注度的衡量指标。表7列（6）和列（7）的结果显示，绿色信贷政策发布后，媒体和分析师的关注焦点更注重低污染企业，而对高污染企业的关注度下降了，为市场提供的信息减少，加剧了信息不对称程度。因此，绿色信贷政策的发布使得高污染企业囤积的负面信息变多、信息不对称程度加剧，使其股票卖空比率增加、媒体和分析师关注度减少，这些内在机制都共同说明了绿色信贷政策对高污染企业未来股价崩盘风险的作用是显著正向的,也进一步验证了假设 H1 的可靠性。

表7　　机制检验：盈余管理、股价同步性、卖空与外部监督

	(1) $ABACC_t$	(2) R^2_{+t}	(3) R^2_{-t}	(4) $R^2_{+t} - R^2_{-t}$	(5) $Shortsell_t$	(6) $Media_t$	(7) $AnalyAtt_t$
$Policy_t \times Pollute$	0.004* (1.71)	0.003 (0.41)	0.028*** (5.10)	-0.025*** (-3.41)	0.003*** (5.02)	-0.052*** (-4.22)	-0.058* (-1.79)
$Policy_t$	-0.026*** (-9.43)	0.015* (1.72)	-0.048*** (-6.47)	0.062*** (6.22)	-0.002*** (-3.24)	-0.211*** (-14.66)	-0.475*** (-14.93)
$Pollute$	-0.003* (-1.76)	0.006 (1.18)	-0.015*** (-3.34)	0.021*** (3.46)	-0.001*** (-2.70)	0.053*** (5.31)	0.049* (1.88)
$Constant$	-0.053*** (-4.35)	0.221*** (6.28)	-0.141*** (-4.60)	0.362*** (8.70)	-0.150*** (-42.63)	-2.330*** (-35.26)	-9.028*** (-52.72)
Controls	Yes	Yes	Yes	Yes	Yes	Yes	Yes
Industry FE	Yes	Yes	Yes	Yes	Yes	Yes	Yes
Year FE	Yes	Yes	Yes	Yes	Yes	Yes	Yes
Adj. R^2	0.0875	0.259	0.139	0.197	0.193	0.796	0.391
N	15137	15923	15923	15923	14662	15137	14852

(三) 进一步分析

1. 区域差异

由于我国各地区的金融发展和经济增长水平差异巨大,相同的政策可能对不同地区产生不同的影响。本文采用王小鲁等(2018)的《中国分省份市场化指数报告》中的法律环境指数和市场化指数来划分高低组,按照薛俭和朱迪等(2021)将省份划分为东部省份和中西部省份。由表8可知,高法律环境、高市场化和东部省份的系数更加显著。发达地区制度体系健全,政府实施绿色信贷政策的力度大,对高污染企业的政策效应也就更强,所以对这部分地区的高污染企业来说融资压力会更大,进而融资约束越强,增强管理层囤积负面信息的动机,也加剧了未来的股价崩盘风险。此外,也有文献指

出，绿色信贷政策在一定程度上削弱了发达地区企业相对落后地区企业原有的信贷资源优势（Zhou 等，2021），是一种资源再分配的表现。

表 8　　　　　　　　　　　　　　区域差异

Panel A

	（1）	（2）	（3）	（4）	（5）	（6）
	NSk_resid_{t+1}	NSk_resid_{t+1}	NSk_ret_{t+1}	NSk_ret_{t+1}	$Duvol_{t+1}$	$Duvol_{t+1}$
	高法律环境	低法律环境	高法律环境	低法律环境	高法律环境	低法律环境
$Policy_t \times$ Pollute	0.226*	0.129*	0.184**	0.097	0.218***	0.116***
	(2.29)	(1.81)	(2.01)	(1.51)	(4.16)	(3.02)
Adj. R^2	0.0968	0.0658	0.113	0.0889	0.265	0.222
N	6514	9312	6514	9312	6514	9312

Panel B

	（1）	（2）	（3）	（4）	（5）	（6）
	NSk_resid_{t+1}	NSk_resid_{t+1}	NSk_ret_{t+1}	NSk_ret_{t+1}	$Duvol_{t+1}$	$Duvol_{t+1}$
	高市场化	低市场化	高市场化	低市场化	高市场化	低市场化
$Policy_t \times$ Pollute	0.177**	0.035	0.177***	-0.010	0.178***	0.158***
	(2.50)	(0.34)	(2.71)	(-0.11)	(4.65)	(2.77)
Adj. R^2	0.0925	0.0550	0.102	0.0846	0.2903	0.211
N	11436	4021	11436	4021	11436	4021

Panel C

	（1）	（2）	（3）	（4）	（5）	（6）
	NSk_resid_{t+1}	NSk_resid_{t+1}	NSk_ret_{t+1}	NSk_ret_{t+1}	$Duvol_{t+1}$	$Duvol_{t+1}$
	东部省份	中西部省份	东部省份	中西部省份	东部省份	中西部省份
$Policy_t \times$ Pollute	0.178**	0.092	0.172**	0.064	0.144***	0.140***
	(2.36)	(1.04)	(2.47)	(0.79)	(3.63)	(2.89)
Adj. R^2	0.0966	0.0567	0.105	0.0828	0.255	0.212
N	10363	5527	10363	5527	10363	5527

注：表中各列均控制了如表 1 所示控制变量、行业和年份效应，仅保留关键系数结果。

2. 高污染企业的转变

那么，面对绿色信贷政策的强力冲击，高污染企业是否有改善自身的措施或表现？本文用非参数检验比较高污染企业在政策发布前后，绿色创新水平（GreenInnov）和绿色信息披露水平（GreenDisclo）的变化情况。对于绿色创新水平，本文参照 Hong 等（2021）的做法，以每年每家企业的绿色发明专利申请数除以发明专利申请数总计衡量企业绿色创新水平。其中，绿色发明专利申请数的数据来源于 CNRDS 数据库，而发明专利申请数总计的数据来源于同花顺 iFinD 金融终端。对于绿色信息披露水平，参照吴虹仪和殷德生（2021），若企业当年披露环境等绿色信息，则 GreenDisclo = 1，否则为 0，这里的数据来源于 CSMAR 数据库。

表 9 结果显示，高污染企业的绿色创新水平和绿色信息披露水平在均值上都显著提升。绿色信贷政策出台后，高污染企业为了获得银行信贷支持，就想要通过提高环境表现和绿色发展潜力以获得银行信贷支持（吴虹仪和殷德生，2021）。因此，高污染企业会有动机转变，通过提高绿色创新水平和绿色信息披露水平等方式响应政策要求，提高环境治理技术，促进清洁生产（Hong 等，2021），向金融市场释放积极信号。

表 9　高污染企业的转变：绿色创新与绿色信息披露

	《指引》发布前 观测数	《指引》发布前 平均值	《指引》发布后 观测数	《指引》发布后 平均值	差异（t 值）
GreenInnov	6344	0.032	7447	0.066	-0.034***
GreenDisclo	3484	0.276	3232	0.772	-0.495***

此外，本文还分高污染企业和低污染企业，绘制了绿色创新的平均水平随时间变化示意图。如图 2 所示，2012 年以后，相较于低污染企业，高污染企业的绿色创新水平出现较大增长，甚至在政策发布后的两年内超过了低污染企业。这一结果和表 9 的发现相吻合。这些结果表明，《指引》在促使高污染企业加快产业转型升级、引导金融资源和产业结构调整方面的政策激励效果显著。

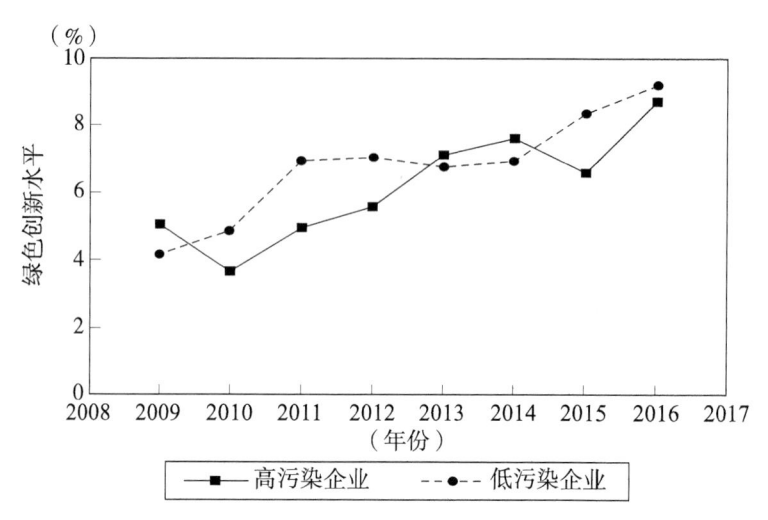

图 2　高污染企业和低污染企业的绿色创新的平均水平变化

（四）稳健性检验

1. 平行趋势检验

本文进行了平行趋势检验，分别使用 2009 年、2010 年、2011 年作为政策冲击时点构造交叉项。结果如表 10 所示，所有交互项的估计系数均不显著。证明处理组和对照组的股价崩盘风险在绿色信贷政策出台前不存在显著的差异，满足平行趋势检验。

表 10　平行趋势检验

	（1） NSk_resid_{t+1}	（2） NSk_ret_{t+1}	（3） $Duvol_{t+1}$
$Policy09_t \times Pollute$	0.086 (1.50)	0.044 (1.43)	0.016 (0.39)
$Policy10_t \times Pollute$	-0.053 (-0.46)	-0.075 (-0.94)	0.061 (1.18)
$Policy11_t \times Pollute$	0.064 (0.77)	0.022 (0.28)	-0.040 (-1.06)
Constant	-6.544*** (-8.54)	1.368*** (4.49)	-9.169*** (-21.68)

续表

	(1) NSk_resid_{t+1}	(2) NSk_ret_{t+1}	(3) $Duvol_{t+1}$
Controls	Yes	Yes	Yes
Industry FE	Yes	Yes	Yes
Year FE	Yes	Yes	Yes
Adj. R^2	0.083	0.0979	0.174
N	15890	15890	15890

本文也用图像法绘制了 DID 变量系数的 95% 置信区间的估计结果（见图3）。所有回归均控制企业固定效应、时间固定效应以及行业固定效应，并使用企业层面的聚类稳健标准误。设定 *fNSk_ret*、*fNSk_resid*、*fduvol* 分别为 *NSk_ret*、*NSk_resid*、*Duvol* 的提前一期。结果显示，处理组和对照组在政策冲击前的变动趋势没有明显差异，满足平行趋势检验。

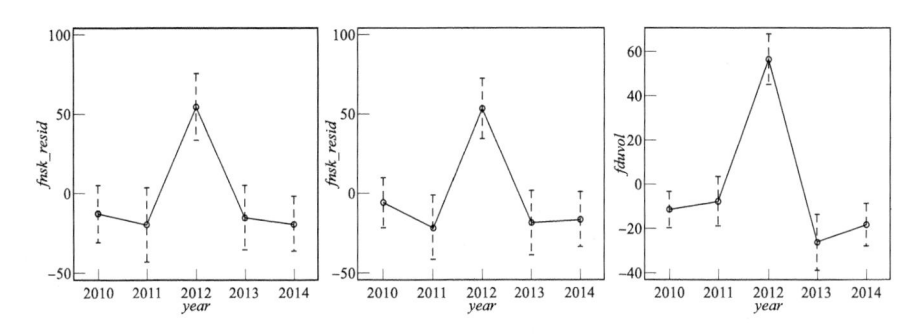

图3 平行趋势检验示意

2. 安慰剂检验

本文分别使用2011年、2010年作为政策冲击时点，对绿色信贷政策的效应进行安慰剂检验，结果如表10所示。全部交互项的估计系数都不显著，因此通过安慰剂检验。这说明在《指引》发布之前，实验组与对照组公司的股价崩盘风险呈现出共同的时间趋势，说明选择《指引》作为准自然的实验环境较为理想。并验证了表4中 DID 估计结果的可靠性。

表 11　　　　　　　　　　安慰剂检验

	(1) NSk_resid_{t+1}	(2) NSk_ret_{t+1}	(3) $Duvol_{t+1}$	(4) NSk_resid_{t+1}	(5) NSk_ret_{t+1}	(6) $Duvol_{t+1}$
$Policy11_t \times Pollute$	-0.001 (-0.02)	0.001 (0.02)	0.109 (1.05)			
$Policy10_t \times Pollute$				-0.038 (-0.45)	-0.079 (-0.86)	-0.024 (-0.48)
$Policy11_t$	0.421*** (5.83)	0.638*** (8.09)	-8.674*** (-5.49)			
$Policy10_t$				0.435*** (5.78)	0.669*** (8.13)	0.857*** (19.41)
$Pollute$	-0.035 (-0.62)	-0.072 (-1.20)	-0.053 (-0.66)	-0.001 (-0.02)	0.000 (0.00)	0.020 (0.42)
$Constant$	1.372*** (4.64)	1.044*** (3.24)	-1.800*** (-10.45)	1.364*** (4.60)	1.026*** (3.17)	-1.812*** (-10.51)
Controls	Yes	Yes	Yes	Yes	Yes	Yes
Industry FE	Yes	Yes	Yes	Yes	Yes	Yes
Year FE	Yes	Yes	Yes	Yes	Yes	Yes
Adj. R^2	0.0978	0.0841	0.2357	0.0978	0.0842	0.2360
N	15890	15890	15890	15890	15890	15890

3. 更换回归模型

由于实验组和对照组可能在企业规模和样本选择方面存在差异，为了消除这类问题，表12使用了核匹配的倾向得分匹配（PSM）法来寻找与实验组相似的对照组，并通过了DID平衡性检验假设要求，删除了不满足假设的20个样本后重新回归。本文也换用固定效应模型（FE）对基本回归进行了测试。由表13可见，PSM-DID和FE的结果与前文一致，这进一步支持了假设H1。

表 12　　　　　　　　　　倾向值匹配结果

指标	样本	平均值			t 值	p 值
		处理组	对照组	差异		
Size	匹配前	21.8620	21.5840	0.27800	17.03	0.000
	匹配后	21.8530	21.8770	-0.02400	-0.30	0.766
Leverage	匹配前	0.08736	0.05470	0.03266	26.05	0.000
	匹配后	0.08654	0.08741	-0.00087	-0.12	0.901
Dturn	匹配前	0.02505	0.02938	-0.00433	-1.43	0.152
	匹配后	0.02512	0.02334	0.00178	0.13	0.900
Return	匹配前	0.36054	0.42162	-0.06108	-3.59	0.000
	匹配后	0.36103	0.33103	0.03000	0.38	0.707
Sigma	匹配前	0.06430	0.06769	-0.00339	-9.60	0.000
	匹配后	0.06436	0.06313	0.00123	0.75	0.455
ROA	匹配前	0.03386	0.02955	0.00431	4.84	0.000
	匹配后	0.03388	0.03529	-0.00141	-0.32	0.748
MB	匹配前	3.42730	3.87610	-0.44880	-10.20	0.000
	匹配后	3.43290	3.30970	0.12320	0.62	0.538
ABACC	匹配前	0.05461	0.05828	-0.00367	-4.10	0.000
	匹配后	0.05470	0.05465	0.00005	0.01	0.990

表 13　　　　　稳健性检验：更换 PSM – DID 和 FE 模型

	(1) NSk_resid_{t+1} PSM – DID	(2) NSk_ret_{t+1} PSM – DID	(3) $Duvol_{t+1}$ PSM – DID	(4) NSk_resid_{t+1} FE	(5) NSk_ret_{t+1} FE	(6) $Duvol_{t+1}$ FE
$Policy_t \times$ Pollute	0.162*** (2.96)	0.186*** (3.04)	0.198*** (6.25)	0.192*** (3.76)	0.203*** (3.66)	0.210*** (6.88)
$Policy_t$	0.150 (1.36)	0.352*** (3.01)	0.523*** (7.79)	-0.246*** (-3.21)	-0.117 (-1.40)	0.278*** (6.00)
Pollute	-0.184*** (-3.74)	-0.249*** (-4.43)	-0.143*** (-4.90)			

续 表

	(1) NSk_resid_{t+1} PSM-DID	(2) NSk_ret_{t+1} PSM-DID	(3) $Duvol_{t+1}$ PSM-DID	(4) NSk_resid_{t+1} FE	(5) NSk_ret_{t+1} FE	(6) $Duvol_{t+1}$ FE
NSk_resid_t	0.014 (1.10)			-0.172*** (-19.58)		
NSk_ret_t		0.026** (2.02)			-0.168*** (-19.74)	
$Duvol_t$			-0.001 (-0.04)			-0.172*** (-16.84)
Constant	2.302*** (5.11)	2.181*** (4.46)	-1.503*** (-5.03)	-6.218*** (-8.83)	-6.664*** (-8.71)	-9.366*** (-22.18)
Controls	Yes	Yes	Yes	Yes	Yes	Yes
Industry FE	Yes	Yes	Yes	No	No	No
Year FE	Yes	Yes	Yes	Yes	Yes	Yes
Individual FE	No	No	No	Yes	Yes	Yes
Adj. R^2	0.0973	0.0735	0.168	0.1082	0.0838	0.2867
N	15870	15870	15870	15890	15890	15890

4. 变换样本回归区间

参照石大千等（2018）、薛俭和朱迪等（2021）的做法，本文以2012年为分界点，加入2008年的数据后，分别选取前后1、2、3、4年内的年份，即2011—2013年、2010—2014年、2009—2015年、2008—2016年作为样本区间重新回归，以观察结果对时间的敏感程度。2015年，中国股市出现了小规模的整体崩盘，为了避免这一事件的干扰，本文参照Zhang等（2021）的做法排除了2015年的样本，重新回归。由表14可知，所有DID变量均显著，与前文一致，因此本文的结果是稳健的。

表 14　　　　　　　　稳健性检验：变换样本回归区间

Panel A

	(1) NSk_resid$_{t+1}$ 2011—2013 年	(2) NSk_resid$_{t+1}$ 2010—2014 年	(3) NSk_resid$_{t+1}$ 2009—2015 年	(4) NSk_resid$_{t+1}$ 2008—2016 年	(5) NSk_resid$_{t+1}$ 剔除 2015 年
Policy$_t$ × Pollute	0.509 *** (5.50)	0.378 *** (5.40)	0.233 *** (3.86)	0.150 *** (2.86)	0.183 *** (3.16)
Adj. R^2	0.113	0.119	0.0930	0.0929	0.0949
N	6318	10242	13808	17279	13808

Panel B

	(1) NSk_ret$_{t+1}$ 2011—2013 年	(2) NSk_ret$_{t+1}$ 2010—2014 年	(3) NSk_ret$_{t+1}$ 2009—2015 年	(4) NSk_ret$_{t+1}$ 2008—2016 年	(5) NSk_ret$_{t+1}$ 剔除 2015 年
Policy$_t$ × Pollute	0.484 *** (5.52)	0.344 *** (5.40)	0.234 *** (4.34)	0.140 *** (2.94)	0.157 *** (2.88)
Adj. R^2	0.119	0.122	0.110	0.102	0.0925
N	6318	10242	13808	17279	13808

Panel C

	(1) Duvol$_{t+1}$ 2011—2013 年	(2) Duvol$_{t+1}$ 2010—2014 年	(3) Duvol$_{t+1}$ 2009—2015 年	(4) Duvol$_{t+1}$ 2008—2016 年	(5) Duvol$_{t+1}$ 剔除 2015 年
Policy$_t$ × Pollute	0.467 *** (9.48)	0.375 *** (10.58)	0.241 *** (7.92)	0.166 *** (5.91)	0.204 *** (6.41)
Adj. R^2	0.218	0.300	0.263	0.261	0.246
N	6318	10242	13808	17279	13808

注：表中回归均控制了表 1 所示控制变量、行业和年份效应，仅保留关键系数结果。

5. 变换污染的衡量方法

参照吴虹仪和殷德生（2021）的做法，本文对污染企业重新衡量，用企业所在省份工业二氧化硫排放与国内生产总值比值的对数值测度城市工业污

染强度 SO_2，代替原有的 Pollute 做交叉项。如表 15 所示，DID 的系数符号和前文一致且依然显著，也说明了本文结果的稳健性。

表 15　　　　　　　　稳健性检验：用 SO_2 替换

	(1) NSk_resid_{t+1}	(2) NSk_ret_{t+1}	(3) $Duvol_{t+1}$
$Policy_t \times SO_{2t}$	0.053* (1.92)	0.042* (1.66)	0.045*** (3.02)
$Policy_t$	−0.284** (−2.11)	0.319*** (3.12)	0.738*** (12.36)
SO_{2t}	−0.096** (−2.26)	−0.021 (−0.97)	−0.019 (−1.49)
NSk_resid_t	−0.168*** (−19.72)		
NSk_ret_t		0.019** (2.29)	
$Duvol_t$			−0.025** (−2.58)
Constant	−6.191*** (−7.93)	1.443*** (4.66)	−1.772*** (−9.82)
Controls	Yes	Yes	Yes
Industry FE	Yes	Yes	Yes
Year FE	Yes	Yes	Yes
Adj. R^2	0.0834	0.0982	0.236
N	15840	15840	15840

五、研究结论与政策建议

本文以 2012 年《指引》的出台作为准自然实验，选取 2009—2016 年中国 A 股非金融行业上市公司，采用双重差分法检验了该绿色信贷政策对高污染企业未来股价崩盘风险的影响及其作用机制。研究发现：第一，绿色信贷政策会导致高污染企业融资能力下降，融资约束增加。管理层有动机囤积负面信息，加剧信息不对称程度，最终加剧了未来的股价崩盘风险。第二，绿色信贷政策对国有企业的影响大于非国有企业，反映了政策强度偏向于国有企业。第三，机制检验证明，绿色信贷政策增加了高污染企业的融资约束，加剧了信息不对称程度。而对于信息不对称，一是增加了负面信息同步度；二是吸引了媒体和分析师对于低污染企业的关注，从而对高污染企业的关注度减弱；三是显著促进了投资者卖空高污染企业的股票，从而使股价崩盘。这些内在机制都是增加股价崩盘风险的渠道和途径，共同说明了绿色信贷政策对高污染企业股价崩盘风险的作用是显著正向的。第四，进一步研究发现，政策效应在高法律和高市场化环境、东部省份的高污染企业中更为显著，这显示出在发达地区政策的执行力度更强，对负面信息囤积的影响更大。第五，非参数检验发现，高污染企业在政策发布后，开始向利好方向发展，增强了绿色创新水平和绿色信息披露水平。此外，本文通过平行趋势检验、安慰剂检验、更换回归模型和变换样本回归区间等方式，进一步验证了结论的稳健性。

　　根据以上结果，本文提出三点政策建议：第一，对于政府而言，应以市场为导向，制定清晰的绿色信贷政策激励和约束机制。将企业责任与环境污染指标联系起来，对绿色发展成果突出的企业给予额外奖励，同时加强与污染违规相关的行政处罚。同时进一步加快金融信贷市场化改革进程，加强信息披露体系建立环境信息政府—银行—企业共享平台，缓解高污染企业在绿色转型中面临的融资难问题。第二，对于银行而言，应不断优化和创新绿色金融产品服务，促进资本优化配置。实施绿色信贷审查时，应完善评价体系，充分了解高污染企业的绿色转型发展状况，并加强非国有企业的绿色信贷管理。第三，对于企业而言，企业应积极主动地响应党的十九届五中全会精神，全面实施绿色转型策略，缩减高污染生产规模，加大绿色业务的投入和研发。增大市场容量，赢得市场信赖，进而稳定股价，缓解股价崩盘风险。

参考文献

[1] 卜华, 杨宇晴, 张银杰. 控股股东股权质押、股权集中度与股价崩盘风险 [J]. 会计之友, 2020 (8): 87-94.

[2] 蔡海静, 汪祥耀, 谭超. 绿色信贷政策、企业新增银行借款与环保效应 [J]. 会计研究, 2019 (3): 88-95.

[3] 丁杰. 绿色信贷政策、信贷资源配置与企业策略性反应 [J]. 经济评论, 2019 (4): 62-75.

[4] 黄新建, 赵伟. 媒体关注是否降低了股价崩盘风险——来自中国股票市场的经验证据 [J]. 财会月刊, 2015 (11): 112-118.

[5] 江红莉, 王为东, 王露, 等. 中国绿色金融发展的碳减排效果研究——以绿色信贷与绿色风投为例 [J]. 金融论坛, 2020, 25 (11): 39-48, 80.

[6] 李新功, 朱艳平. 绿色信贷政策对重污染企业债务成本的影响——基于PSM-DID模型的实证研究 [J]. 会计之友, 2021 (3): 41-47.

[7] 邵剑兵, 费宝萱. 控股股东股权质押与股价崩盘风险——基于公司控制权转移视角 [J]. 商业研究, 2020 (12): 110-123.

[8] 石大千, 丁海, 卫平, 等. 智慧城市建设能否降低环境污染 [J]. 中国工业经济, 2018 (6): 117-135.

[9] 苏冬蔚, 连莉莉. 绿色信贷是否影响重污染企业的投融资行为? [J]. 金融研究, 2018 (12): 123-137.

[10] 王建新, 王涛, 龙鸣. 绿色信贷提升重污染企业并购绩效了吗——来自中国上市公司的经验证据 [J]. 广东财经大学学报, 2021, 36 (1): 85-97.

[11] 王小鲁, 樊纲, 胡李鹏. 中国分省份市场化指数报告 (2018) [M]. 北京: 社会科学文献出版社, 2019.

[12] 王艳丽, 类晓东, 龙如银. 绿色信贷政策提高了企业的投资效率吗?——基于重污染企业金融资源配置的视角 [J]. 中国人口·资源与环境, 2021, 31 (1): 123-133.

[13] 吴虹仪，殷德生. 绿色信贷政策对企业债务融资的"赏"与"罚"——基于准自然实验的效应评估［J］. 当代财经，2021（2）：49-62.

[14] 夏同水，郑雅君. 控股股东股权质押、高送转与股价崩盘风险［J］. 武汉金融，2020（3）：51-59.

[15] 谢乔昕，张宇. 绿色信贷政策、扶持之手与企业创新转型［J］. 科研管理，2021，42（1）：124-134.

[16] 薛俭，朱迪. 绿色信贷政策能否改善上市公司的负债融资？［J］. 经济经纬，2021，38（1）：152-160.

[17] 郁智，曹雅丽. 绿色信贷政策会影响重污染企业盈余质量吗？［J］. 证券市场导报，2021（5）：26-36.

[18] 张羽. 社会责任、绿色信贷对商业银行经营绩效的影响［J］. 建筑经济，2020，41（S2）：364-368.

[19] 周方召，于林利，于露. 地缘政治风险、经济政策不确定性与股价暴跌风险［J］. 武汉金融，2020（5）：45-55.

[20] AN Z, CHEN C, NAIKER V, et al. Does media coverage deter firms from withholding bad news? Evidence from stock price crash risk［J］. Journal of Corporate Finance, 2020, 64：101664.

[21] ANDREOU C K, ANDREOU P C, LAMBERTIDES N. Financial distress risk and stock price crashes［J］. Journal of Corporate Finance, 2021, 67：101870.

[22] BHARGAVA R, FAIRCLOTH S, ZENG H. Takeover protection and stock price crash risk：Evidence from state antitakeover laws［J］. Journal of Business Research, 2017, 70：177-184.

[23] BRIS A, GOETZMANN W N, ZHU N. Efficiency and the Bear：Short Sales and Markets Around the World［J］. The Journal of Finance, 2007, 62（3）：1029-1079.

[24] CAI X, ZHU B, ZHANG H, et al. Can direct environmental regulation promote green technology innovation in heavily polluting industries? Evidence from Chinese listed companies［J］. Science of the Total Environment, 2020, 746：140810.

[25] CALLEN J L, FANG X. Short interest and stock price crash risk［J］.

Journal of Banking & Finance, 2015, 60: 181 – 194.

[26] CAO Y, ZHANG Y, YANG L, et al. Green Credit Policy and Maturity Mismatch Risk in Polluting and Non-Polluting Companies [J]. Sustainability, 2021, 13 (7): 3615.

[27] CHEN H, LIU C, XIE F, et al. Green Credit and Company R&D Level: Empirical Research Based on Threshold Effects [J]. Sustainability, 2019, 11 (7): 1918.

[28] CHEN J, HONG H, STEIN J C. Forecasting crashes: trading volume, past returns, and conditional skewness in stock prices [J]. Journal of Financial Economics, 2001, 61 (3): 345 – 381.

[29] CUI Y, GEOBEY S, WEBER O, et al. The Impact of Green Lending on Credit Risk in China [J]. Sustainability, 2018, 10 (6): 2008.

[30] DIMSON E. Risk measurement when shares are subject to infrequent trading [J]. Journal of Financial Economics, 1979, 7 (2): 197 – 226.

[31] DING M, HE Z, JIA Y, et al. State ownership, implicit government guarantees, and crash risk: Evidence from China [J]. Pacific-Basin Finance Journal, 2021, 65: 101470 – 101497.

[32] DYE R A. Disclosure of Nonproprietary Information [J]. Journal of Accounting Research, 1985, 23 (1): 123 – 145.

[33] FAZZARI S M, HUBBARD R G, PETERSEN B C. Financing Constraints and Corporate Investment [J]. Brookings Papers on Economic Activity, 1988 (1): 141 – 206.

[34] FLAMMER C. Corporate Social Responsibility and Shareholder Reaction: The Environmental Awareness of Investors [J]. The Academy of Management Journal, 2013, 56 (3): 758 – 781.

[35] HE L, ZHANG L, ZHONG Z, et al. Green credit, renewable energy investment and green economy development: Empirical analysis based on 150 listed companies of China [J]. Journal of Cleaner Production, 2019, 208: 363 – 372.

[36] HOLMSTRÖM B, TIROLE J. Market Liquidity and Performance Monitoring [J]. Journal of Political Economy, 1993, 101 (4): 678-709.

[37] HONG M, LI Z, DRAKEFORD B. Do the Green Credit Guidelines Affect Corporate Green Technology Innovation? Empirical Research from China [J]. International Journal of Environmental Research and Public Health, 2021, 18 (4): 1682.

[38] HU G, WANG X, WANG Y. Can the green credit policy stimulate green innovation in heavily polluting enterprises? Evidence from a quasi-natural experiment in China [J]. Energy Economics, 2021, 98: 105134.

[39] HUTTON A P, MARCUS A J, TEHRANIANH. Opaque financial reports, R^2, and crash risk [J]. Journal of Financial Economics, 2009, 94 (1): 67-86.

[40] JIN L, MYERS S C. R^2 around the world: New theory and new tests [J]. Journal of Financial Economics, 2006, 79 (2): 257-292.

[41] JUNG W, KWON Y K. Disclosure When the Market is Unsure of Information Endowment of Managers [J]. Journal of Accounting Research, 1988, 26 (1): 146-153.

[42] KIM J, LI Y, ZHANG L. Corporate tax avoidance and stock price crash risk: Firm-level analysis [J]. Journal of Financial Economics, 2011, 100 (3): 639-662.

[43] LAMONT O, POLK C, SAÁ-REQUEJO J. Financial Constraints and Stock Returns [J]. The Review of Financial Studies, 2001, 14 (2): 529-554.

[44] LIU X, WANG E, CAI D. Green credit policy, property rights and debt financing: Quasi-natural experimental evidence from China [J]. Finance Research Letters, 2019, 29: 129-135.

[45] PIOTROSKI J D, WONG TJ, ZHANG T. Political Incentives to Suppress Negative Information: Evidence from Chinese Listed Firms [J]. Journal of Accounting Research, 2015, 53 (2): 405-459.

[46] QI M. Green Credit, Financial Ecological Environment, and Investment

Efficiency [J]. Complexity, 2021 (5): 1 – 14.

[47] SONG M, XIE Q, SHEN Z. Impact of green credit on high-efficiency utilization of energy in China considering environmental constraints [J]. Energy Policy, 2021, 153: 112267.

[48] WANG M. Research on the Impact of Green Credit on Small and Medium Commercial Banks [J]. Financial Engineering and Risk Management, 2020, 3 (1): 137 – 146.

[49] WANG Y, LEI X, ZHAO D, et al. The Dual Impacts of Green Credit on Economy and Environment: Evidence from China [J]. Sustainability, 2021, 13 (8): 4574.

[50] WEN H, LEE C, ZHOU F. Green credit policy, credit allocation efficiency and upgrade of energy-intensive enterprises [J]. Energy Economics, 2021, 94: 105099 – 105112.

[51] WHITED T M, WU G. Financial Constraints Risk [J]. The Review of Financial Studies, 2006, 19 (2): 531 – 559.

[52] ZHANG D. Green credit regulation, induced R&D and green productivity: Revisiting the Porter Hypothesis [J]. International Review of Financial Analysis, 2021, 75: 101723.

[53] ZHANG X, TAN J, CHAN K C. Environmental law enforcement as external monitoring: Evidence from the impact of an environmental inspection program on firm-level stock price crash risk [J]. International Review of Economics & Finance, 2021, 71: 21 – 31.

[54] ZHANG Y, XING C, TRIPE D. Redistribution of China's Green Credit Policy among Environment-Friendly Manufacturing Firms of Various Sizes: Do Banks Value Small and Medium-Sized Enterprises? [J]. International Journal of Environmental Research and Public Health, 2020, 18 (1): 33 – 60.

[55] ZHOU G, LIU C, LUO S. Resource Allocation Effect of Green Credit Policy: Based on DID Model [J]. Mathematics, 2021, 9 (2): 159 – 176.

境外战略投资者对企业社会责任表现的影响

沈 蜜　　丁明发　　何重达

摘要：利用大量手工收集的中国上市公司股权数据，本文检验了境外战略投资者（FSI）持股与企业社会责任（CSR）之间的联系。我们发现，境外战略投资者持股与企业社会责任表现呈显著正相关关系。股份流通限制是境外战略投资者增加企业社会责任参与的主要动机。外资持股对企业社会责任表现的影响由持有限售股的境外战略投资者驱动，而不是由持有流通股的合格境外机构投资者（QFII）驱动。研究发现，限制时间更长的境外战略投资者在政治关系更强的公司对企业社会责任表现的影响更为显著。我们还发现，境外战略投资者的母国特征，包括法律制度、文化背景、地理距离、贸易关系和经济政策不确定性，是解释其在中国提高企业社会责任动机的重要因素。从公司治理的角度来看，当公司的股东权力较强、高管权力较弱时，境外战略投资者对企业社会责任表现的影响更为显著。双重差分检验和基于工具变量的检验提供了进一步证据。总体而言，我们的研究结果表明，持股流通受限、政治关系和境外战略投资者的母国特征激励境外战略投资者更加关注企业的长期声誉，从而提高企业社会责任的参与度。

一、引言

过去十余年，企业社会责任（CSR）受到了市场参与者和金融学术研究者的高度关注。先前的许多研究都考察了机构投资者与企业社会责任之间的联系，但这些实证研究提供了关于这种联系的混合和非结论性证据。例如，

Dyck 等（2019）发现，机构投资者持股与企业的环境和社会绩效呈正相关[①]；其他研究给出了相反的结果，因为机构投资者并不认为企业社会责任是严格意义上的价值提升活动（Gillan 等，2021；Harjoto，2017）。

境外投资者作为一类重要的机构投资者，在进入中国股票市场时面临严格的监管和准入限制。直到 2002 年，A 股才向合格境外机构投资者（以下简称 QFII）开放交易。先前的文献分析了境外机构投资者在企业社会责任中的作用，并证明境外投资者持股与企业社会责任投资呈正相关关系（McGuinness 等，2017；Guo 和 Zheng，2021；Li 等，2021）。例如，Guo 和 Zheng（2021）发现，外资股总数越多的公司获得的企业社会责任评级越高。此外，Li 等（2021）认为，更多的可交易外资股，即 QFII 持有的股票，将改善公司的企业社会责任实践。这些研究主要集中在可在二级市场交易的境外机构持股上。

在本研究中，我们关注了一个特殊的仅持有限售股的境外机构投资者群体，即境外战略投资者（以下简称 FSI），并提供了大样本证据来探究 FSI 与中国企业社会责任表现之间的关系。将外资持股分为限售和流通两类时，我们发现外资持股对企业社会责任投资的正向影响仅存在于限售股中。我们认为，文献中记录的境外机构投资者对企业社会责任表现的影响可能是由 FSI 驱动的，因为他们有更长的投资期限和更强的激励来投资企业社会责任表现。

随着全球金融自由化趋势大幅降低了国际投资壁垒，境外投资者特别是境外机构投资者在中国市场发挥着越来越重要的作用。大多数关于中国市场的文献都使用 QFII 持股来研究境外投资者的影响。然而，出于以下几个原因，我们的研究侧重于用 FSI 来检验境外机构投资者对企业社会责任表现的影响。第一，中国监管机构要求 FSI 获得的初始股份应至少占目标公司发行股份的 10%，而 QFII 的平均持股比例仅为 1%（Huang 和 Zhu，2015）。因此，FSI

[①] 其他研究进一步支持了这种正向关系。例如，Harjoto 和 Jo（2011）发现，机构持股增加了企业社会责任参与度，企业社会责任实践越多，机构持股占比越高，其财务业绩往往越好。Chava（2014）发现，机构持股与企业环境关注呈负相关。Dhaliwal 等（2011）发现，专门机构持有发起企业社会责任披露并有更好企业社会责任表现的公司的股份。

可能比 QFII 对企业社会责任投资等企业决策产生更广泛、更具影响力的影响。

第二，FSI 持有被锁定至少三年的限售股。因此，FSI 可能有更长的投资期限和更大的动机来强烈干预其目标公司的管理。Fu 等（2019）表明，企业社会责任表现是由具有长期投资期限的机构投资者驱动的，因为长期投资者从企业社会责任支出提供的声誉保险中受益更多。Nguyen 等（2020）也认为，只要公司受到长期投资者的适当监督，企业社会责任表现就会创造股东价值。因此，我们预期持有限售股的机构投资者更有可能从事企业社会责任等长期受益投资。

第三，中国政策制定者和监管机构不仅邀请 FSI 带来资本和改善公司治理，还鼓励其贡献自己的运营知识和技能（Cheng 等，2016）。此外，在中国这样的政治干预盛行的新兴经济体，政治关系和国有所有权更强的企业会参与更多的企业社会责任实践，如企业慈善事业（Li 等，2015）。如果企业社会责任实践能够在长期投资者的适当监督下创造股东价值（Nguyen 等，2020），拥有更多 FSI 持股的公司可能会受到更多的政治影响，以增加企业社会责任实践。

第四，Griffin 等（2020）对国家文化在解释企业级社会责任实践的跨国差异中的作用提供了新的见解。根据他们的分析，来自个人主义文化背景更强的国家的境外投资者可能更关心企业的社会责任实践，这激励了我们研究来自不同文化背景的 FSI 在中国企业社会责任表现中的作用。

总体而言，FSI 是股权受到限制的境外投资者，持有目标公司的大量股份。此类投资者来自拥有不同法律和文化背景的国家，并且受到中国政策制定者的监管和影响，这些都为更多地关注企业的长期利润和声誉提供了强有力的激励，并对企业社会责任表现产生了积极影响。在分析 FSI 特征的基础上，我们假设更多的 FSI 持股与更好的企业社会责任表现相关。

中国的环境也非常适合进行我们的研究，原因如下。第一，作为世界第二大经济体，中国提供了丰富的数据详述境外机构投资者，包括其持股情况、持股限售情况、母国背景等。第二，中国的政策要求 FSI 的最低持股比例为

10%，锁定期至少为三年，这使境外投资者拥有长期的投资期限、巨大的影响力和增加企业社会责任等长期有益投资的强大激励。第三，中国的改革和战略以及我们样本期内的政策变化为我们解决外资战略持股中潜在的内生问题提供了一个理想的研究环境。具体而言，中国2011年的税制改革减少了境外投资者的税收优惠，对外资战略持股产生了外生冲击，这为双重差分（DID）检验提供了一个自然实验。此外，中国政府在过去几十年中为吸引投资者而设立的经济开发区（EDZ）为工具变量提供了理想的数据，有助于进一步解决内生问题。

使用2009—2018年901家中国上市公司的大样本（5472个公司—年度观测值），我们检验了FSI与企业社会责任表现（CSR得分）之间的关系。我们的关键解释变量，外资战略持股，是境外机构投资者的限售股权，最低持股比例为10%，锁定期至少为三年。我们的基准结果表明，外资战略持股与更优的企业社会责任表现显著相关。在引入公司固定效应并使用FSI虚拟变量而不是持股百分比来代表境外战略投资后，这些结果仍然稳健。

为了解决使得FSI对CSR的因果效应很难解释的明显的内生性和反向因果问题，我们采用了两个附加检验。第一，由于先前的研究表明中国的经济开发区经历了大量的境外投资注入（Firoz和Murray，2003；Wei和Leung，2005），我们考虑一个工具变量，代表可能影响经济开发区建立但与企业社会责任投资无关的因素。具体来说，我们对省级经济开发区比例和一组区域环境或经济发展变量进行回归，并使用回归的残差（EDZ residual）作为我们的工具。我们进行了两阶段最小二乘（2SLS）回归，发现外资战略持股的预测值与企业社会责任表现呈正相关，在很大程度上缓解了内生性问题。第二，我们运用DID检验，以2011年中国税制改革为外生冲击。税制改革旨在降低境外投资者的税收优势，并将境外公司和国内公司置于同一税收框架下，从而导致2011年后外资战略持股大幅减少。与基准结果一致，我们发现，与没有外资战略持股的对照组公司相比，由于外生改革而导致外资战略持股减少的处理组公司在2011年后的CSR得分显著降低。

为了更好地理解促使FSI增加企业在中国的企业社会责任实践的原因，

我们进行了一组附加检验。第一，文献表明，企业社会责任实践是由具有长期投资期限的机构投资者驱动的（Fu 等，2019；Kim 等，2019），在长期投资者的参与下，企业社会责任可以增加企业价值，降低现金流风险（Nguyen 等，2020）。受这些研究的启发，我们检验了 FSI 的限制期限对其企业社会责任表现的影响。我们的实证结果表明，FSI 对企业社会责任表现的积极影响随着其限制期限的延长而增强，从而揭示了 FSI 在促进企业社会责任投资中的限售股渠道。

第二，受到更强政治干预或有更多政治关系的投资者可能会增加企业社会责任表现，如企业慈善事业（Li 等，2015），这些国有股东可以从企业中寻租，以实现社会或政治目标（Shleifer 和 Vishny，1994）。如果境外投资者受到政策制定者的隐含要求或明确规定，他们很可能会增加企业社会责任表现，以迎合政策制定者，换取未来更好的投资机会。我们的实证结果表明，当目标企业是国有企业（SOE）并具有更强的高管和董事会政治关系时，FSI 对企业社会责任表现的影响更为明显，这意味着 FSI 受到政治干预，并受到提高企业社会责任政治动机的驱动。

第三，我们还关注了 FSI 的文化背景和母国特征，以供进一步解释说明。具体而言，我们从 FSI 母国的五个维度提供了经验证据：①法律环境；②文化背景；③与中国的地理和经济距离；④经济不确定性；⑤对华贸易关系。我们的研究结果提供了确凿的证据，表明当 FSI 来自发达市场、法律环境好、男性气质或坚韧文化浓厚、与中国地理距离较短的国家时，FSI 对企业社会责任表现的影响更为明显，这与之前关于国家文化和企业社会责任价值的研究一致（Griffin 等，2020）。我们的研究结果还表明，当 FSI 的母国具有更高的经济政策不确定性（EPU）和更强的对华贸易关系时，FSI 对企业社会责任表现的影响更大。这些结果有助于我们更好地理解 FSI 提升中国企业社会责任表现的动机。

第四，我们研究了更好的股东监督是否可以加强 FSI 对企业社会责任表现的影响。我们使用两个分组变量——CEO 二职合一和高管持股——来代表 CEO 的权力，使用三个变量来代表股东的权力——持股排名前十的股东的赫芬达尔指数、董事会成员关系和分析师覆盖。实证结果提供了一致的证据，表明当股东在管理层监督方面有更大的权力时，FSI 对提高 *CSR* 得分产生了更强的影响。这种异质性的影响进一步说明了 FSI 提高 *CSR* 得分的监督渠道。总体而言，我们的研究提供了丰富的证据来展示 FSI 对企业社会责任表现的影响，并解释这种影响的原因和渠道。

我们的研究在许多方面对文献做出了贡献。第一，我们的研究拓展了一个长期存在的研究主题，该主题调查了机构投资者与企业社会责任表现之间的关系。如前文所述，先前的研究对机构投资者在企业社会责任表现中的作用没有定论，很少探讨机构投资者在产生社会影响（如企业社会责任）的企业决策中的动机。我们的研究通过关注中国市场的 FSI 并记录 FSI 与企业社会责任表现之间的正向联系来填补这一空白。锁定期和限售股使 FSI 成为可供研究的自然的长期投资者。我们的研究结果还补充了记录外资持股与企业社会责任实践之间的正相关关系的现有文献（Guo 和 Zheng，2021；Li 等，2021）。具体而言，外资持股对企业社会责任表现的影响是由持有限售股的 FSI 驱动的，而不是由持有流通股的 QFII 驱动的。

第二，我们的研究增补了对于境外投资者的母国特征如何影响其在目标国家的投资决策的文献（Porta 等，1998；Hofstede，2001；Bena 等，2016；Griffin 等，2020）。我们扩展了这些研究，表明 FSI 的母国特征，如法律环境、文化背景、地理和经济距离、经济不确定性和贸易关系，在形成其参与产生长期社会影响的目标国家投资的动机方面发挥着重要作用。

第三，我们还为关于 FSI 的文献做出了贡献。自 2006 年中国政策制定者和监管机构放松限制并邀请 FSI 以来，FSI 在中国市场上发挥着越来越重要的作用，其积极影响引起了学者们的关注。例如，Anderson、Chi 和 Liao（2019）研究表明，FSI 通过减少借助公司间贷款的掏空行为来提供监督保护。然而，目前对 FSI 的研究主要集中在其在银行业中的作用（Sun 等，2013；Cheng 等，2016；Chen 等，2020）。我们的研究首次探讨了 FSI 在企业决策中的作用，这些决策会带来社会效益，如企业社会责任。我们的研究还为决策者提供了建设性的启示，本文的研究结果表明，限售股可能是

FSI 投资企业社会责任的重要原因,而缩短投资期限可能导致利益错位。

本文的其余部分展示如下。第二部分介绍了中国企业社会责任披露要求和 FSI 的制度背景;第三部分讨论了数据、样本和变量构建;第四部分展示了主要研究结果;第五部分进行了横截面检验,探讨了 FSI 提升企业社会责任表现的动机;第六部分对本研究进行了总结。

二、中国企业社会责任披露要求和 FSI 的制度背景

(一) 中国企业社会责任披露要求

中国于 2006 年开始实施企业社会责任监管举措,《中华人民共和国公司法》要求,公司遵守社会公德、商业道德;国家鼓励公司参与社会公益活动,公布社会责任报告。2008 年 12 月,中国上海和深圳两个证券交易所发布了《关于做好上市公司 2008 年年度报告工作的通知》[①],进一步要求一部分上市公司在 2009 年编制强制性企业社会责任年度报告(Marquis 和 Qian,2014)。上海证券交易所要求强制披露企业社会责任的上市公司包括三类:上海证券交易所"公司治理指数"[②] 公司、在境外有发行外资股的公司和金融类公司。深圳证券交易所对深证 100 指数中的公司也提出了同样的要求(Yu 和 Zheng,2020)。[③] 在这一举措之后,披露企业社会责任报告的公司数量显著增加,这反过来又促使投资者对公司的社会和环境活动产生了极大的兴趣。

(二) 中国的 FSI

多年来,在境外投资者进入股市的严格规定和限制下,境外投资者主要通过两种渠道投资中国 A 股人民币计价股票。第一种渠道,自 2002 年以来,

---

① 见上交所和深交所于 2008 年发布的《关于做好上市公司 2008 年年度报告工作的通知》。
② 截至 2008 年,上交所公司治理指数汇集了 230 家具有最佳治理实践的上市公司。
③ 深证 100 指数选取深交所市场市值大、流动性好的 100 家公司为样本。

A 股交易一直对 QFII 开放。在 QFII 交易制度下，选定的境外机构投资者可以购买可交易的 A 股，但要受到严格的控制和监管。有文献记录中国上市公司 QFII 持股水平较低，平均 QFII 持股仅为 1%（Huang 和 Zhu，2015）。第二种渠道，境外机构投资者可以购买不可交易的 A 股作为中国上市公司的 FSI。自 2006 年 1 月以来，中国的政策制定者和监管机构开始采取监管措施，为外国战略投资设定了相对较高的门槛，包括投资者资质、最小投资规模、锁定期和其他事项。

外国战略投资者在中国的战略投资受《外国投资者对上市公司战略投资管理办法》的约束，该办法最初于 2005 年 12 月 31 日颁布，于 2006 年 1 月 31 日生效，后于 2015 年 10 月 28 日修订。该办法允许 QFII 以外的外国投资者取得中国上市公司的 A 股，适用于希望在 A 股进行一定规模的中长期战略投资的外国投资者。外国战略投资需要获得中国商务部的批准。外国战略投资受制于几个高标准条件：A 股必须通过协议转让、上市公司定向发行新股或其他合法方式取得；投资可分期进行，首次投资完成后取得的股份比例不低于该公司已发行股份的 10%；取得的上市公司 A 股股份三年内不得转让；投资者在某些行业的持股必须符合外资持股的限制，不允许在不对外商投资开放的行业进行战略投资；等等。

三、数据、样本及变量构建

（一）数据来源及样本选择

我们从 CSMAR 数据库中获取公司特征和股东数据。CSMAR 数据库提供公司前十大股东的信息，使用 CSMAR 数据库提供的股东名称，我们搜索并手工收集这些投资者的国籍。在构建的样本中，投资者来自 31 个不同的国家或地区，其中战略投资者主要集中于美国、中国香港和新加坡等地。[①] 此外，CSMAR 数据库记录了投资者持有的股票类型，即流通股或限售股，以及每种类型的持股

---

① 在附录中的表 A2 中，我们展示了样本中 FSI 母国的分布，以及按国家划分的加权平均 *CSR* 得分。

比例。如前一节所述，在中国的外国投资者可以选择通过外国战略投资和合格境外机构投资来投资 A 股。QFII 的交易在二级市场中不受限，这意味着他们投资的上市公司股票是可交易的。① 相反，FSI 必须持有其初始投资（至少占公司股份的 10%）至少三年。② 因此，FSI 的持股在锁定期内被视为受到限制。

根据文献（Li 等，2015；McGuinness 等，2017；Chen 等，2019），我们从中国主要的独立企业社会责任评级机构润灵环球责任评级（RKS）中提取企业社会责任数据。RKS 自 2009 年起为披露其企业社会责任报告的所有上市公司提供年度企业社会责任评级。RKS 提供的 CSR 得分范围为 0 到 100，得分越高，企业社会责任表现越好。我们从 CSMAR 数据库获得了所有 A 股上市公司数据，并排除了 RKS 中 CSR 得分缺失的公司，获得了包含 901 家公司的样本，从 2009—2018 年，共有 5472 个公司—年度观测值。

（二）变量构建

本文旨在研究外资战略持股与企业社会责任表现之间的联系。我们使用年度企业社会责任得分的对数（lnCSR）作为因变量③，将企业的外资战略持股（FSO）定义为非流通外资持股的数量除以该企业已发行的总股数。若企业没有限售外资股，则变量 FSO 为零。出于稳健性目的，我们还创建了一个虚拟变量 FSO_Dummy，如果一家公司有外国战略投资，该变量等于 1，否则为 0。

参考 McGuinness 等（2017）和 Chen 等（2019），控制变量包括企业股东

---

① 中国允许外国机构投资者通过 2002 年 12 月 1 日设立的 QFII 制度投资 A 股股票。2003 年 7 月 9 日，获得批准的 QFII 首次交易 A 股股票。QFII 制度由中国证监会和中国人民银行监管。QFII 是指经中国证监会批准投资中国证券市场的境外基金管理公司、保险公司、证券公司和其他资产管理机构，它们被国家外汇管理局授予投资配额。这一制度允许海外机构投资者在中国 A 股市场购买国内上市股票。根据 QFII 制度的相关法律和行政法规，所有 QFII（单个 QFII）在 A 股市场上市公司的持股比例上限为 20%（10%），但不限制其二级市场交易。

② 自 2006 年以来，允许外国投资者通过与上市公司建立战略合作伙伴关系进入中国资本市场，这类投资者被正式定义为 FSI（该定义指 2005 年 12 月 31 日商务部等五个相关部门发布的《外国投资者对上市公司战略投资管理办法》）。鼓励 FSI 提供先进的管理技能、公司治理和财务运营技术，以改善上市公司的财务业绩和治理。我们使用不可交易的外国法人持股作为外资战略持股的主要衡量标准。外国法人投资者的投资期限可能比持有可交易股份的 QFII 更长，面临更大的流动性风险。

③ 由于在样本中，所有公司—年度的 CSR 得分都为正，最低 CSR 得分为 13.33，我们将企业社会责任的对数而不是（1 + CSR）作为因变量。

结构、基本面和公司治理相关的影响企业社会责任表现的变量，包括 ln*Size*（市值的对数）、*QFII*（合格境外投资者持有的流通股数量与已发行股份总数的比值）、ln*BM*（总资产账面价值与市值之比的对数）、*Leverage*（债务总额与资产总额之比）、*ROA*（资产回报率）、*R&D*（研发支出与总资产之比）、*SOE*（是否国有企业）、*Herfindahl Index*（前十大股东持股比例的平方和）、*Cash to Assets*（现金总额与资产总额之比）、*CEO Duality*（CEO 是否担任董事会主席），*Board Independence*（董事会中独立董事的比例）和 *Executive Ownership*（高管持有的股份数量与已发行股份总数之比）。所有变量的详细定义见附录中的表 A1。

（三）描述性统计

表 1 报告了样本中变量的描述性统计信息，样本期为 2009—2018 年。Panel A 报告描述性统计数据。Panel B 比较了两组公司的公司特征变量的平均值：具有外资战略持股的公司（*FSO* > 0）和具有零外资战略持股（*FSO* = 0）的公司。最后一列显示了双尾 *t* 检验的 *t* 值，原假设为具有外资战略持股的公司（*FSO* > 0）和具有零外资战略持股（*FSO* = 0）的公司的平均值之间的差异为零。1%、5% 和 10% 水平的显著性分别用 ***、** 和 * 表示。

表 1　　　　　　　　　　　描述性统计

Panel A								
Variable	N	Mean	Std. Dev.	P5	P25	P50	P75	P95
CSR Score	5472	38.536	12.190	23.060	30.083	35.900	44.316	63.316
FSO	5472	0.012	0.069	0.000	0.000	0.000	0.000	0.020
FSO dummy	5472	0.052	0.223	0.000	0.000	0.000	0.000	1.000
QFII	5472	0.004	0.032	0.000	0.000	0.000	0.000	0.014
Size (millions)	5472	23.428	77.906	2.063	5.090	9.749	21.499	69.666
ln*BM*	5472	0.581	0.272	0.177	0.366	0.562	0.781	1.043
Leverage	5472	0.464	0.206	0.116	0.313	0.474	0.621	0.786
ROA	5472	0.046	0.053	−0.016	0.015	0.038	0.070	0.143
R&D	5472	0.001	0.006	0.000	0.000	0.000	0.000	0.010

续表

Panel A

Variable	N	Mean	Std. Dev.	P5	P25	P50	P75	P95
Herfindahl Index	5472	0.172	0.132	0.021	0.063	0.143	0.253	0.430
Cash to Asset	5472	0.058	0.133	-0.079	0.013	0.055	0.103	0.211
CEO Duality	5472	0.167	0.373	0.000	0.000	0.000	0.000	1.000
Board Independence	5472	0.374	0.059	0.333	0.333	0.364	0.400	0.500
Executive Ownership	5472	0.029	0.092	0.000	0.000	0.000	0.002	0.211
State Ownership	5472	0.075	0.167	0.000	0.000	0.000	0.024	0.511
SOE	5472	0.618	0.486	0.000	0.000	1.000	1.000	1.000

Panel B

	With Foreign Strategic Ownership (FSO >0) n = 287		Without Foreign Strategic Ownership (FSO =0) n = 5185		Difference With - Without	T - Statistics
Variable	Mean	Std. Dev.	Mean	Std. Dev.		
lnCSR	3.660	0.328	3.602	0.299	0.057***	3.147
FSO	0.235	0.199	0.000	0.000	—	—
QFII	0.003	0.009	0.004	0.033	-0.001	-0.639
lnSize	3.129	0.059	3.132	0.062	-0.003	-0.891
lnBM	0.539	0.253	0.584	0.273	-0.045***	-2.713
Leverage	0.436	0.200	0.465	0.206	-0.029**	-2.310
ROA	0.062	0.048	0.045	0.053	0.017***	5.369
R&D	0.001	0.002	0.002	0.006	-0.000**	-2.271
Herfindahl Index	0.149	0.130	0.173	0.131	-0.024***	-3.001
Cash to Asset	0.083	0.105	0.056	0.134	0.027***	3.291
CEO Duality	0.213	0.410	0.165	0.371	0.048**	2.124
Board Independence	0.370	0.061	0.374	0.059	-0.004	-1.199

续　表

Panel B

	With Foreign Strategic Ownership (FSO>0)		Without Foreign Strategic Ownership (FSO=0)		Difference	T-Statistics
	n=287		n=5185		With-Without	
Variable	Mean	Std. Dev.	Mean	Std. Dev.		
Executive Ownership	0.037	0.108	0.029	0.091	0.008	1.452
State Ownership	0.755	0.009	0.748	0.002	0.001	0.063
SOE	0.376	0.485	0.632	0.482	-0.255***	-8.725

表 1 的 Panel A 展示了本研究使用的变量的描述性统计。我们首先报告了样本公司中外资持有限售股的分布情况，平均而言，外资战略持股（FSO）占样本公司已发行股份总数的 1.2%。FSO 的标准差为 6.9%，这表明中国企业在这种持股上存在相当大的差异。虚拟变量 FSO_Dummy 的平均值为 0.052，表明样本中 5.2% 的公司存在限售外资战略持股。初始 CSR Score 的平均值为 38.536①，与文献中报告的 CSR 得分一致（Chen 等，2019）。除了使用外资战略持股（FSO）作为我们的主要解释变量，我们还将企业的可交易外资持股 QFII 作为控制变量。与限售的外资战略持股不同，QFII 的平均值要小得多，为 0.4%。这种差异表明，对于外国投资者来说，拥有不同类型的股票（流通股与限售股）代表着在一家公司拥有不同的股份，这进一步表明了我们研究限售外资战略持股对公司决策影响的重要性。样本公司的平均资产回报率（ROA）为 4.6%，杠杆率（Leverage）为 46.4%。就股权结构而言，样本公司的平均赫芬达尔指数（Herfindahl Index）为 0.172，公司高管持有的股份总数平均占已发行股份总数的 2.9%。最后，在我们的样本中，61.8% 的企业是国有企业。

表 1 的 Panel B 比较了拥有外资战略持股和没有外资战略持股的公司的特征。在样本中，287 个公司—年度观测值具有 FSI 持有的限售股，而 5185 个

---

① 在我们的样本中，CSR 得分在 13.33~89.00，此信息未在表 1 中进行汇报。

观测值不涉及外资战略持股。结果表明，平均而言，拥有外资战略持股的 CSR 得分（$\ln CSR = 3.660$）显著高于没有外资战略持股的企业（$\ln CSR = 3.602$）。由于中国政府实施的政策，FSI 往往会持有公司的大量股份。我们发现一致的证据表明，外资战略持股平均占企业已发行总股份的 23.5%。此外，可流通外资持股（QFII）平均占比在拥有外资战略持股（0.3%）和没有外资战略持股（0.4%）的企业间在统计上没有差异。这两组公司的规模在统计上也没有差异。最后，我们发现，与没有外资战略持股的公司相比，拥有外资战略持股的公司具有更低的账面市值比，更低的杠杆率，更高的资产回报率，更少的研发支出，更高的现金与资产比值，更低的赫芬达尔指数，其 CEO 更有可能担任董事会主席。

四、主要研究结果

（一）基准模型

我们通过估计基准回归模型（1）来检验外资战略持股与 CSR 得分之间的关系：

$$\ln CSR_{i,t} = \alpha + \beta FSO_{i,t-1}(FSO\_Dummy_{i,t-1}) + \sum_{n=1}^{N}\gamma_n X_{n,i,t-1} + \delta_t + \tau_i + \varepsilon_{i,t} \tag{1}$$

其中，$\ln CSR_{i,t}$ 是公司 i 在 t 年度的 CSR 得分的对数。关键解释变量 $FSO_{i,t-1}(FSO\_Dummy_{i,t-1})$ 衡量了外资战略持股。$X_{n,i,t-1}$ 代表一组控制变量。我们使用两个变量来衡量外资战略持股：$FSO\_Dummy_{i,t-1}$，如果企业 i 在 $t-1$ 年拥有外资战略持股，则该变量等于 1，否则为 0；$FSO_{i,t-1}$，是企业 i 在 $t-1$ 年的外资战略持股占比。我们还在模型中控制了行业、公司和年份固定效应，以分别控制不随时间变化的行业或企业特征以及商业周期的影响。

表 2 报告了使用 2009—2018 年样本中的所有公司—年度观察结果用外资战略持股（FSO）对 CSR 得分进行回归的估计。回归模型为：

$$\ln CSR_{i,t} = \alpha + \beta FSO_{i,t-1}(FSO\_Dummy_{i,t-1}) + \sum_{n=1}^{N}\gamma_n X_{n,i,t-1} + \delta_t + \tau_i + \varepsilon_{i,t}$$

其中，$\ln CSR_{i,t}$ 是企业 i 在 t 年的 CSR 得分的对数。$FSO_{i,t-1}$ 是企业 i 在 $t-1$ 年的外资战略持股。$FSO\_Dummy_{i,t-1}$ 是一个虚拟变量，如果 $t-1$ 年的公司 i 拥有外资战略持股，则该变量等于1，否则为0。$X_{n,i,t-1}$ 表示企业 i 在 t 年的控制变量，控制变量的定义见附录表A1。δ_t 和 τ_i 分别是年度固定效应和公司固定效应。所有标准误差均在公司层面聚类。括号中报告了 t 值。1%、5%和10%水平的显著性分别用***、**和*表示。

表2　　　　　　　　　　　基准回归结果

	(1) lnCSR	(2) lnCSR	(3) lnCSR	(4) lnCSR
FSO			0.158*** (5.685)	0.032*** (3.813)
FSO Dummy	0.081*** (6.055)	0.027** (2.528)		
lnSize	2.193*** (20.744)	1.057*** (6.420)	2.214*** (16.938)	1.067*** (7.559)
Tradable Foreign Ownership	0.248*** (3.433)	0.041 (0.472)	0.225** (3.078)	0.032 (0.541)
lnBM	−0.022* (−1.989)	−0.005 (−0.781)	−0.019 (−1.499)	−0.005 (−1.245)
Leverage	−0.105*** (−4.706)	−0.035 (−1.589)	−0.103*** (−4.046)	−0.036** (−3.054)
ROA	0.059 (0.611)	0.002 (0.042)	0.020 (0.200)	−0.009 (−0.399)
R&D	1.036 (1.826)	−0.042 (−0.052)	0.894 (1.412)	−0.042 (−0.087)
SOE	0.029*** (5.502)	0.015 (0.663)	0.03*** (6.728)	0.015 (1.233)
Herfindahl Index	0.073** (2.280)	0.047 (0.836)	0.069** (2.344)	0.049 (0.949)
Cash to Asset	−6.849** (−2.483)	−6.830*** (−4.734)	0.098*** (7.531)	0.035*** (7.953)

续 表

	(1) lnCSR	(2) lnCSR	(3) lnCSR	(4) lnCSR
CEO Duality	-0.003 (-0.316)	-0.012 (-1.050)	-0.005 (-0.568)	-0.012 (-1.078)
Board Independence	-0.080** (-2.790)	-0.017 (-0.420)	-0.048 (-1.424)	-0.020 (-0.51)
Executive Ownership	0.117* (2.132)	0.086 (1.347)	0.123* (2.257)	0.085 (1.767)
Year FE	Yes	Yes	Yes	Yes
Industry FE	Yes	No	Yes	No
Firm FE	No	Yes	No	Yes
Observations	5472	5472	5472	5472
R^2	0.341	0.416	0.326	0.415

表2报告了基准回归结果。在列(1)、列(2)中,我们使用 $FSO\_Dummy_{i,t-1}$ 对CSR得分进行回归。在列(1)中,我们引入了所有控制变量和年份、行业固定效应,发现 $FSO\_Dummy_{i,t-1}$ 的估计系数为正且在1%水平上显著,这表明拥有外资战略持股公司的CSR得分高于没有外资战略持股的公司。在列(2)中,我们使用相同的控制变量,但用公司固定效应代替行业固定效应,以进一步排除不随时间变化的企业特征的影响,发现 $FSO\_Dummy_{i,t-1}$ 的估计系数为0.027,仍然为正且显著。平均来看,这些结果表明拥有外资战略持股公司的CSR得分比没有外资战略持股的公司高出了2.7% ($e^{0.027} - 1$)。我们样本中的平均CSR得分为38.536,高出2.7%的CSR得分可以转化为1.040 (38.536×2.7%)的CSR得分差异。

在表2的列(3)和列(4)中,我们重点关注外资战略持股占比。同样,我们分别控制行业固定效应列(3)和公司固定效应列(4)。在这两列中,我们发现 $FSO_{i,t-1}$ 的估计系数为正且显著。① 具体而言,FSO 的估计系数为

---

① 在一个未正式统计检验中,我们使用了具有非零外资战略持股的公司的子样本,并发现了类似的结果,即更多的外资战略持股与更高的CSR得分相关。

0.032，表明外资战略持股占比平均增加1%对应CSR得分增加3.2%（$e^{0.032}-1$）或约1.233（38.536×3.2%）。

关于其他企业特征变量，我们发现在过去一年中规模较大的企业、国有企业[①]、杠杆率较低的企业和现金占资产比例较低的企业可能具有较高的CSR得分，这些结果与先前的文献基本一致（McGuinness 等，2017；Dyck 等，2019；Kim 等，2019；Chen 等，2020）。

（二）内生性检验

尽管我们已经表明外资战略持股与企业社会责任表现之间存在着强有力的正相关关系，我们的主要结果仍可能受到内生性问题的影响。其一，如果一个企业的外资战略持股和企业社会责任表现是由其他被忽略的随时间变化的企业特征共同决定的，即使控制了公司固定效应，回归结果也会受到被忽略的变量影响产生偏差。其二，可能存在从企业社会责任表现到企业外资战略持股的反向因果关系。例如，企业社会责任报告可以向市场披露更多信息，从而吸引更多的机构投资者和外国投资者（Yu 和 Zheng，2020）。

在本节中，我们首先使用工具变量法，然后使用双重差分法来缓解上述内生性问题。

1. 工具变量法

为了解决内生性问题，我们首先采用工具变量法，使用2SLS回归来研究工具变量法得到的外资战略持股变量如何影响CSR得分。具体来看，我们使用了一个与外资战略投资水平相关，但在很大程度上与企业社会责任表现无关的工具变量：中国经济开发区（EDZ）的建立。EDZ包括中国政府实施的区域政策和实验性战略，旨在通过网络化和划分区域来刺激经济增长。自20世纪80年代以来，中国政府已在全国设立了2500多个EDZ，每个EDZ都享

[①] 考虑到国有企业直接受法规和政治影响，而企业的国有持股或政治关系可以影响其企业慈善事业（Li 等，2015），人们可能会担心外资战略持股效应是国有持股效应的代表。为了解决这一问题，在一项未正式统计的检验中，我们进一步控制了一家公司的国有持股比例，并发现外资战略持股在1%水平上仍然显著。

有中央政府优惠政策（如所得税税率）和针对特定地区的政策，以吸引企业和投资，特别是对制造业的外国投资。先前的研究表明，中国的 EDZ 经历了大量境外投资的注入（Firoz 和 Murray，2003；Wei 和 Leung，2005），因此，EDZ 的建立符合工具变量的相关标准。

然而，EDZ 的建立也可能受到与环境因素和经济发展相关的区域特征的影响，这可能会影响该地区企业的社会责任表现。为了排除上述隐患并验证我们的工具变量可行，我们首先用一组区域环境和经济发展变量对省级 EDZ 比率进行回归，包括省级污水处理量、工业烟尘排放量、民营经济发展指数、法律环境指数、贸易开放度、固定资产投资、税收和人均国内生产总值（GDP）。上述回归的残差（EDZ residual）用作我们在 2SLS 回归中的工具变量，其中 EDZ residual 表示可能影响 EDZ 建立但与可能影响企业社会责任表现的区域特征无关的因素。因此，EDZ residual 可能满足工具变量标准。在境外投资者可能对 EDZ 中的公司进行更多投资的情况下，我们预计工具变量与公司的外资战略持股呈正相关。

表 3 使用 2009—2018 年样本中的所有公司—年度观察结果，给出了外资战略持股对 CSR 得分影响的 2SLS 回归结果。工具变量是各省每年的经济开发区残差（EDZ residual）。EDZ residual 是用一组区域环境和发展变量对 EDZ 占比进行回归的残差，回归如下：

$$EDZratio_{i,t} = \alpha + \sum_{n=1}^{N} \theta_n Z_{n,i,t-1} + \vartheta_t + \mu_i + \varepsilon_{i,t}$$

其中，$EDZratio_{i,t}$ 为各省经济开发区总面积与该省每年总面积之比，$Z_{n,i,t-1}$ 为 i 省在 t 年宏观环境与发展的控制变量，ϑ_t 和 μ_i 分别为年度固定效应和省份固定效应。

2SLS 回归如下：

$$1^{st}\ stage\ FSO_{i,t} = \alpha + \beta EDZresidual_{i,t-1} + \sum_{n=1}^{N} \gamma_n X_{n,i,t-1} + \delta_t + \tau_i + \varepsilon_{i,t}$$

$$2^{nd}\ stage\ lnCSR_{i,t} = \alpha + \beta Predicted\_FSO_{i,t-1} + \sum_{n=1}^{N} \gamma_n X_{n,i,t-1} + \delta_t + \tau_i + \varepsilon_{i,t}$$

其中，$FSO_{i,t}$ 为企业 i 在第 t 年的外资战略持股，$Predicted\_FSO$ 为第一阶段的预测拟合值，$lnCSR_{i,t}$ 是企业 i 在 t 年的 CSR 得分的对数。$X_{n,i,t-1}$ 表示企业 i

在 t 年的控制变量，δ_t 和 τ_i 分别为年度固定效应和公司固定效应。所有变量的定义见附录表 A1。所有标准误差均在公司层面聚类。括号中报告了 t 值。1%、5% 和 10% 水平的显著性分别用 ***、** 和 * 表示。

表3　　　　　　　　　　　工具变量方法结果

	(1) EDZ ratio	(2) 1st stage FSO	(3) 2nd stage lnCSR
predicted FSO			0.160***
			(6.829)
EDZ residual		0.347***	
		(2.878)	
lnSize		0.009	1.119***
		(0.231)	(6.121)
QFII		-0.039*	0.042
		(-1.852)	(0.740)
lnBM		0.002	-0.006
		(1.400)	(-0.919)
Leverage		-0.007*	-0.061***
		(-1.751)	(-4.443)
ROA		-0.010	-0.056
		(-0.778)	(-1.332)
R&D		-0.052	0.213
		(-0.451)	(0.334)
SOE		-0.011**	0.004
		(-2.112)	(0.376)
Cash to Assets		0.243	-5.099***
		(0.300)	(-7.112)
Herfindahl Index		0.041***	-0.037
		(4.279)	(-1.200)
CEO Duality		-0.001	-0.007
		(-0.720)	(-1.682)
Board Independence		-0.037***	-0.008
		(-3.032)	(-0.271)

续表

	(1) EDZ ratio	(2) 1st stage FSO	(3) 2nd stage lnCSR
Executive Ownership		-0.048*** (-3.900)	0.012 (0.359)
Trade Openness	0.008*** (3.082)		
GDP per capital	0.016*** (4.153)		
Fixed-Assets-Investment	-0.002 (-1.349)		
Tax Revenue	0.003 (1.141)		
Sewage Disposal	0.000 (0.600)		
Soot Emission	0.000 (0.260)		
Private Development	0.001*** (3.061)		
Legal Environment	0.001*** (3.338)		
Year FE	Yes	Yes	Yes
Firm FE	No	Yes	Yes
Provincial FE	Yes	No	No
Joint test of excluded instruments		F=4.491 Prob>F=0.000	
Observations	231	4126	4126
R^2	0.184	0.026	0.422

表3报告了在2SLS回归框架中使用工具变量法估计的结果。列（1）展示了为获得工具变量 EDZ residual 的回归结果。我们发现，EDZ 比率受省级民

营经济发展指数、法律环境指数、税收开放度和人均 GDP 的显著影响。该回归的残差是以省—年单位获得的，并用作 2SLS 回归的工具变量。列（2）给出了第一阶段回归的结果，即用 *EDZ residual* 和所有企业层面控制变量（包括年份和公司固定效应）对外资战略持股占比（*FSO*）进行了回归。我们发现 *EDZ residual* 与外资战略持股有着正向显著的关系。该工具变量也通过了相关性测试，因为排除工具变量的联合检验的 F 统计量为 4.49。

表 3 的列（3）展示了 2SLS 回归的第二阶段的结果。外资战略持股占比的预测值（*predicted FSO*）与企业的 *CSR* 得分保持正相关，这在很大程度上缓解了内生性问题。

2. 双重差分法

将 2011 年外商投资税制改革作为外资战略持股水平的自然冲击，通过使用双重差分法（DID），我们在分析中进一步解决了可能的内生性问题。税制改革旨在降低外商投资的税收优势，并将国外和国内公司置于同一税收框架下，从而在 2011 年后大幅减少了外资战略持股。

外商投资企业①此前享受 15% 的优惠税率，然而，自 2008 年以来，国务院启动了税制改革，以降低外商投资的税收优势，并将国外和国内企业置于同一税收框架下。2010 年，国务院实施了新的规定（国发〔2010〕35 号），统一内外资企业和个人城市维护建设税以及教育费附加制度。根据新规定，到 2011 年，所有外商投资企业都应享受与国内企业相同的税收优惠政策。②

图 1 报告了 2011 年税制改革前后处理组企业（Treated Firms）和控制组企业（Control Firms）的外资战略持股（*FSO*）的平均值。处理组企业是指 2011 年外资战略持股为非零（*FSO* > 0）的企业。对于每个被处理的企业，使用倾向得分匹配法从 2011 年外资战略持股为零（*FSO* = 0）的企业中选择两个控制企业。

---

① 外商投资企业包括外资控股企业和具有外国战略投资或外国个人投资的企业。
② 改革后，这些企业的税收政策逐渐从原来的 15% 的优惠税率过渡到 25% 的法定税率。

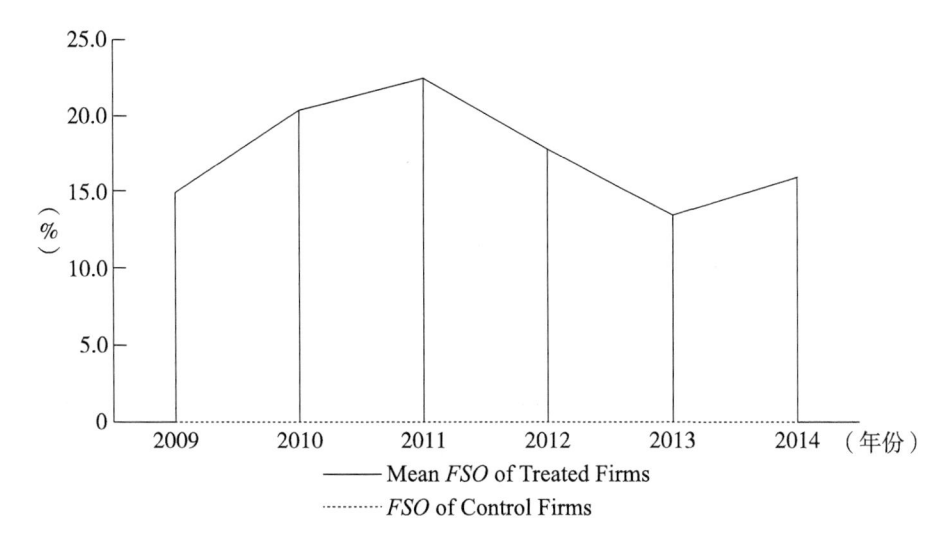

图1 2011年税制改革前后处理组企业和对照组企业的限售外资战略持股情况

图1显示，自2011年以来，外资战略持股水平急剧下降，我们认为这主要是由于税制改革。2011年的税制改革提供了一个准自然实验，使我们得以在没有企业社会责任混淆效应的情况下，在外资战略持股发生外生变化后，检验企业社会责任表现的变化。利用外资战略持股水平的这种自然外生变化，我们采用双重差分法来确定外资战略持股变化对企业社会责任表现的影响。

在样本中，我们确定了48家经历了2011年税制改革的外资战略持股公司。我们定义了一个虚拟变量 Treat，对于具有外资战略持股（FSO）的公司，该变量表示为1，对于控制组公司，变量表示为0。对于每个处理组公司，使用倾向得分匹配法，从2011年的无外资战略持股公司中选择两个作为控制组公司。我们使用 Probit 模型估计倾向得分，其中因变量是 FSO_Dummy，解释变量是主要的企业特征，包括 lnSize、lnBM、Leverage、ROA 和 SOE，因为这些变量被发现与外资战略持股有关（Jin 等，2016；Dahlquist 等，2001）。此外，我们使用 lnCSR 作为匹配标准，以保证控制组企业与处理组企业的 CSR 得分在冲击前接近，从而使税制改革后 CSR 得分的变化纯粹反映外资战略持股的影响。我们的 DID 检验样本由144家公司组成，对于每家公司，我们收集其 CSR 得分数据，以及税制改革前后几年的控制变量。为了确保改革前后的样本期具有可比性，我们将样本期限制在 2009—2014 年。我们定义了一个虚拟变量 Post，如果公司—年度观测值在 2011 年之后，则取 1，否则取 0。由于某些公司—年度的 CSR 得分未报告，我们的最终样本由 546 个公司—年度观测值组成。

我们最终获得了具有 48 家处理组公司和 96 家对照组公司的 DID 检验样本。由于 DID 估计量的有效性需要基于两组结果变量基本趋势相同的假设，我们首先通过对两组企业税制改革前特征的差异进行 t 检验来实现诊断检验。

表 4 报告了双重差分法分析的估计结果。处理组企业被定义为具有非零外资战略持股（$FSO>0$）的企业。对于每个被处理的公司，使用倾向得分匹配法从 2011 年零外资战略持股（$FSO=0$）公司中选择两个控制公司。Panel A 比较处理组和对照组之间的匹配变量，所有匹配变量均在 2011 年进行计算。Panel B 报告了使用 2009—2014 年 CSR 得分的混合样本进行 OLS 回归的估计值，回归方程如下所示：

$$\ln CSR_{i,t} = \alpha + \beta_1 Treat_i + \beta_2 Post_t + \beta_3 Treat_i \times Post_t + \sum_{n=1}^{N} \gamma_n X_{n,i,t-1} + \delta_t + \tau_i + \varepsilon_{i,t}$$

其中，$\ln CSR_{i,t}$ 为企业 i 在第 t 年的 CSR 得分的对数。如果公司属于处理组，$Treat_i$ 等于 1，如果公司属于控制组，$Treat_i$ 等于 0。如果 CSR 得分在 2011 年之后，$Post_t$ 等于 1，否则为 0。$Treat_i \times Post_t$ 是 $Treat_i$ 与 $Post_t$ 的交互项。$X_{n,i,t-1}$ 表示企业 i 在 t 年的控制变量，δ_t 和 τ_i 分别为年度固定效应和公司固定效应。所有变量的定义见附录表 A1。所有标准误差均在公司层面聚类。括号中报告了 t 值。1%、5% 和 10% 水平的显著性分别用 ***、** 和 * 表示。

表 4　　　　　　　　　　双重差分法分析的结果

Panel A：Sample

Variable	Treated Sample $n:48$ Mean	Std. Dev.	Control Sample $n:96$ Mean	Std. Dev.	Difference Treat − control	T − statistics
ln*Size*	2.440	1.284	2.228	1.131	0.212	1.015
ln*BM*	0.626	0.264	0.569	0.258	0.057	1.247
Leverage	0.461	0.285	0.414	0.221	0.047	1.095

续 表

Panel A: Sample

	Treated Sample		Control Sample		Difference	T - statistics
	n: 48		n: 96		Treat - control	
Variable	Mean	Std. Dev.	Mean	Std. Dev.		
ROA	0.055	0.041	0.072	0.087	-0.016	-1.245
SOE	0.479	0.504	0.531	0.501	-0.052	-0.586
lnCSR	3.232	0.635	3.101	0.541	0.130	1.071

Panel B: Difference-in-differences regression result

	(1)	(2)
Treat	0.126***	0.120***
	(21.876)	(20.639)
Post	0.188***	0.274***
	(8.522)	(34.367)
Treat × Post	-0.033*	-0.031*
	(-2.258)	(-2.306)
Controls	Yes	Yes
Year FE	No	Yes
Industry FE	No	Yes
Observations	546	546
R^2	0.389	0.433

表 4 的 Panel A 报告了 DID 检验样本的描述性统计数据，可见处理组和对照组之间的企业特征没有统计学差异。

考虑到税制改革是独立于企业社会责任表现进行的，我们通过使用 Treat 和 Post 的同期值，比较了改革前后处理组和对照组的效果。我们使用回归模型（2）：

$$\ln CSR_{i,t} = \alpha + \beta_1 Treat_i + \beta_2 Post_t + \beta_3 Treat_i \times Post_t + \sum_{n=1}^{N} \gamma_n X_{n,i,t-1} + \delta_t + \tau_i + \varepsilon_{i,t} \quad (2)$$

表 4 的 Panel B 展示了回归结果。我们控制与基准回归模型相同的控制变量，并分别在列（1）和列（2）中使用了行业和公司固定效应。我们发现，处理组的 CSR 得分高于对照组，并且所有样本公司在 2011 年后也往往表现更好。最重要的是，我们发现交互项 Treat × Post 的系数在两列中都显著为负，表明 2011 年税制改革后，与对照组相比，处理组的 CSR 得分有所下降。这些

结果表明，2011年的税制改革减少了外资战略持股，外国投资者在中国的税收优惠出现外生减少，显著降低了FSI目标公司的CSR得分。[①]

总体而言，工具变量法以及双重差分法的检验结果排除了潜在的识别问题，并与表2中的基准回归结果一致，即外资战略持股增加了CSR得分。

五、横截面检验

在本节中，我们考察FSI对企业社会责任表现的积极影响是否受到一些重要因素的影响，如投资期限、政治关系、公司治理和母国特征等。

（一）FSI的限售股

先前的文献记录了境外机构投资者对企业社会责任表现的积极作用（McGuinness等，2017；Guo和Zheng，2021；Li等，2021）。然而，这些研究要么集中在外资持股总数上，要么集中在可交易的外资持股上。根据相关监管规则，FSI持有被锁定至少三年的限售股，而QFII可以购买可流通的A股。如果限售股是境外机构投资者更关心目标公司企业社会责任表现的主要原因，那么QFII持股可用于验证外资战略持股影响的安慰剂测试。

我们使用基准回归样本，如表2列（4）所示，并将QFII包括在内，以比较FSI与QFII的影响力，其中QFII被定义为合格境外机构投资者持股比例，这类持股是境外机构投资者拥有的流通股。

我们将结果展示在附录的表A3中。在列（1）中，我们加入FSO，但不包括QFII，与主要回归结果一致，我们发现FSO与CSR得分有显著的正相关关系。在列（2）中，我们研究QFII（而非FSO）对CSR得分的影响。与先前的文献一致（Guo和Zheng，2021；Li等，2021），QFII对CSR得分具有显著和

[①] 在一个未正式统计的检验中，我们用FSO_Dummy代替FSO来重新进行DID回归，发现与表4的Panel B中的结果相似。

积极的影响。为了区分 FSI 效应和 QFII 效应，列（3）同时包括 *FSO* 和 *QFII*，发现 *FSO* 的估计系数为正且在 1% 水平上显著，而 *QFII* 的系数不显著，这表明外国投资者对企业社会责任表现的影响是由 FSI 驱动的，而不是由持有公司流通股的 QFII 驱动的。

总体而言，这些结果提供了证据表明限售股是激励外国投资者关注长期回报和提高 CSR 得分的驱动力。外资持股与中国企业社会责任表现之间的正相关关系是由 FSI 驱动的，而不是由 QFII 驱动的。

（二）FSI 的投资期限

在本小节中，我们检验投资期限是不是激励和影响 FSI 提高 CSR 得分的重要因素。为研究 FSI 的投资期限如何影响基准回归结果，我们使用了基准回归样本，如表 2 列（4）所示。特别地，我们将 *Horizon* 纳入回归，其中 *Horizon* 的计算为外资战略持股投资年数的加权平均值，使用持股比例作为权重。如果长期投资能够激励 FSI 更加关心企业的长期回报，并更多地参与企业社会责任实践，那么对于投资期限较长的 FSI 来说，其对企业社会责任表现的影响预计会更强。为了验证这一猜想，我们在回归中包括了外资战略持股与其平均投资期限（*FSO × horizon*）的交互项，我们期望交互项的系数为正。

表 5 使用 2009—2018 年非零外资战略持股（*FSO* > 0）的公司—年度观察样本，报告了外资战略持股（*FSO*）和投资期限对 CSR 得分的回归估计结果。投资期限是以持股比例为权重，计算外资战略持股（*FSO*）投资年数的加权平均值。表 5 报告了以下模型的回归结果：

$$\ln CSR_{i,t} = \alpha + \beta FSO_{i,t-1} + \rho FSO_{i,t-1} \times Horizon_i + \eta Horizon_i + \sum_{n=1}^{N} \gamma_n X_{n,i,t-1} + \delta_t + \tau_i + \varepsilon_{i,t}$$

其中，$\ln CSR_{i,t}$ 是企业 i 在 t 年的 CSR 得分的对数。$FSO_{i,t-1}$ 是企业 i 在 $t-1$ 年的外资战略持股。$Horizon_i$ 是企业 i 的外资战略持股的投资年数。$X_{n,i,t-1}$ 表示企业 i 在 t 年的控制变量，控制变量的定义见附录表 A1。δ_t 和 τ_i 分别是年度固定效应和公司固定效应。所有标准误差均在公司层面聚类。括号中报告了 t 值。1%、5% 和 10% 水平的显著性分别用 ***、** 和 * 表示。

表5　　　　　　　　投资期限与外资战略持股的影响

	（1）	（2）
FSO	-0.305**	-0.378***
	(-3.030)	(-7.875)
FSO × Horizon	0.110**	0.085***
	(3.165)	(4.573)
Horizon	-0.016	-0.038*
	(-0.461)	(-1.930)
Controls	Yes	Yes
Year FE	Yes	Yes
Industry FE	Yes	No
Firm FE	No	Yes
Observations	287	287
R^2	0.250	0.594

回归结果见表5，在列（1）中，我们控制年度和行业固定效应，在列（2）中我们控制年度和公司固定效应。与我们的预期一致，$FSO × Horizon$ 的估计系数在两列中均为正且显著，这表明当FSI的受限投资期限更长时，其与更好的企业社会责任表现相关。

（三）目标企业的政治关系

在本小节中，我们检验政治关系是不是影响外资战略持股对企业社会责任表现影响的重要因素。先前的研究表明，企业的政治关系与其参与企业社会责任表现的可能性和程度之间存在显著的正相关关系（Li 等, 2015）。因此，如果FSI因其受限制的滞留期而受到政府干预，企业的政治关系将更多地激励FSI增加企业社会责任实践。我们特别考虑了四个衡量企业政治关系的变量。第一个变量是国有企业虚拟变量（SOE），如果企业是国有的，该变量等于1，否则等于0。第二个变量是企业的国有持股占比。我们利用这两个变量来探讨国有持股如何影响外资战略持股对企业社会责任表现的影响。我们还从 CSMAR 数据库收集了高管从政层面的数据，第三个变量是 *Executive Political Level*，它代表了过去在政府任职的高管的最高职位。高管的政府职位级别越高，变量 *Executive Political Level* 的值就越大。① 第四个变量是 *Board Political Level*，它代表了董事会的政治关系。

我们预计，对于政治关系更密切的公司来说，外资战略持股对企业社会责任表现的影响将更加明显。为了检验这一猜想，我们在基准回归中包括了政治关系变量及其与外资战略持股的交互项。我们还控制了固定效应，如表 2 列（4）所示。

表 6 使用 2009—2018 年样本中的所有公司—年度观察结果，报告了外资战略持股（*FSO*）和政治联系对 *CSR* 得分的回归估计结果。回归方程如下：

$$\ln CSR_{i,t} = \alpha + \beta FSO_{i,t-1} + \rho FSO_{i,t-1} \times Political_{i,t} + \eta Political_{i,t} + \sum_{n=1}^{N} \gamma_n X_{n,i,t-1} + \delta_t + \tau_i + \varepsilon_{i,t}$$

其中，$\ln CSR_{i,t}$ 是企业 i 在 t 年的 CSR 得分的对数。$FSO_{i,t-1}$ 是企业 i 在 $t-1$ 年的外资战略持股。$Political_i$ 代表企业 i 的政治联系度量，我们使用 *SOE*、*Executive Political Level* 和 *Board Political Level* 来代理 $Political_i$。$X_{n,i,t-1}$ 表示企业 i 在 t 年的控制变量，控制变量的定义见附录表 A1。δ_t 和 τ_i 分别是年度固定效应和公司固定效应。所有标准误差均在公司层面聚类。括号中报告了 t 值。1%、5% 和 10% 水平的显著性分别用 ***、** 和 * 表示。

表 6   政治联系与外资战略持股的影响

	（1）	（2）	（3）	（4）
FSO	-0.019 (-1.488)	0.001 (0.090)	0.057 (1.741)	0.084*** (4.596)
FSO × *SOE*	0.149*** (4.368)			

---

① 例如，如果一名高管曾是省级官员，则该高管的 *Executive Political Level* 值为 1，如果该高管从未在政府中担任过任何职位，则该高管的 *Executive Political Level* 值为 0。

续 表

	(1)	(2)	(3)	(4)
SOE	0.014 (1.142)			
FSO × State Ownership		0.448*** (3.921)		
State Ownership		0.006 (1.288)		
FSO × Board Political Level			0.102* (2.120)	
Board Political Level			−0.007 (−1.346)	
FSO × Executive Political Level				0.129** (2.382)
Executive Political Level				0.003 (0.884)
Controls	Yes	Yes	Yes	Yes
Year FE	Yes	Yes	Yes	Yes
Firm FE	Yes	Yes	Yes	Yes
Observations	5472	5472	5472	5472
R^2	0.414	0.416	0.414	0.415

回归结果如表 6 所示。与我们的预期一致，我们发现 $FSO \times SOE$、$FSO \times State\ Ownership$、$FSO \times Executive\ Political\ Level$ 和 $FSO \times Board\ Political\ Level$ 的估计系数均为正且显著，表明当企业为国有企业、国有持股占比越大、高管政治联系越多、董事会政治联系越多，外资战略持股对企业社会责任表现的影响更为显著。此外，我们发现，当企业为国有企业时，政治影响力更强，因为 $FSO \times SOE$ 和 $FSO \times State\ Ownership$ 的估计系数在 1% 水平上显著。[①]

[①] 尽管我们的研究结果表明，具有较强政治关系的公司与较高的 CSR 得分相关，但这些结果并不一定表明这些公司提高了企业社会责任投资效率。先前的文献（Shleifer 和 Vishny，1994；Li 等，2015）表明，国有股东可能会从企业中提取租金，以实现社会或政治目标。因此，我们的研究结果可能表明，具有更大政治动机的 FSI 会导致企业社会责任的资源分配效率低下。

(四) FSI 的母国特征

在本小节中，我们进行了更多的检验以探究 FSI 的母国特征是否可以解释其对企业社会责任表现的影响。具体而言，我们考虑以下两组 FSI 的母国特征。首先，我们考虑 FSI 母国的法律环境、文化背景以及与中国的地理和经济距离；其次，我们考虑两个与经济相关的母国特征——FSI 母国与中国的贸易关系和 FSI 母国的经济不确定性。

1. 法律环境、文化背景以及与中国的地理和经济距离

鉴于运作良好的法律体系可以促进金融市场发展和金融活动（La Porta 等，1998），我们首先检验法律环境，如一个国家的法律体系实力和该国的腐败程度，是否可以解释 FSI 提升企业社会责任表现的动机。我们采用了具有固定效应的基准回归，并在回归中加入了法律环境得分 *Rule of Law*。*Rule of Law* 值越大，表明国家的法律环境越优越。为了计算每家公司 FSI 的法律环境得分，我们首先获得每个国家的法律环境分数，然后使用 FSI 持股比例作为权重计算每家公司的加权平均分数。[①] 我们在回归中加入了 FSI 的法律环境得分和外资战略持股的交互项。

表 7 使用 2009—2018 年非零外资战略持股（FSO > 0）的公司—年度观察子样本，报告了外资战略持股（FSO）以及外资股东母国的法律和文化因素对 CSR 得分的影响的回归估计。回归模型如下：

$$\ln CSR_{i,t} = \alpha + \beta FSO_{i,t-1} + \rho FSO_{i,t-1} \times Culture_{i,t} + \eta Culture_{i,t} +$$
$$\sum_{n=1}^{N} \gamma_n X_{n,i,t-1} + \delta_t + \tau_i + \varepsilon_{i,t}$$

其中，$\ln CSR_{i,t}$ 是企业 i 在 t 年的 CSR 得分的对数。$FSO_{i,t-1}$ 是企业 i 在 $t-1$ 年的外资战略持股。$Culture_{i,t}$ 代表外资股东母国的一组法律和文化因素，包括 *Rule of Law*、*Masculinity*、*Distance*（与中国的地理距离）和 *Develop*（如果是发

[①] 对于本小节中使用的 FSI 母国特征的其他衡量标准（即 *Masculinity*、*Distance*、*Develop*、*EPU* 和 *Trade*），我们使用相同的方法，用该衡量标准的加权平均国家水平值来计算每家公司的 FSI 母国特征值。

达国家，则为1，否则为0）。具体来说，对于企业 i 在 t 年的每个文化因素，$Culture_{i,t} = \sum_{j,it}^{n} \omega_{j,it} Culture_{j,it}$。式中，$n$ 为持有限售股的外资股东数量，$\omega_{j,it}$ 为股东 j 的权重，计算方法为股东 j 持有的股份数量除以限售外资战略持股总数。$X_{n,i,t-1}$ 表示企业 i 在 t 年的控制变量。变量定义见本文附录表 A1。δ_t 和 τ_i 分别是年度固定效应和公司固定效应。所有标准误差均在公司层面聚类。括号中报告了 t 值。1%、5%和10%水平的显著性分别用***、**和*表示。

表7 法律环境、文化背景以及与中国的地理和经济距离与外资战略持股的影响

	(1)	(2)	(3)	(4)
FSO	-0.283*** (-3.658)	0.287 (1.397)	0.135 (1.261)	-0.150** (-2.621)
FSO × Rule of Law	0.264*** (7.368)			
Rule of Law	0.003 (0.414)			
FSO × Masculinity		-0.010** (-2.551)		
Masculinity		0.002*** (5.438)		
FSO × Distance			-0.108** (-2.430)	
Distance			0.020** (2.494)	
FSO × Develop				0.259* (2.183)
Develop				0.006 (1.131)
Controls	Yes	Yes	Yes	Yes
Year FE	Yes	Yes	Yes	Yes
Firm FE	Yes	Yes	Yes	Yes
Observations	874	910	978	988
R^2	0.510	0.509	0.517	0.510

回归结果如表 7 列（1）所示。我们发现，交互项 $FSO \times Rule\ of\ Law$ 的估计系数在 1% 水平上显著为正，表明外资战略持股对企业社会责任表现的积极影响对于来自法律环境较好国家的 FSI 更为明显。

接下来，我们考虑 FSI 的国家文化能否解释其提升企业社会责任表现的动机。文献提供了国家文化在解释企业社会责任实践的跨国差异方面的作用的实证证据（Griffin 等，2020）。我们关注 Hofstede（1980）的国家文化的男性气质/女性气质维度，该维度反映了国家男性气质的程度（Lenssen 等，2007；Ho 等，2012），并在研究中被证明是企业决策的重要文化决定因素（Aggarwal 等，2011）。

在回归中，我们将 $Masculinity$ 作为我们国家文化的度量，$Masculinity$ 值越高，表明该国的男性气质或坚韧文化越强。由于先前的文献表明，女性投资者更具社会责任感，并与更高的企业社会责任参与度相关（Cronqvist 和 Yu，2017；McGuinness 等，2017），我们预计当 $Masculinity$ 得分较低时，FSI 对企业社会责任表现的影响会更明显。我们在回归中加入了外资战略持股和男性气质得分（$FSO \times Masculinity$）的交互项，结果如表 7 列（2）所示。与我们的预期一致，$FSO \times Masculinity$ 的估计系数显著为负，这表明 FSI 对企业社会责任表现的增强影响对于来自男性气质较为不突出的国家的 FSI 来说更为明显。

最后，我们考虑了 FSI 母国与中国的地理和经济距离，以解释 FSI 的企业社会责任动机。具体而言，我们在基准回归中加入两个变量：FSI 母国与中国的地理距离（$Distance$）和代表 FSI 母国是否为发达经济体（$Develop$）的虚拟变量。如果更大的地理距离削弱了自然文化的影响，我们预计 FSI 对企业社会责任表现的影响将更弱。此外，由于先前的研究表明，发达经济体比新兴市场更具社会责任感（Bhatia 和 Makkar，2019；Roy 等，2020），我们预计发达国家的 FSI 可能会对企业社会责任表现产生更大的影响。

我们在回归中加入了外资战略持股和地理距离（$FSO \times Distance$）的交互项，结果如表 7 列（3）所示。与我们的预期一致，我们发现 $FSO \times Distance$ 的系数显著为负，这表明当 FSI 的母国与中国的地理距离较大时，其对企业社会责任表现的影响较弱。在列（4）中，我们在回归中加入了外资战略持股与发达国家指标（$FSO \times Develop$）的交互项，发现估计系数显著为正。这一结果表明，来自发达国家的 FSI 更具社会责任感，在提升企业社会责任表现方面具有更强的作用。

2. 经济不确定性与贸易关系

我们进一步考虑了两个经济相关因素，以解释 FSI 对企业社会责任表现的影响。我们考虑的第一个因素是 FSI 母国的经济政策不确定性（EPU）。文献表明，母国的国内政策不确定性鼓励企业增加海外投资（Tallman，1988；Le 和 Zak，2006；Cao 等，2017）。[①] 根据我们对文献的分析，我们预计如果 FSI 的母国经济更加不确定，FSI 会更加关心海外投资，并且可能会有更长的海外投资期限。如前文所述，长期投资期限将使 FSI 更加关心其声誉保险，并增加企业的社会责任活动。

表 8 使用 2009—2018 年非零外资战略持股（$FSO>0$）的公司—年度观测子样本，报告了外资战略持股（FSO）、外资母国经济不确定性以及中国与外资母国贸易关系对 CSR 得分影响的回归估计。回归模型如下：

$$\ln CSR_{i,t} = \alpha + \beta FSO_{i,t-1} + \rho FSO_{i,t-1} \times EPU_{i,t} + \eta EPU_{i,t} + \sum_{n=1}^{N} \gamma_n X_{n,i,t-1} + \delta_t + \tau_i + \varepsilon_{i,t}$$

$$\ln CSR_{i,t} = \alpha + \beta FSO_{i,t-1} + \rho FSO_{i,t-1} \times Trade_{i,t} + \eta Trade_{i,t} + \sum_{n=1}^{N} \gamma_n X_{n,i,t-1} + \delta_t + \tau_i + \varepsilon_{i,t}$$

其中，$\ln CSR_{i,t}$ 是企业 i 在 t 年的 CSR 得分的对数。$FSO_{i,t-1}$ 是企业 i 在 $t-1$ 年的外资战略持股。$EPU_{i,t}$ 是企业 i 在 t 年的 EPU 指数的加权平均值。具体来说，对于每一个企业 i，在 t 年，$EPU_{i,t} = \sum_{j,it} \omega_{j,it} EPU_{j,it}/100$。式中，$n$ 为持有

[①] Tallman（1988）指出，外国投资者的国内冲突似乎会产生较差的商业环境，风险更高，并鼓励海外直接投资。Le 和 Zak（2006）还指出，政治不稳定是与资本外逃相关的最重要因素。Cao 等（2019）的一项研究揭示了政治不确定性对跨境收购渠道的影响。这些研究表明，母国的政治不确定性鼓励企业进行海外跨境收购，并阻止了国内收购。

限售股的外资股东数量，$\omega_{j,it}$ 为股东 j 的权重，计算方法为股东 j 持有的股份数量除以限售外资战略持股总数。各外资股东母国的 EPU 指数可从 www.policyuncertainty.com 获取。相对 EPU 计算为 $EPU_{i,t} - EPU_{c,t}$，其中，$EPU_{c,t}$ 为中国第 t 年的平均 EPU 指数除以 100。类似于 EPU 指数的构建，对于第 t 年的每个公司 i，$Trade_{it} = \sum_{j,it}^{n} \omega_{j,it}(Export_{j,it} + Import_{j,it})$。式中 $Export_{j,it}$ 及 $Import_{j,it}$ 分别是公司 i 在 t 年度中国与股东 j 的母国的出口额与进口额占比。然后，我们计算公司 i 的所有外资股东在 t 年的母国与中国的贸易加权平均值，得到 $Trade_{it}$。$X_{n,i,t-1}$ 表示企业 i 在 t 年的控制变量，控制变量的定义见附录表 A1。δ_t 和 τ_i 分别是年度固定效应和公司固定效应。所有标准误差均在公司层面聚类。括号中报告了 t 值。1%、5% 和 10% 水平的显著性分别用***、**和*表示。

表 8　外资母国经济不确定性、贸易关系与外资战略持股的影响

	(1)	(2)	(3)
FSO	-0.213**	0.060	0.013
	(-3.157)	(0.476)	(0.249)
FSO × EPU	0.275***		
	(5.906)		
EPU	-0.013		
	(-1.542)		
FSO × Relative EPU		0.304**	
		(2.826)	
Relative EPU		-0.023	
		(-1.476)	
FSO × Trade			1.124**
			(2.509)
Trade			0.242***
			(12.689)
Controls	Yes	Yes	Yes
Year FE	Yes	Yes	Yes
Firm FE	Yes	Yes	Yes
Observations	729	729	906
R^2	0.528	0.529	0.506

为了捕捉经济不确定性，我们使用 FSI 的母国 EPU（*EPU*）和相对 EPU（*Relative EPU*），相对 EPU 是 FSI 母国的 EPU 与中国 EPU 之间的差异。我们在基准回归模型中加入了两个 EPU 指标，以及外资战略持股和 EPU 指标的交互项（*FSO × EPU* 和 *FSO × Relative EPU*）。结果见表 8 列（1）和列（2）。我们发现，*FSO × EPU* 和 *FSO × Relative EPU* 的估计系数均为正且在 1% 水平上显著，这支持了我们的预期，即 FSI 更关心其在中国的长期投资，如果其母国的 EPU 更大，则其对企业社会责任表现的影响更大。

我们考虑的第二个因素是中国与 FSI 母国之间的贸易关系。如果两国之间有更牢固的贸易关系和更密集的经济互动，FSI 可能会更关心其在中国的投资，并有更长的投资期限，根据我们之前的分析，这将激励他们提升中国企业的企业社会责任表现。

为了衡量贸易关系，我们构建了变量 *Trade*，该变量的计算方式为给定年份中国从 FSI 母国的进口总额和出口总额之和。我们将 *Trade* 纳入基准回归，以及外资战略持股与贸易关系的交互项（*FSO × Trade*），结果见表 8 的列（3）。我们发现，*FSO × Trade* 的估计系数为正且显著，这与如果 FSI 的母国与中国有更强的贸易关系，他们就有更强的动机来提升中国企业社会责任表现相一致。

总体而言，我们提供了丰富的实证证据，表明 FSI 的投资期限、政治关系和母国特征（如法律环境、文化背景、地理和经济距离、经济不确定性与贸易关系）都是解释 FSI 提升中国企业社会责任表现的动机的重要因素。

（五）高管权力和股东监督

我们从公司治理的角度进一步分析了 FSI 对企业社会责任实践的影响。作为一种长期投资，企业社会责任在投资者和管理者之间存在三个问题：信息不对称、激励一致和投资短视（Stein，1988；Nguyen 等，2020）。大量研究表明，股东可以通过监督来解决这些问题，并进行最佳的企业社会责任投资。例如，基于 Bénabou 和 Tirole（2010）的研究，Nguyen 等（2020）认为，长期投资者是天生的监督者，他们可以确保管理者选择最大限度地提高股东价值的企业社会责任水平。Griffin 等（2020）还记录了公司层面的变量，如董事会的多样性和透明度，可以作为投资者的国家文化影响企业社会责任实践的渠道。参考这些研究，我们检验 FSI 是否会通过更好的监督增加企业社会责任实践。

文献中广泛记录了股东监督的效率取决于股东的权力和管理层的权力（Hermalin 和 Weisbach，2003；Adams 和 Ferreira，2007；Baldenius 等，2014；Gao 和 He，2019）。我们预计，FSI 在股东权力较大、高管权力较弱的公司中具有更好的监督权力，从而对企业社会责任表现产生更大的影响。

我们使用两个变量来代表高管权力：*CEO Duality*，即 CEO 是否也是董事会主席，以及 *Executive Ownership*，即高管持有的股份数量占已发行股份总数的比例。同时，我们使用三个变量来代表股东权力。第一个变量是 *Herfindahl Index*，它是前 10 名股东持股比例的平方和。*Herfindahl Index* 的值越大，表明股东权力越集中。第二个变量是 *Board Independence*，即董事会中独立董事的比例。*Board Independence* 的值越大，意味着对高管的监督力度越大。第三个变量是 *Analyst Coverage*，是追踪公司的分析师数量加 1 的对数。追踪公司的分析师越多，对高管施加的外部监督越多，从而可以提高股东的权力。我们在基准回归中加入了高管权力和股东权力指标，以及这些指标与外资战略持股的交互项。我们还对所有回归加入了公司固定效应，并在表 9 中报告了结果。

表 9 使用 2009—2018 年样本中的所有公司—年度观测值，报告了外资战略持股（*FSO*）和股东监督对 *CSR* 得分影响的回归估计。因变量是 *CSR* 得分（ln*CSR*）的对数。*FSO* 是外资战略持股。*Herfindahl Index* 是前 10 名股东持股比例的平方和。*CEO Duality* 代表 CEO 是否担任董事会主席。*Board Independence* 是指董事会中独立董事的比例。*Executive Ownership* 是指高管持有的股份数量与已发行股份总数的比值。*Analyst Coverage* 是追踪该公司的分析师人数加 1，取对数。其他变量和控制变量的定义见附录表 A1。公司固定效应和年度固定效应包含在回归中。所有标准误差均在公司层面进行聚类。括号中报告了 *t* 值。1%、5% 和 10% 水平的显著性分别用 ***、** 和 * 表示。

表 9　　高管权力、股东监督与外资战略持股的影响

	（1）	（2）	（3）	（4）	（5）
FSO	0.050** (2.900)	0.046*** (4.825)	-0.039 (-1.303)	-0.018 (-0.891)	-0.164** (-2.511)
FSO × CEO Duality	-0.109*** (-4.724)				
CEO Duality	-0.011 (-1.067)				
FSO × Executive Ownership		-0.177*** (-3.190)			
Executive Ownership		0.089* (1.978)			
FSO × Herfindahl Index			0.250** (2.272)		
Herfindahl Index			0.043 (0.840)		
FSO × Board Independence				0.104** (3.000)	
Board Independence				-0.005 (-1.360)	
FSO × Analyst Coverage					0.096** (2.462)
Analyst Coverage					0.005** (2.260)
Controls	Yes	Yes	Yes	Yes	Yes
Year FE	Yes	Yes	Yes	Yes	Yes
Firm FE	Yes	Yes	Yes	Yes	Yes
Observations	5472	5472	5472	5472	4849
R^2	0.416	0.416	0.416	0.416	0.420

在表 9 的列（1）和列（2）中，我们发现 FSO × CEO Duality 和 FSO × Executive Ownership 的估计系数均为负且在 1% 水平显著，表明 FSI 对企业社会责任表现的影响在高管权力较强的企业中被削弱。在列（3）—列（5）中，我们

发现 FSO × Herfindahl index、FSO × Board Independence 和 FSO × Analyst Coverage 的估计系数显著为正，这些结果提供了与我们的预期一致的证据，即当公司的股东权力更强时，FSI 对企业社会责任表现的影响更明显。

总体而言，我们提供的实证证据表明，外资战略持股对企业社会责任表现的积极影响在公司治理更强、监督更好的企业中更为明显。

六、结论

在本研究中，我们关注的是中国市场上的一个特殊投资者群体，即 FSI，其持有中国 A 股上市公司大量的股权，锁定期至少为三年。利用 2009—2018 年 901 家中国上市公司的手工收集的股权数据，我们调查了外资战略持股对企业社会责任表现的影响。我们发现，外资战略持股与更高的企业社会责任表现显著相关。这种关系在使用不同的外资战略持股衡量方式、改变样本标准和加入公司固定效应后仍然稳健。我们进行了工具变量法和 DID 检验以排除潜在的内生性问题，结果证实了 FSI 对企业社会责任表现的影响。

我们进一步探讨了促使 FSI 在中国推进企业社会责任的原因。限售股是促使 FSI 提高企业社会责任参与度的主要原因。先前文献中记录的外资持股对企业社会责任表现的影响实际上是由持有限售股的战略投资者驱动的，而不是由持有流通股的 QFII 驱动的。此外，我们的实证结果表明，当 FSI 的受限时间更长，当企业有更多的政治联系，当 FSI 来自法律环境更好、文化更男性化、与中国的地理距离更短、贸易关系更牢固、经济政策不确定性更大的国家时，FSI 更有动力提升企业社会责任表现。我们还从公司治理的角度考察了 FSI 的动机。我们发现，当企业的股东权力较强而高管权力较弱时，FSI 对企业社会责任表现的影响更为显著。

总的来说，我们的研究结果表明，限售股份、政治关系和 FSI 的母国特征激励 FSI 更加关注企业的长期声誉，从而通过对管理层的有效监督来提高企业社会责任的参与度。这项研究的经验证据也提供了政策启示，政策制定者需要仔细设计政策和限制,有效地使 FSI 的利益与其社会责任相一致。

参考文献

[1] ADAMS R B, FERREIRA D. A theory of friendly boards [J]. The Journal of Finance, 2007, 62 (1): 217 - 250.

[2] AGGARWAL R, EREL I, FERREIRA M, et al. Does governance travel around the world? Evidence from institutional investors [J]. Journal of Financial Economics, 2011, 100 (1): 154 - 181.

[3] ANDERSON H, CHI J, LIAO J. Foreign strategic ownership and minority shareholder protection [J]. Emerging Markets Review, 2019, 39: 34 - 49.

[4] BENA J, FERREIRA M A, MATOS P, et al. Are foreign investors locusts? The long-term effects of foreign institutional ownership [J]. Journal of Financial Economics, 2017, 126 (1): 122 - 146.

[5] BALDENIUS T, MELUMAD N, MENG X. Board composition and CEO power [J]. Journal of Financial Economics, 2014, 112 (1): 53 - 68.

[6] BÉNABOU R, TIROLE J. Individual and corporate social responsibility [J]. Economica, 2010, 77 (305): 1 - 19.

[7] CAO C, LI X, LIU G. Political uncertainty and cross-border acquisitions [J]. Review of Finance, 2019, 23 (2): 439 - 470.

[8] CHAVA S. Environmental externalities and cost of capital [J]. Management Science, 2014, 60 (9): 2223 - 2247.

[9] CHEN T, DONG H, LIN C. Institutional shareholders and corporate social responsibility [J]. Journal of Financial Economics, 2020, 135 (2): 483 - 504.

[10] CHENG M, GENG H, ZHANG J. Chinese commercial banks: Benefits from foreign strategicinvestors? [J]. Pacific-Basin Finance Journal, 2016, 40 (Part A): 147 - 172.

[11] CRONQVIST H, YU F. Shaped by their daughters: Executives, female

socialization, and corporate social responsibility [J]. Journal of Financial Economics, 2017, 126 (3): 543 -562.

[12] DAHLQUIST M, GÖRAN R. Direct foreign ownership, institutional investors, and firm characteristics [J]. Journal of Financial Economics, 2001, 59 (3): 413 -440.

[13] DHALIWAL D S, LI O Z, TSANG A, et al. Voluntary nonfinancial discl-osure and the cost of equity capital: The initiations of corporate social responsibility reporting [J]. The Accounting Review, 2011, 86 (1): 59 -100.

[14] DYCK A, LINS K V, ROTH L, et al. Do institutional investors drive corporate social responsibility? International evidence [J]. Journal of Financial Economics, 2019, 131 (3): 693 -714.

[15] FIROZ N M, MURRAY H A. Foreign investment opportunities and customs laws in China's special economic zones [J]. International Journal of Management, 2003, 20 (1): 109 -120.

[16] FU X, TANG T, YAN X. Why do institutions like corporate social responsibility investments? Evidence from horizon heterogeneity [J]. Journal of Empirical Finance, 2019, 51: 44 -63.

[17] GAO H, HE Z. Board structure and role of outside directors in private firms [J]. European Financial Management, 2019, 25 (4): 861 -907.

[18] GILLAN S L, KOCH A, STARKS L T. Firms and social responsibility: A review of ESG and CSR research in corporate finance [J]. Journal of Corporate Finance, 2021, 66: 101889.

[19] GUO M, ZHENG C. Foreign Ownership and Corporate Social Responsibility: Evidence from China [J]. Sustainability, 2021, 13 (2): 508 -530.

[20] HARJOTO M, JO H, KIM Y. Is institutional ownership related to corporate social responsibility? The nonlinear relation and its implication for stock return volatility [J]. Journal of Business Ethics, 2017, 146 (1): 77 -109.

[21] HERMALIN B E, WEISBACH M S. Boards of directors as an endogenously

determined institution: A survey of economic literature [J]. FRBNY Economic Policy Review, 2003, 9 (1): 7-26.

[22] HO F N, WANG H O, VITELL S J. A global analysis of corporate social performance: The effects of cultural and geographic environments [J]. Journal of Business Ethics, 2012, 107 (4): 423-433.

[23] HOFSTEDE G. Culture and organizations [J]. International Studies of Management & Organization, 1980, 10 (4): 15-41.

[24] HUANG W, ZHU T. Foreign institutional investors and corporate governance in emerging markets: Evidence of a split-share structure reform in China [J]. Journal of Corporate Finance, 2015, 32: 312-326.

[25] JIN D, WANG H, WANG P, et al. Social trust and foreign ownership: Evidence from qual-ified foreign institutional investors in China [J]. Journal of Financial Stability, 2016, 23: 1-14.

[26] KIM H D, KIM T, KIM Y, et al. Do long-term institutional investors promote corporate social responsibility activities? [J]. Journal of Banking & Finance, 2019, 101: 256-269.

[27] LE Q V, ZAK P J. Political risk and capital flight [J]. Journal of International Money and Finance, 2006, 25 (2): 308-329.

[28] LI S, SONG X, WU H. Political connection, ownership structure, and corporate philanthropy in China: A strategic-political perspective [J]. Journal of Business Ethics, 2015, 129 (2): 399-411.

[29] LI Z, WANG P, WU T. Do foreign institutional investors drive corporate social responsibility? Evidence from listed firms in China [J]. Journal of Business Finance & Accounting, 2021, 48 (1-2): 338-373.

[30] MARQUIS C, QIAN C. Corporate social responsibility reporting in China: Symbol or substance? [J]. Organization Science, 2014, 25 (1): 127-148.

[31] MCGUINNESS P B, VIEITO J P, WANG M. The role of board gender and foreign ownership in the CSR performance of Chinese listed firms [J]. Journal of

Corporate Finance, 2017, 42: 75 - 99.

[32] PORTA R L, et al. Law and finance [J]. Journal of Political Economy, 1998, 106 (6): 1113 - 1155.

[33] SHLEIFER A, VISHNY R W. The politics of market socialism [J]. The Journal of Economic Perspectives, 1994, 8 (2): 165 - 176.

[34] STEIN J C. Takeover threats and managerial myopia [J]. Journal of Political Economy, 1988, 96 (1): 61 - 80.

[35] SUN J, HARIMAYA K, YAMORI N. Regional economic development, strategic investors, and efficiency of Chinese city commercial banks [J]. Journal of Banking & Finance, 2013, 37 (5): 1602 - 1611.

[36] TALLMAN S B. Home country political risk and foreign direct investment in the United States [J]. Journal of International Business Studies, 1988, 19 (2): 219 - 234.

[37] WEI Y D, LEUNG C K. Development zones, foreign investment, and global city formation in Shanghai [J]. Growth and Change, 2005, 36 (1): 16 - 40.

附　录

表 A1　　　　　　　　　　　　　变量

此表列出了变量定义，所有变量于会计年度结束时计算。

变量	定义
CSR score	公司的 CSR 得分；CSR 得分均为正
lnCSR	CSR 得分的对数
FSO	非流通外资持股的数量/已发行的总股数
QFII	合格境外机构投资者持有的流通股数量/已发行股份总数
lnSize	市值的对数
lnBM	总资产账面价值/市值，取对数
ROA	净收益/总资产
Herfindahl Index	前十大股东持股比例的平方和

续 表

变量	定义
Leverage	债务总额/资产总额
Cash to Asset	现金总额/资产总额
R&D	研发支出/总资产
Executive Ownership	高管持有的股份数量/已发行股份总数
Board Independence	董事会中独立董事的比例
SOE	是不是国有企业
State Ownership	国有股份数量/已发行股份总数
CEO Duality	CEO 是否担任董事会主席
EDZ ratio	各省经济开发区总面积与该省总面积的比值
Horizon	以持股比例为权重的外资战略持股投资年限的加权平均数
Analyst Coverage	追踪该公司的分析师人数加 1, 取对数
Executive Political Level	曾经在政府任职的所有高管中的最高职位
Board Political Level	曾在政府任职的董事会成员中的最高职位
Distance	外资股东的母国与中国之间的平均地理距离。我们首先将所有国家的地理距离分为 5 个分位数,对于每个国家,按照其距离分位数进行从 1 到 5 赋值。对于每个公司,我们使用持股比例作为权重,将 *Distance* 计算为外资股东母国的加权平均距离分位数赋值
Trade	某一年中国从 FSI 母国的进口总额和出口总额之和
Develop	如果该国是发达国家,则等于 1, 否则等于 0
Rule of Law	经理人对社会规则的信心和遵守程度
Masculinity	衡量民族文化中男性气质与女性气质的维度指标,数值越大,男性气质越强
EPU	对于每个公司—年度,*EPU* 是外资股东母国当年的加权平均经济政策不确定性指数,其中权重是外资股东的持股比例

续 表

变量	定义
Relative EPU	企业当年的 *EPU* 与当年中国的 *EPU* 指数之差。其中，*EPU* 计算为外资股东母国当年的加权平均经济政策不确定性指数，权重是外资股东的持股比例
Trade Openness	各省进出口总额与国内生产总值的比值
GDP per capital	各省人均 GDP 的对数
Fixed-assets-investment	省级固定资产投资/GDP，取对数
Tax Revenue	省级税收的对数（万元）
Sewage Disposal	省级污水处理量的对数（吨）
Soot Emission	省级工业烟尘排放量的对数（吨）
Private Development	各省民营发展指数的对数
Legal Environment	各省法律环境指数的对数

表 A2　　　　　　　　　　样本描述

此表报告了样本在各个国家或地区的分布情况。"企业社会责任得分（CSR Score）"一栏报告了该国家或地区投资的上市公司的平均企业社会责任得分。

Country/Region	Obs.	CSR Score
USA	258	3.696
Hong Kong, China	227	3.855
Singapore	110	3.752
UK	103	3.703
Switzerland	76	3.828
British Virgin Islands	60	3.547
Taiwan, China	53	3.720
Japan	51	3.637
German	46	3.929
France	44	3.469
Norway	30	3.600
Belgium	27	3.506
Canada	18	3.753

续 表

Country/Region	Obs.	CSR Score
Kuwait	17	3.614
Netherlands	16	3.842
Bermuda	13	3.493
The United Arab Emirates	10	3.774
Australia	9	3.742
Austria	7	4.036
Korea	7	3.596
Malaysia	7	3.451
Mauritius	7	3.523
Cayman Islands	6	3.723
Côte d'Ivoire	6	4.043
Thailand	6	3.633
Luxembourg	5	3.653
Spain	4	4.381
Macao, China	2	3.830
Cartel	2	4.182
Republic of Lebanon	1	3.663
Sweden	1	3.459

表 A3   外资战略持股，QFII 持股与企业社会责任

此表使用 2009—2018 年样本中的所有公司—年度观测值，报告了外资战略持股（FSO）和 QFII 持股对 CSR 得分影响的回归估计结果。因变量 $\ln CSR_{i,t}$ 是企业 i 在 t 年的 CSR 得分的对数。FSO 是企业 i 在 $t-1$ 年的外资战略持股。QFII 是 $t-1$ 年公司 i 的合格境外机构投资者持股。控制变量的定义见附录表 A1。所有标准误差均在公司层面进行聚类。括号中报告了 t 值。1%、5% 和 10% 水平的显著性分别用 ***、** 和 * 表示。

	(1)	(2)	(3)
FSO	0.028** (2.820)		0.032*** (4.027)
QFII		0.032** (2.794)	0.032 (0.572)
lnSize	1.066*** (8.106)	1.067*** (8.024)	1.067*** (7.984)

续表

	(1)	(2)	(3)
ln*BM*	-0.005 (-1.322)	-0.005 (-1.290)	-0.005 (-1.314)
Leverage	-0.036** (-3.183)	-0.036** (-3.171)	-0.036** (-3.226)
ROA	-0.009 (-0.405)	-0.009 (-0.417)	-0.009 (-0.422)
R&D	-0.043 (-0.094)	-0.042 (-0.092)	-0.042 (-0.092)
SOE	0.015 (1.299)	0.015 (1.309)	0.015 (1.302)
Herfindahl Index	0.049 (1.008)	0.049 (1.006)	0.049 (1.002)
Cash to Asset	0.035*** (8.522)	0.035*** (8.444)	0.035*** (8.401)
CEO Duality	-0.012 (-1.134)	-0.012 (-1.139)	-0.012 (-1.139)
Board Independence	-0.020 (-0.541)	-0.020 (-0.540)	-0.020 (-0.539)
Executive Ownership	0.085* (1.865)	0.085* (1.862)	0.085* (1.866)
Year FE	Yes	Yes	Yes
Firm FE	Yes	Yes	Yes
Observations	5472	5472	5472
R^2	0.415	0.415	0.415

企业社会责任披露对流动性的影响

沈 蜜　　丁明发　　何重达　　韩易凯

摘要：我们利用大量中国上市公司样本的高频交易和报价数据，研究了企业社会责任（CSR）信息披露与公司信息不对称之间的联系。我们发现，企业社会责任披露只与知情投资者和不知情投资者之间信息不对称程度的降低有关（第二类信息不对称），而与企业和市场之间信息不对称程度的降低无关（第一类信息不对称）。自愿披露和强制披露都会增加分析师和不知情投资者的关注，从而减少第二类信息不对称。然而，强制性企业社会责任披露的公司由于其不透明性的增加而增加了第一类信息不对称。双重差分（DID）分析和一系列稳健性检验为这些因果联系提供了确凿证据。总之，我们的研究结果表明，企业社会责任披露并不能有效地向投资者传递信息。披露授权也没有降低企业的不透明性。这些结果与强制性企业社会责任报告规定的预期结果背道而驰。

一、引言

虽然企业社会责任（CSR）在中国是一个相对较新的概念，但随着中国新中产阶级的崛起以及他们对全球规范的认识，企业面临着将人类和环境福祉置于利润之上的压力。2005年，第十届全国人民代表大会常务委员会第十八次会议第一次修订了《中华人民共和国公司法》，将社会责任纳入其中；2006年，深圳证券交易所（SZSE）（以下简称深交所）发布了《深圳证券交易所上市公司社会责任指引》；2008年，上海证券交易所（SHSE）（以下简称上交所）发布了《关于加强上市公司社会责任承担工作的通知》以及《上海证券交易所上市公司环境信息披露指引》。虽然发布企业社会责任报告的公司数量有所增加，但中国企业的环境、社会和治理（ESG）记录仍然参差不齐。与财务信息披露一样，企业社会责任相关活动的披露可以向投资者传递有价值的企业信息，减少信息不对称。Kim 等（2012）的研究表明，有社会责任感的企业在选择和实施企业社会责任实践时，往往会花费精力和资源来限制盈余管理，并向投资者提供更透明、更可靠的财务信息。我们的研究扩展了现有文献，调查了企业社会责任披露的两种类型——自愿性和强制性——影响信息不对称的渠道。

企业为何投资企业社会责任？Baron（2008）、Bénabou 与 Tirole（2010）提出的理论指出了企业管理者投资企业社会责任的原因，以及投资企业社会责任可带来更好财务业绩的渠道。一个常被提及的原因是利他主义，企业管理者认为公司或管理者有道德义务投资于企业社会责任活动，以促进环境保护、员工福利和其他改善社区福利的投资。另一个原因是，这类投资与公司的财务利益一致。例如，通过为员工提供优厚的福利来留住高素质的员工，维护忠诚的客户，通过企业社会责任投资来降低政治、法律和税务风险，这些都符合公司的经济利益。Huseynov 和 Klamm（2012）提供了企业社会责任活动对避税影响的证据。Karpoff 等（2005）的研究表明，股东要承担因公司声誉受损而受到惩罚的成本。还有一个原因是，企业管理者投资企业社会责任活动是为了提高他们的职业或个人声誉。对企业社会责任活动的过度投资是企业管理者采取的一种常见策略，当他们面对不满的员工或受到消费者群体的负面媒体关注时，这种策略会产生"光环效应"，从而提高他们的个人声誉（Barnea 和 Rubin，2010）。由于企业投资于企业社会责任的原因可能不同，投资者或利益相关者对企业的企业社会责任行为的理解也可能不同。一些利益相关者重视某些类型的企业社会责任，并可能会奖励参与这些特定企业社会责任类型的企业（Madsen 和 Rodgers，2015）。这样，投资者可以从企业的企业社会责任报告中获取有用信息，从而减少信息不对称。

在中国，继上交所于 2008 年发布《〈公司履行社会责任的报告〉编制指引》之后，企业社会责任报告对一批上市公司来说是强制性的，如果不披露 ESG 信息，其将受到惩罚。在强制披露企业社会责任信息之前，一些企业承诺自愿披露企业社会责任信息。我们的方法明确识别了这两种不同报告类型的公司，以确保不存在识别问题。① 理论认为，自愿性披露和强制性披露有本质区别（Dye，1990；Zhang，2001；Fishman 和 Hagerty，2003）。企业自愿披露的决定可能是由企业的特定因素内生决定的，导致这些企业自我选择，而强制披露的企业则是独立于其特征，是为了遵守法规。研究是自愿还是强制采用《国际财务报告准则》（IFRS）等财务信息披露的文献发现，信息披露的选择取决于基本的经济学和制度环境。例如，如果投资者无法解读信息，企业可能会犹豫是否采用自愿披露。另外，强制披露会产生更显著的源于网络效应的信息外部性（Daske 等，2008；Li，2010；DeFond 等，2011；Wang，2014）。鉴于这两种不同的企业社会责任披露方式，我们研究了强制性和自愿性企业社会责任披露对信息不对称的影响渠道。

我们的信息不对称代理指标是市场微观结构文献中广泛使用的基于价差的衡量指标。利用高频交易和报价数据，我们效仿 Barclay 和 Hendershott（2004）以及 Hendershott 等（2011）的做法，将买卖价差（bid-ask spread）分解为价格影响（即价差的信息部分）和实现价差（即实际摩擦）。这种分解捕捉到了交易后的价格行为，信息成本导致证券价值在卖出（买入）后发生永久性下降（上升）。与此相反，非信息成本只导致证券价值的暂时性变化。除了价差的这两个组成部分，我们还定义了两种类型的信息不对称。第一类是公司与市场之间的信息不对称（称为第一类信息不对称）。第二类是知情投资者与非知情投资者之间的信息不对称（称为第二类信息不对称）。价差的信息部分（即价格影响）与第一类信息不对称有关，是由知情投资者根据传递给整个市场的新信息进行交易而带来的永久性价值变化。价差的非信息部分（即实现价差）与第二类信息不对称有关，即有信息投资者和无信息

---

① 在强制报告实施之前自愿报告企业社会责任表现的企业可能会被纳入强制报告的样本中。因此，我们必须区分并精准确定自愿报告企业社会责任和强制报告企业社会责任的样本，使它们相互排斥。

投资者的信息集趋同所带来的暂时性价值变化，新信息导致无信息投资者交易股票。价格影响和实现价差是可以直接确定的渠道，通过这些渠道，两类信息披露（自愿披露和强制披露）都与信息不对称相关联。

了解与企业社会责任披露相关的信息不对称的经济成本对市场的良好运行至关重要。由于投资者掌握的信息集（即私人信息与公共信息）不同，私人信息投资者可以根据自己的私人信息进行交易，而牺牲其他没有私人信息的投资者的利益——这就是逆向选择问题（Brown 和 Hillegeist，2007）。信息不对称还会导致资源配置效率低下、市场流动性下降以及公司所需回报率上升（Akerlof，1970；Diamond 和 Verrecchia，1991；Healy 和 Palepu，2001；Easley 和 O'Hara，2004）。因此，将私人信息有效转化为公共信息的企业社会责任披露可以缓解信息不对称的问题和不利后果。

尽管企业社会责任信息披露对于确保企业实现利益相关者参与和企业问责至关重要，但对于这两类企业社会责任信息披露的信息不对称效应却存在着截然相反的观点。Admati 和 Pfleiderer（2000）认为，信息是一种公共产品。如果企业缺乏自愿披露的动力，政府就需要通过强制披露来进行干预。反对这种观点的人认为，强制性企业社会责任披露缺乏可信度，可能没有效果（Lin，2010）；强制性企业社会责任披露可能会产生意想不到的结果；有偏见和不准确的企业社会责任披露会妨碍企业问责（Owen 等，2001；Hess，2007）。相反，投资者可能会认为自愿披露企业社会责任的公司接受其商业社会责任，关注其企业声誉，并满足利益相关者的道德期望。[①] 在存在财务不透明和监管障碍的情况下，投资者可能会认为通过自愿性企业社会责任报告披露的信息不同于强制性报告。在这些相互竞争的观点之间，企业社会责任披露的性质（即自愿性或强制性）是否会对信息不对称产生不同的影响，这仍然是一个经验问题。

中国的环境非常适合研究企业社会责任信息披露对两类信息不对称的影

[①] 自愿披露企业社会责任的企业也有其道德层面的体现。Liao 等（2019）发现，自愿而非强制披露企业社会责任信息的企业不太可能从事欺诈活动。换言之，企业社会责任不是一种机会主义做法，而是一种减少企业不当行为的道德行动。

响。中国在全球经济中不断上升的重要性及其股票市场的深度，使我们能够利用基于价差的信息不对称度量的高频交易和报价数据进行实证检验。此外，2008年上交所和深交所要求部分上市公司披露企业社会责任表现的规定，为研究自愿性与强制性企业社会责任披露对市场信息不对称及其组成部分的不同影响提供了一个自然实验。

我们以2007—2015年中国A股上市公司为样本，分别检验了企业社会责任强制披露和自愿披露对信息不对称的影响。如果企业在该年度自愿披露企业社会责任报告，且在整个样本期间从未强制披露过企业社会责任报告，则我们将该企业年度定义为自愿披露年度。同样，如果企业在该年强制披露了企业社会责任，且在整个样本期间从未自愿披露过企业社会责任信息，则我们将该企业年度定义为强制披露年度。为了检验这两类企业社会责任信息披露可能影响信息不对称的渠道，我们参考了有关知情交易及其与股价暴跌风险（Zhang等，2016）和卖空（Christophe等，2010）相关的文献。知情交易使用股票收益同步性和公司卖空活动来表示。前者衡量股票价格中包含的公司特定信息和市场层面信息的相对数量。信息不透明程度较高的公司往往会表现出较高的股票收益同步性（即相对于公司特定信息而言，股票价格反映了更多的市场信息），并参与更多的卖空活动（Cohen等，2007）。由于企业特征会影响披露企业社会责任表现的决策和动机，我们还研究了分析师和媒体对企业的报道程度以及企业的信息透明度和报告质量。我们的直觉是，如果分析师和研究报告对披露企业社会责任的公司股票进行报道，投资者就会更多地了解这些股票并对其进行交易。有社会责任感的企业也会做出不同的会计和经营决策，从而影响其财务报告和盈余管理的质量（Kim等，2012；Jordaan等，2018）。因此，企业的社会责任披露可能与企业财务信息的透明程度和报告质量有关，从而影响市场上的知情交易。

我们的研究结果表明，一般来说，企业社会责任披露会减少信息不对称。通过区分自愿性披露和强制性披露，我们发现只有自愿性企业社会责任报告与信息不对称（即报价和有效价差）的减少有关，而强制性企业社会责任报告则没有影响。我们进一步发现，两种企业社会责任披露方式产生信息不对称效应的渠道存在差异。披露企业社会责任表现的公司，无论是自愿披露还是强制披露，都会得到更多金融分析师的关注和报道，从而提高公众对公司积极履行企业社会责任的认识。因此，知情投资者与非知情投资者之间的信息不对称（即第二类信息不对称）会减少，导致非知情投资者交易股票，从而减小其实现价差（即买卖价差中的非信息部分）。对于价差的信息部分（即价格影响），我们发现强制披露企业社会责任的公司与价格影响的增加（即逆向选择或第一类信息不对称产生的信息部分）呈正相关。我们没有发现自愿披露企业社会责任的公司存在这种关联。强制披露企业社会责任的公司的股票回报同步性增加，卖空活动增多。此外，这些公司容易进行全权委托盈余管理，缺乏财务透明度和信息披露。这些结果证实了我们对强制披露的基准研究；强制披露企业社会责任的公司对两种类型的信息不对称表现出显著但相反的影响，即价格影响部分的增加和实现价差部分的减少。由于这两种影响相互抵消，强制性企业社会责任披露对信息不对称度量（报价和有效价差）的净影响并不显著。

我们的实证结果表明，两种企业社会责任披露类型都只能减少知情投资者与非知情投资者之间的信息不对称（即第二类信息不对称）。然而，它们在减少公司与市场之间的信息不对称（即第一类信息不对称）方面并不奏效。该结果为企业社会责任信息披露的信息不对称减少效应提供了更多的启示。我们的研究表明，自愿披露企业的第一类信息不对称不仅没有减少，反而增加了强制披露企业的第一类信息不对称，这与投资者和监管者的预期背道而驰。

当我们采用双重差分（DID）和倾向得分匹配（PSM）检验时，我们的结果仍然是稳健的。DID方法捕捉了在强制企业社会责任报告授权下发布企业社会责任报告的公司（即处理公司）与未受该授权限制的公司（即对照公司）的信息不对称度量变化之间的差异。这种方法控制了其他可能影响信息不对称但与强制措施无关的市场冲击。将DID方法应用于PSM样本，可以减轻我们对处理公司并非随机选择的担忧。不进行企业社会责任报告的企业与强制发布企业社会责任报告的企业具有可比性。

我们的研究扩展了长期以来发现信息披露与基于利差的信息不对称测量之间存在负相关关系的文献（Welker，1995；Healy 等，1999；Heflin 等，2005；Brown 和 Hillegeist，2007）。我们从两个方面进行了研究。首先，与以往探讨年度报告、季度报告和投资者关系活动披露质量的研究不同，本文重点关注企业社会责任披露及其举措。其次，我们展示了强制性和自愿性企业社会责任信息披露影响信息不对称的渠道。这些渠道是信息不对称度量的价格影响（即信息影响）和实现价差（即非信息影响）。Hung 等学者（2013）的研究利用了一个准自然实验，即政府强制要求一部分上市公司发布企业社会责任（CSR）报告。他们发现，强制发布企业社会责任报告的公司在强制发布后信息不对称程度有所下降。相比之下，我们发现强制性企业社会责任披露增加了信息不对称度量的价格影响部分。造成结果差异的原因可能是：截至 2010 年的样本期较短，排除了自愿披露企业社会责任的公司，以及遗漏了买卖价差回归的重要控制变量，如股价波动率、机构所有权[①]、公司年龄、现金持有量和可交易股票比例。[②] 对于自愿披露企业社会责任的公司，我们发现信息不对称会通过其实现价差部分降低。这类股票受到分析师的更多关注，并被广泛报道，促使投资者对其进行投资。

我们的研究为相关文献提供了新的证据，说明强制披露与自愿披露企业社会责任信息不对称效应的区别。现有的会计和金融文献对中国等新兴市场的企业社会责任行为进行了阐述（Linnenluecke 等，2017；Han 等，2018），结论不一。一方面，有社会责任感的企业试图加强企业声誉，满足利益相关者的道德期望。另一方面，管理者也会出于机会主义而利用企业社会责任来追求自身利益（Jensen 和 Meckling，1976；Kim 等，2012）。本研究表明，强制性企业社会责任披露和自愿性企业社会责任披露在信息不对称效应上的差异与这两种观点有关。我们发现，只有采用强制性企业社会责任披露的公司

[①] 研究表明，机构投资者会影响企业的社会责任（Dyck 等，2019；Kim 等，2019）和信息不对称（Boone 和 White，2015；Rhee 和 Wang，2009；O'Neill 和 Swisher，2003）。

[②] 中国的股票市场由可交易股票和非可交易股票两部分组成。非流通股不上市，只能通过当局批准或拍卖进行交易，而流通股可在二级市场交易。研究表明，这种结构会影响公司治理和决策（Yeh 等，2009；Liu 和 Tian，2012）以及信息不对称（Attig 等，2006；Xiao，2015）。

才可能存在机会主义行为，这相当于增加了知情交易（即更显著的股票回报同步性和卖空活动）和缺乏信息透明度（即更多地参与随意性收益管理）。因此，可以观察到公司与市场之间存在更显著的信息不对称。而采用自愿性和强制性企业社会责任披露的公司被分析师更广泛地报道。因此，它们的报告覆盖面更广，投资者与这些公司之间的信息不对称程度更低。

鉴于企业社会责任在中国尚处于起步阶段，我们的论文是对这一新兴研究流的补充。针对中国的企业社会责任相关研究主要集中在股市回报（Wang 等，2011）、政府依赖（Marquis 和 Qian，2015）、政府与政治关系（Lin 等，2015）、资本成本（Xu 等，2015）、分析师覆盖率（Zhang 等，2015）、股价暴跌风险（Zhang 等，2016）、企业绩效与社会外部性（Chen 等，2018）以及企业欺诈（Liao 等，2019）等方面。我们的论文探讨了企业社会责任报告的作用及其对信息不对称的影响。具体来说，我们通过展示自愿性企业社会责任披露（与强制性企业社会责任披露不同）有助于缓解中国市场普遍存在的信息不对称的渠道的新证据，推动了相关文献的研究。在新兴市场背景下，虽然制度观点强调外部合法性和模仿压力，以确保企业以对社会负责的方式行事（Hoskisson 等，2000），但我们的研究结果表明了这种方法的局限性。强制企业编制企业社会责任报告可能无法真实反映企业的社会责任表现[①]，反而会扭曲管理者的行为，增加信息不对称。我们的研究结果表明，强制性企业社会责任报告公司往往表现出更明显的股票收益同步性，卖空率更高，更有可能进行收益管理。这些公司层面的因素表明知情交易更多，并表明与更大的信息不对称相关的逆向选择成本会增加。这项研究得出的结论对学者和政策制定者尤其有意义，他们希望了解企业社会责任披露对其他新兴市场的影响。

本文其余部分介绍如下。第二部分介绍了机构背景并提出了假设。第三部分讨论了数据来源、信息不对称度量和控制变量等。第四部分介绍了实证

[①] 有资料表明，企业的企业社会责任表现与一些企业层面的因素有关，如企业过去的财务绩效以及企业的社会和环境战略（Hoffman，1999；Montiel，2008）。

模型和结果。第五部分介绍了内生性检验和其他稳健性检验结果。第六部分总结本研究并得出结论。

二、机构背景和假设的提出

（一）机构背景

中国经济从高速增长向高质量增长转变，促使政府和市场从业者关注上市公司的可持续发展和环境保护责任。尽管在 2006 年之前，中国企业的企业社会责任承诺较低（Baskin，2006），但现在越来越多的企业开始披露与企业社会责任相关的信息。中国政府修订了法律法规，促进企业社会责任信息披露，以增强公司对企业社会责任的承诺。第一个正式的企业社会责任法案是在 2006 年《中华人民共和国公司法》[①] 中增加了第五条，要求公司"接受政府和社会公众的监督，承担社会责任"。然而，该条款对企业社会责任信息披露缺乏详细的强制性要求。2006 年，深交所发布了《深圳证券交易所上市公司社会责任指引》，要求上市公司同时提供企业社会责任报告和年度报告。2008 年，上交所发布了《关于加强上市公司社会责任承担工作的通知》以及《上海证券交易所上市公司环境信息披露指引》。2008 年 1 月，国务院国有资产监督管理委员会（SASAC）印发了《关于中央企业履行社会责任的指导意见》。

为促进中国上市公司履行透明的企业社会责任，深交所和上交所规定特定行业的上市公司必须披露企业社会责任报告。2008 年 12 月 31 日，上交所要求上证公司治理指数[②]中的境外上市公司和金融类公司发布年度企业社会责任报告。同样，深交所也要求深圳 100 指数[③]中的公司在发布年报的同时发布企业社会责任报告。考虑到中国证监会同时监管深交所和上交所，这可以被视为强制披露企业社会责任报告的第一步。在这一强制规定之后，披露企

---

① 见《中华人民共和国公司法》（2006）第五条。
② 截至 2008 年，上证公司治理指数由 230 家具有最佳治理实践的上市公司组成；深证 100 指数代表按总市值、自由流通市值和股票成交额排名的前 100 家 A 股上市公司。
③ 深证 100 指数代表按总市值、自由流通市值和股票成交额排名的前 100 家 A 股上市公司。

业社会责任报告的公司数量大幅增加。在上交所上市的290家发布2008财年企业社会责任报告的公司中，有258家公司发布了报告以满足强制性要求（Lin，2010）。如果企业不发布企业社会责任报告，将受到退市处罚，而企业和责任人都将受到舆论谴责。附录A摘录了两家证券交易所的企业社会责任强制披露公告。

（二）假设

在提出假设时，我们重点关注与买卖价差两部分相关的两类信息不对称：价格影响（PI）和实现价差（RS）。根据Barclay和Hendershott（2004）以及Hendershott等学者（2011）的研究，我们将买卖价差分解为价格影响（即价差的信息部分）和实现价差（即实际摩擦或价差非信息部分）。这种分解假设交易成本中的信息部分会导致证券价值在卖出（买入）后永久下降（上升）。相反，非信息部分只会导致价值的暂时变化。第一类信息不对称与公司和市场有关（称为第一类信息不对称），由价格影响（PI）来反映。如果公司披露的信息能有效地向市场传递新信息，那么第一类信息不对称就会减少。投资者，尤其是知情投资者，会根据这些新信息进行交易，从而导致证券价值的永久性变化。在这种情况下，价格影响（PI）会相应下降。第二类信息不对称涉及知情投资者和不知情投资者（第二类信息不对称）。它由买卖价差的非信息部分（RS）体现。假设一家公司的信息披露将现有信息从知情投资者传递给了不知情投资者（信息披露不一定影响第一类信息不对称）。在这种情况下，知情投资者与非知情投资者之间的信息不对称将减弱，非知情投资者的交易活动将导致证券价值的暂时性变化。因此，实现价差（RS）将属于这种情况。

当我们关注企业社会责任披露时，企业社会责任披露的类型（即强制披露还是自愿披露）可能会通过其组成部分（PI和RS）对信息不对称产生不同的影响。我们首先研究企业社会责任披露对信息不对称的非信息部分（RS）的影响。当一家公司披露其企业社会责任表现时，无论是自愿披露还是强制披露，都会吸引更多的投资者和分析师。由于投资者意识的提高和分析师覆盖面的扩大，我们预测披露可能会减少第二类信息不对称，从而导致信息不对称的非信息部分（RS）减少。因此，我们提出假设 H1：

假设 H1：企业社会责任（CSR）信息披露，无论是自愿披露还是强制披露，都会减少知情投资者与非知情投资者之间的信息不对称（第二类信息不对称），并与信息不对称中的非信息部分（以 RS 衡量）相关联。

当我们转向信息不对称的信息部分（PI）时，企业社会责任信息披露对不同类型信息披露的影响可能不同，这取决于信息披露是否使企业更加透明，是否能有效地向市场传递更多信息以减少第一类信息不对称。对于自愿披露的企业，我们预计会对买卖价差的信息部分（PI）产生两种不同的影响。自我选择披露企业社会责任的企业：①如果他们认为这种披露能有效传递新信息，使投资者和公司都受益的话，可能会向投资者和利益相关者披露更多有关公司属性的信息；②如果第一类信息不对称已经处于较低水平，这种披露不能有效传递任何新信息的话，可能不向投资者披露有关公司的新信息。如果企业认为其披露不能有效传递新信息，而且披露这些信息会损害自身利益，那么在不强制披露的情况下，它们会选择不披露其企业社会责任表现。基于上述分析，我们就自愿性企业社会责任披露与信息不对称的信息部分（PI）之间的关系提出了以下竞争性假设：

假设 H2a：自愿性企业社会责任（CSR）披露会减少企业与市场之间的信息不对称（第一类信息不对称）。它与买卖价差中信息量较少的部分相关，以价格影响（PI）来衡量。

假设 H2b：自愿性企业社会责任（CSR）披露并不能有效地揭示信息，从而影响公司与市场之间的信息不对称（第一类信息不对称），而且与买卖价差中的信息部分（PI）无关。

相比之下，监管部门强制要求披露的信息可能会对第一类信息不对称产生不同的影响。由于信息披露是深沪证券交易所（SZSE 和 SHSE）强制要求的，上市公司不能选择不披露。因此，强制披露公司可能会出现以下三种情况：①强制披露企业如果认为减少第一类信息不对称对投资者和企业都有利，就会通过企业社会责任披露向市场披露新信息；②强制披露企业会通过向市场隐瞒准确信息的方式进行更多的操纵（如盈余管理），在这种情况下，如果企业相信通过企业社会责任披露信息将会不利于公司，这将会导致强制性企业社会责任披露与更高的不透明性（即更高水平的第一类信息不对称）相关联；③如果第一类信息不对称已经处于较低水平，强制披露企业社会责任信息不会向市场披露任何新信息，因此这种披露不能有效传递任何新信息。基于上述分析，我们就强制性企业社会责任信息披露与买卖价差中的信息部分（PI）之间的关系提出了以下竞争性假设：

假设 H3a：强制性企业社会责任信息披露会减少公司与市场之间的信息不对称（第一类信息不对称），并与买卖价差中信息量较少的部分（以 PI 衡量）相关联。

假设 H3b：强制披露企业社会责任的公司会进行更多的信息操纵，增加公司与市场之间的信息不对称（第一类信息不对称）。并与买卖价差中信息含量较高的部分（以 PI 衡量）相关联。

假设 H3c：强制性企业社会责任信息披露不能有效揭示企业与市场之间的信息不对称（第一类信息不对称）。强制性披露与买卖价差的信息部分（以 PI 衡量）没有关联。

无论是自愿披露还是强制披露，企业社会责任披露在价格影响（PI）和实现价差（RS）的综合影响共同作用下，对衡量信息不对称程度的买卖双方产生净影响。假设企业社会责任信息披露对信息不对称部分（PI 和 RS）产生了相反的影响。这两种影响可能会相互抵消，导致对整体信息不对称的影响不明显。

三、数据、样本和变量构建

（一）数据和样本选择

企业社会责任披露数据来自 CSMAR 数据库和 Rankins CSR 评级数据库。CSMAR 企业社会责任数据库提供了自 2006 年起企业年度企业社会责任报告的统计数据。企业社会责任报告详细披露了九个不同问题的企业社会责任，包括股东权益保护、债权人、工人权益、供应商、客户、消费者、环境与可持续发展、公共关系和社会福利服务。我们将企业社会责任披露虚拟变量的九个组成部分相加，构建出企业社会责任披露指数。Rankins CSR 评级数据库提供了从 2009 年开始企业披露企业社会责任报告意愿的统计数据，无论企业是强制披露还是自愿披露企业社会责任年度报告。我们利用这两个数据库获得了企业社会责任披露指数和企业社会责任披露动机数据。

信息不对称度量的数据来自 Sirca 发布的 Thomson Reuters 股票历史数据。数据集包括报价日期、时间戳、交易价格、买入价和卖出价，时间戳记录到最接近的秒。我们假设没有报告延迟，也没有进行时间调整。我们按照标准的市场微观结构文献过滤交易和报价数据。市场参与者可通过计算机信息发布系统实时获得数据集中的所有信息。我们使用的是在上交所（SHSE）和深交所（SZSE）上市的所有股票，这两个市场是纯粹的订单驱动型市场，都运行电子自动交易系统。两家证券交易所开盘时都是竞价市场，并在交易日的剩余时间内作为连续市场运行。为避免不同交易结构对数据造成污染，我们不使用交易所开盘和收盘前后的交易和报价数据。

为避免跨市场效应，我们剔除了金融业公司，并考察了仅发行 A 股的公司。此外，我们还剔除了没有连续时间买卖价差数据的公司。我们的样本包括 665 家披露企业和 2150 家非披露公司，其中披露公司—年度观测值为 2977 个，非披露公司—年度观测值为 11507 个。最早的企业社会责任披露观测数据来自 2007 年，因此我们的样本期为 2007—2015 年。

（二）关键解释变量

为了识别企业自愿或强制披露企业社会责任的情况，我们使用了两个虚拟变量作为主要解释变量。第一个变量是 *CSRVOL*，如果一家公司在特定年份自愿披露企业社会责任报告，并且在整个样本期间从未履行监管机构颁布的强制性企业社会责任披露要求，则该变量记为 1，否则记为 0。同样，我们还使用了另一个虚拟变量 *CSRMAD*，如果一家公司在某一年满足了强制性企业社会责任披露要求，且在整个样本期间从未自愿披露过企业社会责任报告，则该变量等于1，否则等于0。

为确保自愿披露企业社会责任报告和强制披露企业社会责任报告的两个样本相互排斥，我们剔除了59家自愿披露企业社会责任报告并在强制披露企业社会责任报告发布后满足强制披露要求的企业。这些企业仅占披露企业总数的8%左右，占样本企业总数的2%左右。换言之，在我们的样本中，强制披露企业绝不会自愿披露企业社会责任，反之亦然。

（三）因变量

我们采用了两种广泛使用的衡量信息不对称的价差指标，即报价价差和有效价差。它们的计算方法如式（1）和式（2）所示：

$$\text{Quoted}_{\text{Spread}}(QS)_{i,t} = \frac{ask\_price_{i,t} - bid\_price_{i,t}}{M_{i,t}} \quad (1)$$

$$\text{Effective}_{\text{Spread}}(ES)_{i,t} = \frac{2Q_{it}(Price_{i,t} - M_{i,t})}{M_{i,t}} \quad (2)$$

其中，$Price_{i,t}$是股票在t时刻的成交价，而$M_{i,t}$是时间t的现行报价中点。Q_{it}是时间t的交易类型指标，如果是买方发起的交易，其值为+1；如果是卖方发起的交易，其值为-1。

为了确定企业社会责任信息披露可能减少信息不对称的两个渠道，我们效仿Barclay和Hendershott（2004）以及Hendershott等（2011）的研究，将价差分解为实现价差（RS）和价格影响（PI）。实现价差和价格影响是有效半价差的两个组成部分，两者之和等于有效半价差，有效半价差的定义如下：

$$\text{Effective half-spread} = \text{Realizedspread} + \text{Priceimpact} \quad (3)$$

实现价差和价格影响的计算方法如下：

$$\text{Realizedspread}_{it} = Q_{it}(Price_{it} - M_{i,t+5})/M_{i,t} \quad (4)$$

$$\text{Priceimpact}_{it} = Q_{it}(M_{i,t+5} - M_{i,t})/M_{i,t} \quad (5)$$

其中，Q_{it}、$Price_{it}$和$M_{i,t}$定义如式（1），而$M_{i,t+5}$是t时刻5分钟之后的报价中点。我们使用盘中数据计算每家公司的日均报价价差、有效价差、实现价差和交易对价格的影响。然后，我们平均了每个日历年的每日观测数据，得出每个公司的年度衡量指标。

为了进一步确定企业社会责任信息披露类型是否与公司的知情交易相关，我们使用了两种衡量知情交易的方法，即公司的股票收益同步性和卖空活动。股票收益同步性反映了个股与市场共同波动的程度。股票价格中包含的公司特定信息和市场层面信息的相对数量会影响股票收益同步性的水平；较高的股票收益同步性反映了相对于公司特定信息而言更多的市场层面信息（Dang 等，2015；Fernandes 和 Ferreira，2008；Hutton 等，2009）。依据 Hutton 等学者（2009）的方法，我们采用 R^2（决定系数）测量法并运行以下扩展指数模型回归：

$$r_{j,t} = \alpha_j + \beta_{1,j}r_{m,t-1} + \beta_{2,j}r_{i,t-1} + \beta_{3,j}r_{m,t} + \beta_{4,j}r_{i,t} + \beta_{5,j}r_{m,t+1} + \beta_{6,j}r_{i,t+1} + \varepsilon_{j,t} \tag{6}$$

其中，$r_{j,t}$ 是股票 j 在第 t 周的收益率，$r_{m,t}$ 是价值加权市场指数，$r_{i,t}$ 是价值加权行业指数。这些 R^2 值来自回归（6）。与 Hutton 等（2009）和 Dimson（1979）的做法一致，我们通过将领先和滞后的市场和行业回报纳入其中来调整非同步交易。[①] 该 R^2 衡量股票回报的信息量。高 R^2 表示市场内的共同波动较大，因此股票价格中的公司特定信息较少。

文献中通常对第二种知情交易措施——卖空活动进行研究（Boehmer 和 Wu，2013；Saffi 和 Sigurdsson，2010）。一些研究表明，对卖空者的限制能有效减少坏消息的扩散（Boehme 等，2006；Diamond 和 Verrecchia，1987）。Engelberg 等（2012）的研究表明，卖空者的交易优势来自他们分析公开信息的能力。Cohen 等（2007）使用股票贷款费用和数量的专有数据来研究做空市场与股票价格之间的联系。他们发现，做空需求是预测未来股票回报的重要指标。在公共信息流动较少的环境中，这种预测作用更强，这表明做空对于传递私人信息至关重要。卖空量的计算方法是年度股票卖空量与可交易总

[①] 我们的研究结果对不同的模型，即 Fama French 三因子模型（Fama 和 French，1993）和 Carhart（1997）模型，以及不同的时间频率（每周或每月）都是稳健的。

量的比率（SHORT）。卖空活动越活跃，表明知情交易越多。卖空数据的样本期为2012—2015年①，数据来自CSMAR数据库。

我们考虑公司的信息透明度和财务报告质量，以了解与信息不对称相关的公司特征。分析师和研究报告对公司的报道越多，公司在市场上的信息量就越大，内部（知情）投资者和外部（不知情）投资者之间的信息不对称程度就越低。为此，我们使用分析师的报道数量（ANALYST）和每年关于股票的研究报告数量（REPORT）。Kim等（2012）的研究表明，具有社会责任感的企业会做出不同的会计和运营决策，从而影响其财务报告和收益管理的质量。

最后，我们使用操纵性应计利润（DA）来估算公司的盈余管理。按照Kothari等（2005）和Jones（1991）的方法，我们对盈余管理的计算方法如式（7）所示：

$$\frac{TA_{i,t}}{A_{i,t-1}} = \beta_0 + \beta_1 \frac{1}{A_{i,t-1}} + \beta_2 \frac{\Delta REV_{i,t}}{A_{i,t-1}} + \beta_3 \frac{\Delta PPE_{i,t}}{A_{i,t-1}} + \beta_4 ROA_{i,t} + \varepsilon_{i,t} \quad (7)$$

其中，应计费用总额 $TA = (\Delta CA - \Delta CASH) - (\Delta CL - \Delta CLD) - DEP$。这里 ΔCA 是流动资产的变化；$\Delta CASH$ 是现金及现金等价物的变化；ΔCL 是流动负债的变化；ΔCLD 是长期负债短期部分的变化，DEP 是折旧费用。参照回归（7），A 表示总资产；ΔREV 是销售收入的变化；PPE 表示固定资产，DEP 是折旧成本。ΔREC 是应收账款的变化。DA 是回归（7）的预测残差，计算式如式（8）所示：

$$DA_t = \frac{TA_{i,t}}{A_{i,t-1}} - \hat{\beta}_0 - \hat{\beta}_1 \frac{1}{A_{i,t-1}} - \hat{\beta}_2 \left(\frac{\Delta REV_{i,t}}{A_{i,t-1}} - \frac{\Delta REC_{i,t}}{A_{i,t-1}} \right) - \hat{\beta}_3 \frac{\Delta PPE_{i,t}}{A_{i,t-1}} - \hat{\beta}_4 ROA_{i,t}$$

(8)

在随后的回归分析中，我们使用绝对操纵性应计利润（ABS_DA）、正操纵性应计利润（POS_DA）和负操纵性应计利润（NEG_DA）作为盈余管理的代理变量，以确定企业社会责任信息披露的动机是否与盈余管理相关。盈余

---

① 在2011年11月25日上海证券交易所实施保证金交易规则之前，中国股市的证券保证金交易从未受到监管。

管理可能与增加收入的应计项目或减少收入的应计项目有关,也可能与两者都有关(Warfield 等,1995;Klein,2002)。

(四)控制变量

根据先前的研究(Diamond 和 Verrecchia,1991;Brockman 和 Chung,1999;Heflin 和 Shaw,2000;Brockman 等,2009),我们在本文第四部分的基准回归中控制了股价(*PRICE*)、公司规模(*SIZE*)、杠杆比率(*LEV*)、股票回报波动率(*VOL*)、股票周转率(*TURNOVER*)、机构持股比例(*INSI*)、可交易股份比率(*TRADABLE*)、现金持有比率(*CASH*)、公司年龄(*AGE*)、国有企业哑变量(*STATE*)和沪深300指数哑变量(*INDEX*)。

在研究企业社会责任信息披露影响信息不对称渠道的实证检验中,我们根据相关文献,在基准模型的基础上加入了不同的控制变量。具体来说,在分析师覆盖率检验中,我们根据相关文献(Bhushan,1989;Barron 等,2002;Irvine,2000;Barth 等,2001;Alford 等,1999;Brennan 和 Hughes,1991;McNichols 和 O'Brien,1997)进一步控制了每股收益波动率(*VOLEPS*)、交易量(*TRV*)、市净率(*PB*)、研发率(*RDR*)和研发哑变量(*RD*)。在对知情交易的检验中,我们按照以往的研究(Brent 和 Morse,1990;Hurtado-Sanchez,1978;Dechow 等,2001;Jones 和 Lamout,2002;Asquith 等,2005),对公司规模(*SIZE*)、市账率(*PB*)、机构所有权(*INSI*)、市场贝塔系数(*BETA*)、股票周转率(*TURNOVER*)和股票年收益率(*RET*)进行了控制。关于盈余管理的检验,我们沿用 Kim 等(2012)的方法,控制公司规模(*SIZE*)、市账率(*PB*)、公司杠杆率(*LEV*)、资产收益率(*ROA*)、研发强度(*RD_INT*)、股票发行哑变量(*EO*)、国有企业哑变量(*STATE*)和公司年龄(*AGE*)。机构持股比例和沪深300指数来自 Wind 数据库,其他数据均来自 CSMAR 数据库。[①]

[①] 我们对因变量和几个控制变量(即 *QS*、*ES*、*PI*、*RS*、*ANALYST*、*REPORT*、*PRICE*、*SIZE*、*TURNOVER*、*AGE*、*PB* 和 *TRV*)进行自然对数转换,以减少数据中出现的高度偏斜和峰度。

（五）描述性统计

表 1 提供了本文所用变量的统计摘要。面板 A 描述了本文使用的因变量。面板 B 描述了与不同类型企业社会责任信息披露相关的关键变量。面板 C 描述了本文使用的控制变量。附录 B 提供了详细的变量定义。

表 1　　变量简要统计

Panel A

Dependent Variables	N	Mean	Std. Dev.	P95	P75	P50	P25	P5
Relative quoted spread（QS,%）	14484	0.173	0.076	0.316	0.203	0.156	0.123	0.087
Effective quoted spread（ES,%）	14484	0.168	0.075	0.309	0.196	0.151	0.118	0.083
Realized spread（RS,%）	14467	0.058	0.026	0.105	0.070	0.053	0.041	0.026
Price impact（PI,%）	14467	0.030	0.017	0.061	0.036	0.026	0.019	0.010
Analyst coverage（ANALYST）	14355	7.683	8.539	26.000	11.000	4.000	1.000	1.000
Report coverage（REPORT）	14355	13.838	19.165	54.000	18.000	6.000	2.000	1.000
Short sales ratio（SHORT）	2003	0.025	0.039	0.094	0.031	0.010	0.002	0.000
R^2	13392	0.299	0.188	0.629	0.428	0.277	0.146	0.041
Absolute DA（ABS_DA）	13408	0.149	1.467	0.381	0.159	0.081	0.036	0.007
Positive DA（POS_DA）	6641	0.164	2.064	0.381	0.160	0.081	0.036	0.007

续 表

Panel A

Dependent Variables	N	Mean	Std. Dev.	P95	P75	P50	P25	P5
Negative DA (NEG_DA)	6767	-0.134	0.284	-0.007	-0.036	-0.080	-0.158	-0.383

Panel B

Variables of Interest	N	Mean	Std. Dev.	P95	P75	P50	P25	P5
CSR disclosure (CSRDISC)	14484	0.206	0.404	1	0	0	0	0
Voluntary CSR disclosure (CSRVOL)	14484	0.093	0.291	1	0	0	0	0
Mandatary CSR disclosure (CSRMAD)	14484	0.112	0.316	1	0	0	0	0
CSR disclosure index (CSRINDEX)	14484	1.085	2.656	8	0	0	0	0
Voluntary CSR index (CSRINDEXVOL)	14484	0.546	1.981	7	0	0	0	0
Mandatory CSR index (CSRINDEXMAD)	14484	0.540	1.928	7	0	0	0	0
Voluntary social donations disclosure (CSRDOVOL)	14484	0.071	0.256	1	0	0	0	0
Mandatory social donations disclosure (CSRDOMAD)	14484	0.071	0.256	1	0	0	0	0

续 表

Panel B

Variables of Interest	N	Mean	Std. Dev.	P95	P75	P50	P25	P5
Voluntary environment disclosure (CSRENVOL)	14484	0.072	0.258	1	0	0	0	0
Mandatory environment disclosure (CSRENMAD)	14484	0.073	0.260	1	0	0	0	0

Panel C

Control Variables	N	Mean	Std. Dev.	P95	P75	P50	P25	P5
Stock price (PRICE, yuan)	14484	15.061	13.039	37.573	18.533	11.470	7.253	3.766
Firm size (SIZE, billions)	14481	6.009	12.400	19.190	5.939	3.118	1.732	0.676
Leverage (LEV)	14480	0.453	0.227	0.812	0.618	0.451	0.277	0.096
Share turnover (TURNOVER)	14484	19.323	13.284	45.022	25.350	15.976	9.944	4.546
Stock return volatility (VOL)	14479	0.036	0.020	0.056	0.041	0.031	0.025	0.020
Institutional ownership (INSI, %)	11699	5.621	5.501	16.125	8.135	4.060	1.510	0.350
Cash asset ratio (CASH)	14193	0.176	0.150	0.499	0.233	0.130	0.072	0.021
Tradable ratio of stock (TRADABLE)	13084	0.638	0.271	0.047	0.406	0.605	0.953	0.676
CSI 300 index (INDEX)	14484	0.112	0.316	1.000	0.000	0.000	0.000	0.000

续 表

Panel C

Control Variables	N	Mean	Std. Dev.	P95	P75	P50	P25	P5
SOE dummy (STATE)	14236	0.269	0.443	1.000	1.000	0.000	0.000	0.000
Firm age (AGE)	14484	13.497	5.456	22.000	17.000	13.000	9.500	5.000
Volatility of EPS (VOLEPS)	13812	0.214	0.252	0.718	0.262	0.131	0.061	0.017
Trading volume (TRV, trillions)	14484	2.020	3.260	6.564	2.323	1.164	0.560	0.189
Price to book value per share (PB)	13759	4.169	3.753	10.601	4.964	3.119	1.991	1.138
R&D expense ratio (RDR)	14484	0.024	0.041	0.102	0.036	0.000	0.000	0.000
R&D dummy (RD)	14484	0.496	0.500	1.000	1.000	0.000	0.000	0.000
Annual stock return (RET)	13844	0.479	0.877	2.251	0.852	0.289	-0.122	-0.597
Market beta (BETA)	13689	1.065	0.270	1.470	1.247	1.098	0.904	0.561
Return on asset (ROA)	13940	0.049	0.078	0.170	0.077	0.040	0.013	-0.065
R&D intensity (RD_INT)	14481	0.021	0.035	0.088	0.034	0.000	0.000	0.000
Equity offering (EO)	14484	0.119	0.324	1.000	0.000	0.000	0.000	0.000

因变量、企业社会责任披露和其他控制变量的描述性统计见表1。表1列出了我们在分析中使用的变量的汇总统计。面板A列出了所调查使用的因变量的汇总统计；平均相对（有效）报价价差约为0.173%（0.168%）。实现价差平均为0.058%，而价格影响平均为0.030%。这两个部分的总和约等于有效价差的一半。此外，我们还发现，分析师覆盖公司的平均次数约为8次，

而报告的平均次数约为 14 次。对于知情交易的其他衡量指标，平均 R^2 为 29.9%，而卖空率为 2.5%。绝对 DA 的平均值为 0.149，正 DA 为 0.164，负 DA 为 -0.134。

面板 B 显示了一系列企业社会责任（CSR）披露指标的统计摘要，这些指标是我们研究的关键解释变量。从面板 B 中我们可以看到，在我们的样本中，披露企业社会责任报告的企业的平均比例为 20.6%。其中，自愿披露企业占 9.3%，强制披露企业占 11.2%。就企业社会责任披露指数而言，样本企业平均至少披露了 1 个与企业社会责任相关的问题。自愿性企业社会责任指数和强制性企业社会责任指数的平均值分别为 0.546 和 0.540。有两个企业社会责任披露议题是常见的，即社会捐赠和环境保护。7.1%（7.1%）的企业自愿（强制）披露社会捐赠。7.2%（7.3%）的企业自愿（强制）披露环境保护信息。

面板 C 显示了其他解释变量的统计摘要。样本中的平均股价和交易量分别为 15.061 元和 2.02 万亿元。公司平均规模为 60.09 亿元，股票日收益率的标准差为 3.6%。公司杠杆率和现金持有率的均值分别为 45.3% 和 17.6%。在我们的样本中，机构持股比例均值为 5.621%，可流通股比例均值为 63.8%。样本中 11.2% 的公司被纳入沪深 300 指数①，其中国有企业占 26.9%。企业平均年龄约为 13.5 年。每股收益的平均波动率为 0.214，每股价格与账面价值的比率为 4.169，研发率为 0.024。49.6%（11.9%）的企业有研发支出（发行股票），平均研发强度为 0.021。平均投资回报率、市场贝塔系数和股票年回报率分别为 0.049、1.065 和 0.479。

四、实证模型和结果

基准模型采用集合 OLS 回归估算。我们的数据集有一个特点，即其中有

---

① 沪深 300 指数由 300 只规模最大、流动性最好的 A 股股票组成。该指数旨在反映中国 A 股市场的整体表现。

许多公司没有披露企业社会责任，企业社会责任披露状况也没有时间序列变化。因此，在研究中使用固定效应模型会导致重要观测值的丢失。在稳健性检验中，我们使用固定效应模型对样本期内企业社会责任报告状态随时间变化的企业重新进行了主回归估计。基准回归模型如下：

$$INFASY_{i,t} = \alpha_0 + \alpha_1 CSRDISC_{i,t-1} + \alpha_2 PRICE_{i,t-1} + \alpha_3 SIZE_{i,t-1} + \alpha_4 LEV_{i,t-1} + \alpha_5 TURNOVER_{i,t-1} + \alpha_6 VOL_{i,t-1} + \alpha_7 INDEX_{i,t-1} + \alpha_8 INSI_{i,t-1} + \alpha_9 STATE_{i,t-1} + \alpha_{10} CASH_{i,t-1} + \alpha_7 TRADABLE_{i,t-1} + \alpha_8 AGE_{i,t-1} + \sum \beta_q D_q + \varepsilon_{i,t} \quad (9)$$

我们通过回归模型（9）来分析企业社会责任披露（CSRDISC）与信息不对称（INFASY）之间的关系。信息不对称（INFASY）由报价价差（QS）和有效价差（ES）衡量。为了分析企业社会责任信息披露影响信息不对称的渠道，我们将信息不对称度量进一步分解为价格影响（PI）和实现价差（RS），并将它们分别与第一类信息不对称和第二类信息不对称渠道相关联。CSRDISC是一个虚拟变量，如果公司披露了企业社会责任报告，则表示1，否则表示0。为了进一步检验企业社会责任披露类型是否会对信息不对称产生不同影响，我们在回归模型（9）中分别用自愿性企业社会责任披露（CSRVOL）或强制性企业社会责任披露（CSRMAD）代替企业社会责任披露（CSRDISC）。换言之，自愿性企业社会责任披露（CSRVOL）对信息不对称度量的回归排除了样本中强制性企业社会责任披露的观测值，以便将未披露企业社会责任的公司作为比较基准。出于同样的原因，我们在进行强制性企业社会责任披露（CSRMAD）与信息不对称度量的回归时也做了类似的排除。为了稳健起见，我们还在同一回归中包含了自愿性企业社会责任披露（CSRVOL）和强制性企业社会责任披露（CSRMAD）。

在回归模型（9）中，我们加入了本文第三部分所述的一组控制变量。我们还控制了年份虚拟变量（D）和行业虚拟变量（Z），以捕捉年份和行业对信息不对称的固定效应。

我们利用前一年的企业社会责任披露信息来研究企业社会责任披露对信息不对称的影响。由于企业社会责任披露信息不是在每年年底报告，而是在次年3月下旬报告，因此使用前一年的信息可以规避信息发布的延迟。此外，与同期值相比,使用前一年的信息能更好地捕捉因果效应。我们还将所有其他控制变量的前一年值应用到模型中。

最后,我们研究了企业社会责任披露对信息不对称的影响渠道。确切地说,我们要确定自愿性企业社会责任披露和强制性企业社会责任披露会如何影响知情交易、分析师覆盖率和盈余管理。

(一)信息不对称与企业社会责任披露

表 2 展示对信息不对称度量的实证回归结果,包括报价价差(QS)、有效价差(ES)与企业社会责任披露(CSRDISC)、自愿性企业社会责任披露(CSRVOL)和强制性企业社会责任披露(CSRMAD)的关系。回归还控制了日均股价(PRICE)、市场规模(SIZE)、杠杆率(LEV)、日均股票周转率(TURNOVER)、股票收益波动率(VOL)、表示股票是否被纳入沪深 300 指数的虚拟变量(INDEX)、机构投资者持股比例(INSI)、表示公司是否为国有企业的虚拟变量(STATE)、现金资产比率(CASH)、股票可交易比率(TRADABLE)和公司年龄(AGE)。QS、ES、PRICE、SIZE、TURNOVER 和 AGE 均为对数形式。样本期为 2007—2015 年。涉及 CSRVOL(CSRMAD)的回归排除了强制性企业社会责任披露(自愿性企业社会责任披露)的观测值,***、** 和 * 分别表示系数在 1%、5% 和 10% 时显著。详细变量定义见附录 B。

表 2 信息不对称与企业社会责任披露

	CSR disclosure		Voluntary CSR		Mandatory CSR		Voluntary & Mandatory	
	(1) QS	(2) ES	(3) QS	(4) ES	(5) QS	(6) ES	(7) QS	(8) ES
$CSRDISC_{i,t-1}$	-0.017*** (-3.364)	-0.018** (-3.080)						
$CSRVOL_{i,t-1}$			-0.019*** (-5.012)	-0.015*** (-4.767)			-0.020*** (-6.190)	-0.017*** (-5.894)
$CSRMAD_{i,t-1}$					-0.010 (-0.976)	-0.016 (-1.289)	-0.012 (-1.269)	-0.018 (-1.494)
$PRICE_{i,t-1}$	-0.319*** (-11.817)	-0.334*** (-11.923)	-0.294*** (-10.944)	-0.308*** (-11.093)	-0.316*** (-11.335)	-0.331*** (-11.451)	-0.319*** (-11.806)	-0.334*** (-11.918)

续 表

	CSR disclosure		Voluntary CSR		Mandatory CSR		Voluntary & Mandatory	
	(1) QS	(2) ES	(3) QS	(4) ES	(5) QS	(6) ES	(7) QS	(8) ES
$SIZE_{i,t-1}$	-0.221*** (-24.131)	-0.220*** (-25.476)	-0.229*** (-24.305)	-0.229*** (-29.113)	-0.225*** (-26.247)	-0.224*** (-27.997)	-0.221*** (-23.587)	-0.220*** (-24.925)
$LEV_{i,t-1}$	0.003 (0.354)	0.000 (0.036)	0.004 (0.422)	0.001 (0.103)	0.002 (0.230)	-0.001 (-0.050)	0.003 (0.351)	0.000 (0.037)
$TURNOVER_{i,t-1}$	-0.312*** (-46.876)	-0.315*** (-40.803)	-0.311*** (-44.674)	-0.313*** (-41.322)	-0.313*** (-45.033)	-0.315*** (-38.938)	-0.312*** (-46.669)	-0.315*** (-40.790)
$VOL_{i,t-1}$	0.259*** (4.294)	0.249*** (3.928)	0.251*** (4.296)	0.242*** (3.948)	0.250*** (4.317)	0.239*** (3.910)	0.259*** (4.285)	0.249*** (3.914)
$INDEX_{i,t-1}$	0.010 (0.641)	0.005 (0.335)	0.019 (0.934)	0.011 (0.563)	0.012 (0.691)	0.008 (0.498)	0.009 (0.568)	0.005 (0.349)
$INSI_{i,t-1}$	0.003*** (9.869)	0.003*** (9.304)	0.004*** (9.424)	0.004*** (8.952)	0.003*** (9.594)	0.003*** (9.003)	0.003*** (9.843)	0.003*** (9.308)
$STATE_{i,t-1}$	-0.026*** (-7.447)	-0.031*** (-7.941)	-0.025*** (-11.722)	-0.030*** (-13.825)	-0.026*** (-8.942)	-0.031*** (-9.080)	-0.026*** (-7.795)	-0.031*** (-8.267)
$CASH_{i,t-1}$	0.001 (0.161)	0.001 (0.261)	0.000 (0.053)	0.001 (0.171)	0.000 (0.127)	0.001 (0.230)	0.001 (0.158)	0.001 (0.262)
$TRADABLE_{i,t-1}$	-0.415*** (-24.615)	-0.429*** (-23.671)	-0.399*** (-19.965)	-0.411*** (-18.760)	-0.417*** (-23.550)	-0.431*** (-27.123)	-0.416*** (-25.515)	-0.429*** (-25.416)
$AGE_{i,t-1}$	0.013 (1.161)	0.007 (0.659)	0.016 (1.829)	0.011 (1.185)	0.012 (1.221)	0.007 (0.672)	0.012 (1.161)	0.007 (0.668)
Year FE	Yes	Yes	Yes	Yes	Yes	Yes	Yes	Yes
Industry FE	Yes	Yes	Yes	Yes	Yes	Yes	Yes	Yes
N	13084	13084	11802	11802	12015	12015	13084	13084
R^2	0.779	0.779	0.766	0.766	0.783	0.783	0.779	0.779

我们首先研究企业社会责任披露和不同披露类型如何影响企业的整体信息不对称。表2列出了信息不对称度量，即报价利差（QS）和有效利差（ES），对企业社会责任披露（CSRDISC）、自愿性企业社会责任披露（CSRVOL）和强制性企业社会责任披露（CSRMAD）的回归结果。列（1）、列（2）显示了企业社会责任披露结果，表明了企业社会责任披露与信息不对称度量之间的关系。列（3）和列（4）显示了自愿性企业社会责任披露（CSRVOL）的结果。列（5）和列（6）

是强制性企业社会责任披露（CSRMAD）的结果，列（7）和列（8）是将自愿性和强制性企业社会责任披露虚拟变量包含在一个回归中的结果。

列（1）和列（2）的回归结果显示，披露企业社会责任可以显著降低报价价差（-0.017）和有效价差（-0.018）。系数表明，与不披露企业社会责任的公司相比，披露企业社会责任的公司的报价价差（有效价差）降低了1.70%（1.80%）。至于自愿披露企业社会责任的结果，列（3）和列（4）显示，自愿披露企业社会责任的系数也是负的，并且在统计上是显著的。与没有披露企业社会责任的公司相比，自愿披露企业社会责任的公司的报价价差（有效价差）低约1.90%（1.50%）。对于列（5）和列（6）中强制披露企业社会责任的结果，强制披露企业社会责任对报价价差和有效价差的影响都不显著。当我们将自愿性和强制性企业社会责任披露虚拟变量同时纳入整个样本的回归中时，我们在列（7）和列（8）中发现了类似的结果。总的来说，这些发现意味着自愿性企业社会责任披露对信息不对称的影响可能不同于强制性企业社会责任披露。

在控制变量方面，这些结果基本符合预期。简言之，股价越高、公司规模越大、换手率越高、股票收益波动性越小、可流通股比例越高的公司、国有企业以及沪深300指数板块中的公司往往具有较小的报价价差和有效价差，从而降低了信息不对称程度。

总体而言，我们的研究结果表明，企业社会责任信息披露，尤其是自愿性企业社会责任披露，与信息不对称程度的降低有显著关联。然而，我们并没有发现强制性企业社会责任披露对信息不对称有任何重大影响。

（二）企业社会责任披露影响信息不对称的渠道

为了找出这两种企业社会责任披露类型对信息不对称产生不同影响的原因，我们进一步将买卖价差分解为价格影响和实现价差。这样，我们就可以将价差中的信息部分与非信息部分分开，从而说明企业社会责任披露是如何分别影响第一类和第二类信息不对称的。

表3展示了非信息摩擦成本（RS）、信息摩擦成本（PI）对自愿性企业社

会责任披露（CSRVOL）和强制性企业社会责任披露（CSRMAD）的回归实证结果。回归还控制了日均股票价格（PRICE）、市场规模（SIZE）、杠杆率（LEV）、日均股票周转率（TURNOVER）、股票收益波动率（VOL）、表示股票是否被纳入沪深300指数的虚拟变量（INDEX）、机构投资者持股比例（INSI）、表示公司是否为国有企业的虚拟变量（STATE）、现金资产比率（CASH）、股票可交易比率（TRADABLE）和公司年龄（AGE）。RS、PI、PRICE、SIZE、TURNOVER和AGE采用对数形式。样本期为2007—2015年。涉及CSRVOL（CSRMAD）的回归排除了强制性企业社会责任披露（自愿性企业社会责任披露）的观测值，***、**和*分别表示系数在1%、5%和10%时显著。详细变量定义见附录B。

表3　　非信息摩擦成本、信息摩擦成本与企业社会责任披露

	CSR disclosure		Voluntary CSR		Mandatory CSR		Voluntary & Mandatory	
	(1) RS	(2) PI	(3) RS	(4) PI	(5) RS	(6) PI	(7) RS	(8) PI
$CSRDISC_{i,t-1}$	-0.036** (-2.818)	0.024 (1.106)						
$CSRVOL_{i,t-1}$			-0.020*** (-3.760)	0.002 (0.165)			-0.022*** (-5.206)	0.001 (0.097)
$CSRMAD_{i,t-1}$					-0.050** (-2.451)	0.054** (2.360)	-0.052** (-2.325)	0.049* (2.128)
$PRICE_{i,t-1}$	-0.312*** (-8.607)	-0.337*** (-11.860)	-0.279*** (-8.764)	-0.322*** (-9.869)	-0.307*** (-9.199)	-0.337*** (-17.127)	-0.312*** (-8.623)	-0.337*** (-18.174)
$SIZE_{i,t-1}$	-0.218*** (-35.627)	-0.272*** (-9.353)	-0.228*** (-39.358)	-0.279*** (-9.153)	-0.222*** (-50.348)	-0.279*** (-13.709)	-0.217*** (-35.314)	-0.274*** (-13.948)
$LEV_{i,t-1}$	0.021 (1.657)	-0.046*** (-3.938)	0.020 (1.588)	-0.044*** (-4.147)	0.020* (1.901)	-0.049*** (-8.931)	0.021 (1.660)	-0.047*** (-8.622)
$TURNOVER_{i,t-1}$	-0.329*** (-35.452)	-0.309*** (-8.919)	-0.325*** (-45.950)	-0.309*** (-10.488)	-0.330*** (-52.545)	-0.310*** (-15.672)	-0.329*** (-35.919)	-0.310*** (-17.119)
$VOL_{i,t-1}$	0.296*** (4.742)	0.036 (0.368)	0.289*** (5.127)	0.023 (0.222)	0.289*** (4.675)	0.024 (0.252)	0.295*** (4.713)	0.037 (0.417)
$INDEX_{i,t-1}$	-0.037 (-1.549)	0.046 (1.282)	-0.006 (-0.224)	-0.003 (-0.102)	-0.026 (-1.122)	0.036 (1.181)	-0.033 (-1.402)	0.039 (1.348)
$INSI_{i,t-1}$	0.004***	0.004***	0.004***	0.005***	0.004***	0.004***	0.004***	0.004***

续 表

	CSR disclosure		Voluntary CSR		Mandatory CSR		Voluntary & Mandatory	
	(1) RS	(2) PI	(3) RS	(4) PI	(5) RS	(6) PI	(7) RS	(8) PI
$STATE_{i,t-1}$	(12.339) -0.027***	(8.320) -0.038***	(12.657) -0.026***	(8.345) -0.039***	(23.533) -0.027***	(13.828) -0.038***	(12.605) -0.026***	(16.824) -0.039***
$CASH_{i,t-1}$	(-6.545) 0.000	(-5.440) 0.005	(-8.498) -0.000	(-7.142) 0.004	(-9.820) 0.000	(-8.418) 0.004	(-6.565) 0.000	(-8.876) 0.005
$TRADABLE_{i,t-1}$	(0.069) -0.435***	(0.681) -0.464***	(-0.159) -0.403***	(0.641) -0.469***	(0.036) -0.432***	(0.730) -0.476***	(0.084) -0.431***	(0.787) -0.470***
$AGE_{i,t-1}$	(-14.731) 0.019*	(-10.760) -0.035*	(-15.418) 0.023**	(-10.246) -0.031*	(-25.386) 0.017**	(-11.657) -0.033***	(-15.376) 0.019*	(-13.242) -0.036***
Year FE	(1.871) Yes	(-2.228) Yes	(2.871) Yes	(-2.146) Yes	(2.391) Yes	(-3.526) Yes	(1.936) Yes	(-4.173) Yes
Industry FE	Yes	Yes	Yes	Yes	Yes	Yes	Yes	Yes
N	13075	12986	11793	11711	12007	11928	13075	12986
R^2	0.651	0.534	0.631	0.534	0.657	0.542	0.651	0.534

表3列出了以实现价差（RS）和价格影响（PI）为因变量的回归结果。我们采用了与基准模型相同的控制变量。前两列显示了企业社会责任披露的结果。列（3）和列（4）显示自愿性企业社会责任披露（CSRVOL）的结果。列（5）和列（6）显示了强制性企业社会责任披露（CSRMAD）的结果，而列（7）和列（8）则显示了将自愿性和强制性企业社会责任披露虚拟变量都纳入整个样本回归时的结果。

列（1）和列（2）的回归结果表明，披露企业社会责任信息的公司可以显著降低3.6%的实现价差。同时，企业社会责任披露与价格影响之间不存在统计意义上的显著影响。这些结果表明，企业社会责任披露可以明显降低知情投资者与非知情投资者之间的信息不对称（第二类信息不对称），但未能明显影响企业与市场之间的信息不对称（第一类信息不对称）。

当把企业社会责任披露分解为自愿性企业社会责任披露和强制性企业社会责任披露时，列（3）和列（5）的结果显示，自愿性企业社会责任披露和强制性企业社会责任披露分别显著降低了 2% 和 5% 的实现价差。由于 Stoll（2000）认为实际摩擦（即实现价差）与交易活动直接相关，并有助于基于价差的信息不对称度量，因此这些结果表明，自愿性和强制性企业社会责任披露都可以减少第二类信息不对称，并提高无信息投资者的交易意愿。① 这些结果与列（1）的结果共同支持了我们的假设 H1。

当我们研究企业社会责任披露对买卖价差的信息部分（即价格影响）的影响时，我们发现自愿性企业社会责任披露和强制性企业社会责任披露的结果是不同的。在列（4）的回归结果中，我们发现自愿性企业社会责任披露与价格影响之间没有显著关系。相反，列（6）的结果显示，强制性企业社会责任披露会显著增加价格影响。这一结果表明，自愿性企业社会责任披露对企业与市场之间的信息不对称（第一类信息不对称）并无明显影响，而强制性企业社会责任披露与更高的第一类信息不对称相关。因此，列（4）和列（6）的结果分别支持了我们的假设 H2b 和假设 H3b。

此外，虽然我们在表 2 中没有发现证据表明强制性企业社会责任披露对信息不对称有显著影响，但这种净效应可能是由于强制性企业社会责任披露对利差的非信息部分和信息部分产生了不同的影响。换言之，强制性企业社会责任披露降低了第二类信息不对称，但增加了第一类信息不对称。因此，这两种影响趋于抵消，使得强制性企业社会责任披露对信息不对称的净影响不显著。

如果将自愿性和强制性企业社会责任披露虚拟变量包含在一个回归中，我们会发现质量上相似的结果。列（7）和列（8）显示，自愿性和强制性企业社会责任披露都会对实现价差产生负面影响；虽然强制性企业社会责任披露对价格影响有积极影响，但自愿性企业社会责任披露对价格影响没有显著影响。

总之，上述研究结果表明，自愿性和强制性企业社会责任披露对不同的信息不对称成分产生了不同的影响。自愿性和强制性企业社会责任披露都能减少第二类信息不对称，但不能减少第一类信息不对称。自愿性企业社会责

---

① 我们发现，自愿性和强制性的企业社会责任披露都会大大增加交易量和交易次数。

任披露对第一类信息不对称影响不大，而强制性企业社会责任披露产生的结果更差，导致第一类信息不对称程度更高。

（三）知情交易和企业社会责任披露

先前的文献证实了财务披露与信息不对称之间的联系。例如，Brown 和 Hillegeist（2007）的研究表明，公司的信息披露质量与信息不对称呈负相关。然而，在企业社会责任披露的背景下，对知情交易与信息不对称之间联系的研究却很有限。在此，我们将填补这一空白，进一步研究企业社会责任披露如何影响第一类和第二类信息不对称。具体而言，我们关注企业的知情交易，并检验知情交易是否可能成为导致企业与市场之间信息不对称（第一类信息不对称）发生变化的潜在渠道（Brown 和 Hillegeist，2007；Christophe 等，2010；Anderson 等，2012）。

为了确定企业社会责任披露对知情交易的影响，我们使用了市场知情交易的两个替代指标，即卖空率（SHORT）和股票收益同步性（R^2）。我们使用卖空率作为知情交易的第二个替代指标，因为大量研究表明，卖空活动通常表明知情交易者对公司的负面非公开信息感兴趣（Diamond 和 Verrecchia，1987；Asquith 等，2005；Anderson 等，2012）。我们使用股票收益同步性（R^2）作为第二个替代指标来捕捉股票价格中的公司特定信息（如 Hutton 等，2009）。

表4展示了卖空指标（包括 SHORT 和 R^2）与自愿性企业社会责任披露（CSRVOL）和强制性企业社会责任披露（CSRMAD）的回归实证结果。SHORT 按年度股票卖空量与可交易总量之比计算。回归还控制了市场规模（SIZE）、股价与每股账面价值之比（PB）、机构投资者持股比例（INSI）、上一年度股票回报率（RET）、市场贝塔系数（BETA）、股票换手率（TURNOVER）以及表示股票是否被纳入沪深 300 指数（INDEX）的虚拟变量。SIZE、PB 和 TURNOVER 采用对数形式。使用 SHORT 的样本期为 2012—2015 年，而使用 R^2 的样本期为 2007—2015 年。涉及 CSRVOL（CSRMAD）的回归排除了强制性企业社会责任披露（自愿性企业社会责任披露）的观测值，***、**和*分别表示系数在1%、5%和10%时显著。详细变量定义见附录 B。

表4　　　　　　　　企业社会责任披露、卖空率和 R^2

	Voluntary CSR		Mandatory CSR		Voluntary & Mandatory	
	(1) SHORT	(2) R^2	(3) SHORT	(4) R^2	(5) SHORT	(6) R^2
$CSRVOL_{i,t-1}$	0.000 (0.054)	0.00449 (0.62)			0.001 (1.082)	0.001 (0.295)
$CSRMAD_{i,t-1}$			0.008** (4.813)	0.0378*** (4.79)	0.009*** (5.893)	0.030*** (5.723)
$SIZE_{i,t-1}$	0.007** (3.623)	0.000733 (0.08)	0.015*** (7.982)	-0.000296 (-0.06)	0.015*** (7.817)	0.002 (0.551)
$PB_{i,t-1}$	0.001 (1.060)	0.00521 (1.29)	-0.000 (-0.048)	-0.00295 (-0.66)	-0.000 (-0.117)	-0.005* (-2.101)
$INSI_{i,t-1}$	-0.000 (-1.473)	-0.111*** (-4.69)	-0.000** (-4.715)	-0.126*** (-5.82)	-0.000** (-3.655)	-0.002*** (-7.177)
$RET_{i,t-1}$	-0.001 (-0.142)	-0.0136* (-2.15)	0.000 (0.051)	-0.00809** (-2.72)	-0.000 (-0.034)	-0.001 (-0.134)
$BETA_{i,t-1}$	0.021* (2.371)	0.360*** (8.18)	0.018* (2.892)	0.379*** (13.45)	0.017** (3.467)	0.386*** (6.106)
$TURNOVER_{i,t-1}$	0.013*** (8.681)	-0.0468*** (-5.89)	0.028*** (7.787)	-0.0512*** (-8.10)	0.025*** (8.063)	-0.047*** (-5.511)
$INDEX_{i,t-1}$	0.038** (4.676)	0.00976 (0.88)	0.043** (3.903)	0.0213*** (3.36)	0.041** (3.944)	0.032*** (3.841)
$VOL_{i,t-1}$	-0.022* (-2.758)	-0.273** (-2.97)	-0.025** (-3.789)	-0.302*** (-4.12)	-0.022** (-5.006)	-0.297*** (-3.440)
Year FE	Yes	Yes	Yes	Yes	Yes	Yes
Industry FE	Yes	Yes	Yes	Yes	Yes	Yes
N	1116	6284	1387	6345	1608	9720
R^2	0.351	0.5397	0.441	0.5283	0.435	0.602

表4列出了实证结果。我们将卖空率（SHORT）和 R^2 与自愿性企业社会责任披露（CSRVOL）和强制性企业社会责任披露（CSRMAD）进行回归。根据以往的研究（Asquith 等，2005；Anderson 等，2012；Hutton 等，2009），我们对前文所述的一系列公司特征进行了控制。列（5）和列（6）显示了在整

个样本回归中加入自愿性和强制性企业社会责任披露虚拟变量后的结果。

列（1）和列（2）的结果显示，自愿性企业社会责任披露对卖空率和股票收益同步性（R^2）没有显著影响。然而，列（3）和列（4）的结果表明，强制披露企业社会责任的公司的交易知情度明显更高，与未披露企业社会责任的公司相比，卖空率高 1.2%，R^2 高 3.78%。当我们在一个回归中包含自愿性和强制性企业社会责任披露虚拟变量时，我们在列（5）和列（6）中发现了类似的结果。这些结果表明，强制性企业社会责任披露与更多的知情交易活动相关，而自愿性企业社会责任披露与市场上的知情交易并无显著关联。

表 4 的结果与表 3 的结果一致，并揭示了企业社会责任披露可能影响第一类信息不对称的潜在渠道。由于强制性企业社会责任披露会促使报告公司进行更多的知情交易活动，从而导致公司与市场之间更高的信息不对称（第一类信息不对称），因此我们观察到强制性企业社会责任披露与第一类信息不对称度量（即价格影响）之间存在显著关联。我们没有发现自愿性企业社会责任披露虚拟变量与知情交易或第一类信息不对称有显著关联。

（四）财务报告质量和企业社会责任披露

我们将进一步检验会计操纵是不是解释企业社会责任披露对企业与市场之间信息不对称（第一类信息不对称）影响的潜在渠道。

表 5 展示盈余管理指标（操纵性应计利润）与自愿性企业社会责任披露（CSRVOL）和强制性企业社会责任披露（CSRMAD）的实证回归结果。回归还控制了市场规模（SIZE）、股价与每股账面价值之比（PB）、杠杆率（LEV）、资产收益率（ROA）、研发强度—研发费用除以销售额（RD_INT）、表示公司下一年是否有股票发行的虚拟变量（EO）、表示公司是否为国有企业的虚拟变量（STATE）以及公司年龄（AGE）。SIZE、PB 和 AGE 采用对数形式。样本期为 2007—2015 年。涉及 CSRVOL（CSRMAD）的回归仅限于剔除强制性企业社会责任披露（自愿性企业社会责任披露）观测值的样本，***、** 和 * 分别表示系数在 1%、5% 和 10% 时显著。详细变量定义见附录 B。

表5　　　　　　　　　　盈余管理与企业社会责任披露

	Voluntary CSR			Mandatory CSR			Voluntary & Mandatory		
	(1) ABS_DA	(2) POS_DA	(3) NEG_DA	(4) ABS_DA	(5) POS_DA	(6) NEG_DA	(7) ABS_DA	(8) POS_DA	(9) NEG_DA
$CSRVOL_{i,t-1}$	-0.006 (-0.85)	-0.010 (-1.45)	0.004 (0.32)				-0.009 (-1.65)	-0.006 (-1.63)	0.019 (1.64)
$CSRMAD_{i,t-1}$				0.005* (2.05)	0.013** (2.41)	-0.011** (-2.39)	0.012* (1.92)	0.012** (2.36)	-0.033*** (-3.36)
$SIZE_{i,t-1}$	-0.044*** (-4.24)	-0.043*** (-6.14)	0.044** (3.18)	-0.026*** (-5.57)	-0.045*** (-11.30)	0.043*** (3.90)	-0.050*** (-4.70)	-0.045*** (-11.03)	0.015 (1.21)
$PB_{i,t-1}$	0.064*** (5.66)	0.065*** (6.45)	-0.061*** (-5.47)	0.067*** (8.21)	0.066*** (10.80)	-0.060*** (-7.04)	0.085*** (5.59)	0.066*** (10.60)	-0.089*** (-4.82)
$LEV_{i,t-1}$	-0.023** (-2.76)	-0.013** (-2.28)	0.038*** (4.84)	-0.025*** (-8.46)	-0.013*** (-3.02)	0.038*** (6.33)	-0.039*** (-4.00)	-0.013*** (-3.00)	0.039*** (6.13)
$ROA_{i,t-1}$	0.025 (0.89)	0.010 (0.29)	-0.023 (-0.36)	0.016* (2.07)	0.014 (0.53)	-0.020 (-0.33)	-0.001 (-0.04)	0.014 (0.51)	0.083* (2.09)
$RD\_INT_{i,t-1}$	-0.085* (-2.03)	-0.017 (-0.47)	0.280* (2.25)	-0.117*** (-4.78)	-0.017 (-0.91)	0.282*** (4.33)	-0.127*** (-3.42)	-0.017 (-0.91)	0.408*** (4.03)
$EO_{i,t-1}$	0.070*** (15.03)	0.071*** (10.98)	-0.064*** (-3.91)	0.064*** (32.95)	0.071*** (15.29)	-0.064*** (-4.90)	0.057*** (5.69)	0.071*** (15.34)	-0.083*** (-4.40)
$STATE_{i,t-1}$	0.010*** (4.39)	0.003 (1.15)	-0.024** (-2.95)	0.013*** (5.79)	0.004 (1.81)	-0.024*** (-3.25)	0.012** (2.54)	0.004 (1.76)	-0.026** (-2.71)
$AGE_{i,t-1}$	0.007 (0.46)	0.024* (2.25)	0.007 (0.26)	0.007 (0.41)	0.023** (3.09)	0.005 (0.32)	-0.003 (-0.24)	0.023** (3.07)	-0.033 (-0.65)
Year FE	Yes	Yes	Yes	Yes	Yes	Yes	Yes	Yes	Yes
Industry FE	Yes	Yes	Yes	Yes	Yes	Yes	Yes	Yes	Yes
N	12353	7049	5304	12353	7049	5304	12353	7049	5304
R^2	0.1201	0.1469	0.1270	0.1063	0.1471	0.1272	0.1410	0.1472	0.2047

披露企业社会责任的公司可能有动机进行机会主义操纵以向市场隐瞒信息，而企业社会责任披露则可能通过盈余管理影响公司的信息透明度，从而影响第一类信息不对称。我们再来看看企业社会责任披露类型与企业盈余管理（财务报告质量的替代指标）之间的关系。根据Klein（2002）和Kothari等（2005）的研究，我们使用绝对、正和负操纵性应计利润（分别为ABS_DA、POS_DA和NEG_DA）来捕捉增加收入和减少收入的应计项目、单纯增加收入的应计项目或单纯减少收入的应计项目。根据他们的研究，我们纳入了一组不同的

控制变量。我们将收益管理指标与自愿性和强制性企业社会责任披露虚拟变量进行回归，结果如表5所示。

列（1）至列（3）是自愿性企业社会责任披露的回归结果。我们发现，自愿性企业社会责任披露与操纵性应计利润的所有三个衡量指标之间没有明显关系。然而，列（4）至列（6）的结果表明，强制披露企业社会责任的公司更有可能进行盈余管理。具体而言，我们发现，与未披露企业社会责任的公司相比，强制披露企业社会责任的公司的绝对 DA（0.5%）、正 DA（1.3%）和负 DA（1.1%）均显著较高。当自愿性和强制性企业社会责任披露同时纳入整个样本回归时，列（7）至列（9）也有类似的结果。

这些研究结果表明，强制披露企业社会责任的公司往往会表现出较低的财务报告质量和较差的信息流透明度，从而增加了公司与市场之间的信息不对称（第一类信息不对称）。另外，自愿披露企业社会责任的公司没有参与盈余管理的动机，因此对第一类信息不对称没有影响。

总之，表4和表5的结果表明，知情交易和盈余管理可能是企业社会责任披露影响第一类信息不对称的渠道。强制披露企业社会责任的公司与更多的知情交易和更多的盈余管理相关，因此与更高水平的第一类信息不对称相关。自愿性企业社会责任披露对企业的知情交易和盈余管理没有显著影响，因此没有为市场提供新信息，使得自愿性企业社会责任披露公司的第一类信息不对称程度保持不变。

（五）分析师报道、报告和企业社会责任披露

我们将进一步探讨企业社会责任披露可能影响公司第二类信息不对称（实现价差）的潜在渠道。

为了更好地理解不同类型的企业社会责任披露如何与知情和不知情投资者之间的信息不对称（第二类信息不对称）相关的交易活动联系起来，我们转而使用分析师报道报告来替代注意力流动。我们的直觉是，如果一家公司被分析师和研究报告广泛报道，投资者的认知度和信息流就会增加，从而导致交易活动增加和实现价差降低。在前面的章节中，我们发现自愿性企业社

会责任披露对机会主义行为（知情交易和盈余管理）没有显著影响，而强制性企业社会责任披露与机会主义行为的增加有关，这表明企业社会责任披露并不能有效地为市场带来企业的新信息。因此，对于被分析师广泛报道的披露企业社会责任的公司来说，关注度和信息量的增加相比于对第一类信息不对称的影响，更有可能影响第二类信息不对称。

我们通过将分析师覆盖率（ANALYST）和研究报告覆盖率（REPORT）与不同类型的企业社会责任披露虚拟变量和其他控制变量进行回归，来检验企业社会责任披露如何影响投资者的关注度。根据先前的研究（McNichols 和 O'Brien，1997；Bhushan，1989；Barth 等，2001），我们纳入了一组不同的控制变量。

表 6 展示分析师报道（ANALYST）和研究报告报道（REPORT）与自愿性企业社会责任披露（CSRVOL）和强制性企业社会责任披露（CSRMAD）的回归实证结果。回归还控制了平均股价（PRICE）、市场规模（SIZE）、前三年每股收益波动率（VOLEPS）、交易量（TRV）、杠杆率（LEV）、公司年龄（AGE）、表示公司是否为国有企业的虚拟变量（STATE）、股价与每股账面价值的比率（PB）、研发费用与运营费用的比率（RDR），以及表示公司是否产生研发费用的虚拟变量（RD）。ANALYST、Report、PRICE、SIZE、TRV、PB 和 AGE 采用对数形式。样本期为 2007—2015 年。涉及 CSRVOL（CSRMAD）的回归仅限于剔除强制性企业社会责任披露（自愿性企业社会责任披露）观测值的样本，***、** 和 * 分别表示系数在 1%、5% 和 10% 水平上显著。详细的变量定义见附录 B。

表 6　　　　分析师报道、报告与企业社会责任披露

	Voluntary CSR		Mandatory CSR		Voluntary & Mandatory	
	(1) ANALYST	(2) REPORT	(3) ANALYST	(4) REPORT	(5) ANALYST	(6) REPORT
$CSRVOL_{i,t-1}$	0.154*** (6.341)	0.175*** (6.179)			0.159*** (6.321)	0.181*** (6.231)

续 表

	Voluntary CSR		Mandatory CSR		Voluntary & Mandatory	
	(1) ANALYST	(2) REPORT	(3) ANALYST	(4) REPORT	(5) ANALYST	(6) REPORT
$CSRMAD_{i,t-1}$			0.121 (1.832)	0.130** (2.347)	0.136** (2.648)	0.128* (1.957)
$PRICE_{i,t-1}$	0.714*** (13.181)	0.881*** (16.727)	0.861*** (17.177)	0.700*** (12.687)	0.696*** (13.548)	0.857*** (17.730)
$SIZE_{i,t-1}$	0.708*** (25.922)	0.863*** (19.512)	0.861*** (21.500)	0.707*** (29.415)	0.698*** (33.952)	0.851*** (25.289)
$VOLEPS_{i,t-1}$	-0.006 (-1.499)	-0.007 (-1.425)	-0.007 (-1.222)	-0.005 (-1.117)	-0.005 (-1.015)	-0.007 (-1.131)
$TRV_{i,t-1}$	-0.129*** (-11.023)	-0.165*** (-13.205)	-0.171*** (-15.296)	-0.133*** (-11.731)	-0.125*** (-9.842)	-0.161*** (-13.221)
$LEV_{i,t-1}$	0.064 (1.793)	0.087* (2.280)	0.099** (3.255)	0.072* (2.244)	0.060 (1.742)	0.084** (2.369)
$AGE_{i,t-1}$	-0.189*** (-7.288)	-0.223*** (-6.763)	-0.203*** (-8.067)	-0.173*** (-8.494)	-0.188*** (-7.512)	-0.222*** (-6.827)
$STATE_{i,t-1}$	-0.134*** (-6.481)	-0.177*** (-5.860)	-0.177*** (-6.118)	-0.129*** (-6.412)	-0.125*** (-8.750)	-0.169*** (-7.516)
$PB_{i,t-1}$	-0.193*** (-10.732)	-0.239*** (-11.356)	-0.245*** (-14.445)	-0.197*** (-12.184)	-0.198*** (-10.953)	-0.247*** (-11.907)
$RDR_{i,t-1}$	0.659*** (5.539)	0.838*** (6.720)	0.887*** (10.118)	0.668*** (7.560)	0.705*** (6.742)	0.920*** (8.885)
$RD_{i,t-1}$	0.110*** (4.713)	0.147*** (3.909)	0.151*** (4.893)	0.111*** (5.527)	0.106*** (4.662)	0.143*** (3.846)
Year FE	Yes	Yes	Yes	Yes	Yes	Yes
Industry FE	Yes	Yes	Yes	Yes	Yes	Yes
N	6580	6580	6659	6659	10443	10443
R^2	0.2768	0.2887	0.2861	0.2952	0.518	0.512

表 6 列出了实证结果。列（1）和列（2）分别显示了自愿性企业社会责任披露（*CSRVOL*）的分析师覆盖率和研究报告覆盖率结果，列（3）和列（4）显示了强制性企业社会责任披露（*CSRMAD*）的结果。最后，列（5）和列（6）显示了包括自愿性和强制性企业社会责任披露在内的全部样本的结果。

列（1）和列（2）显示，自愿性企业社会责任披露与更高的分析师覆盖率和报告覆盖率显著相关。与未披露企业社会责任的公司相比，自愿披露企业社会责任的公司有更多的分析师报道（媒体报道），约为 0.154（0.175）。这一差异在 5% 水平上具有统计意义。我们在列（3）和列（4）中发现了强制性企业社会责任披露的类似结果，显示强制性企业社会责任披露与更多的研究报告显著相关，但与分析师报道没有统计学关联。如果在回归中同时加入自愿性和强制性企业社会责任披露虚拟变量，我们会发现类似的结果。自愿性和强制性企业社会责任披露都与分析师和报告覆盖率有显著的正相关。其他公司特征也会导致更高的分析师和报告覆盖率：股价较高、公司规模较大、每股收益波动较小、市账率较低以及有研发费用的公司往往有更高的分析师覆盖率和研究报告覆盖率，这与之前的分析师覆盖率文献是一致的。

表 6 中的这些发现有助于我们理解企业社会责任披露对第二类信息不对称的影响。自愿性和强制性企业社会责任披露都会通过增加分析师和报告的覆盖面来吸引投资者的关注，从而减少第二类信息不对称。

五、稳健性测试

（一）内生性检验和双重差分法

为了确保我们的研究结果不受信息不对称引起的企业社会责任披露可能产生的混杂效应的影响，我们采用了双重差分法。如前所述，2008 年年底，上交所和深交所开始强制要求部分上市公司披露企业社会责任。因此，我们利用这一外部政策冲击来确定企业社会责任披露的变化对基于价差的信息不对称度量及其组成部分（价格影响和实现价差）的影响。

我们选择在上证（上交所）公司治理指数和深证（深交所）100 指数[①]上市的报告公司作为处理组，选择未报告公司作为对照组。考虑到这些指数的上市公司标准，我们担心处理组可能不是随机选取的。我们采用双重差分倾向得分匹配法（DID-PSM）来确保我们的处理组和对照组公司在指数选择标准上具有可比性。我们效仿 Chen、Hung 和 Wang（2018），利用倾向得分匹配法将因企业社会责任披露政策而报告的公司（即处理公司）与未报告的公司（即对照公司）进行匹配。

我们采用这一方法，利用 2008 年政策实施前的数据，采用 Logit 模型估算成为处理公司的概率。为了减少遗漏变量偏差，对数回归控制了 4 个额外变量，这 4 个变量对于选择上证公司治理指数或深证 100 指数中的公司至关重要，即市值、股票周转率、股票回报率和股本回报率。回归还进一步控制了分析师覆盖率和表示公司是否为国有企业的虚拟变量。配对对照公司的候选库不包括自愿披露企业社会责任的公司，只包括未披露企业社会责任报告的公司。每家实验组公司都与对照组中一家倾向得分最接近的公司进行匹配，并进行替换[②]（即倾向得分匹配度在 0.01 以内）。这种方法产生了一个对照组和一个匹配实验组，使这些公司在改革前具有非常相似的企业特征。匹配程序产生了 149 家处理公司（1124 个公司—年度观测值）和 97 家基准公司（742 个公司—年度观测值）。然后，我们利用匹配样本进行差分回归，具体模型如下：

$$INFASY_{i,t} = \alpha_0 + \alpha_1 TREATMAD_i \times POLICY_t + \alpha_2 TREATMAD_i + \alpha_3 POLICY_t + \alpha_4 PRICE_{i,t-1} + \alpha_5 SIZE_{i,t-1} + \alpha_6 LEV_{i,t-1} + \alpha_7 TURNOVER_{i,t-1} + \alpha_8 VOL_{i,t-1} + \alpha_9 INDEX_{i,t-1} + \alpha_{10} INSI_{i,t-1} + \alpha_{11} STATE_{i,t-1} + \alpha_{12} CASH_{i,t-1} + \alpha_{13} TRADABLE_{i,t-1} + \alpha_{14} AGE_{i,t-1} + \sum \beta_q D_q + \sum \gamma_q Z_q + \varepsilon_{i,t} \quad (10)$$

回归模型（10）用于确定因强制报告政策而强制披露企业社会责任的公司是否会影响信息不对称。$TREATMAD$ 是一个虚拟变量，如果公司属于处理

[①] 2008 年上证（上交所）公司治理指数由 230 家具有最佳治理实践的上市公司组成，而深证（深交所）100 指数则由按总市值、自由流通市值和股票成交额排名的前 100 家 A 股上市公司组成。

[②] 我们还使用了基于一对一匹配的 PSM 样本，没有替换，结果在本质上没有变化。

实验组，则表示 1，如果属于控制组，则表示 0。处理实验组公司在 2009—2015 年强制披露企业社会责任报告，但不披露 2009 年之前的企业社会责任报告，而对照组公司在样本的整个期间都不披露企业社会责任报告。POLICY 是一个虚拟变量，表示 2008 年以后的年份为 1，否则为 0。我们对回归模型（10）进行了集合 OLS 计算，并在模型中加入了年份虚拟变量（D）和行业虚拟变量（Z），以捕捉年份和行业效应。所有其他变量的定义与回归模型（9）相同。DID 回归的样本期为 2006—2015 年，包括 2008 年底颁布强制性企业社会责任披露法规之前、期间和之后的时期。

表 7 面板 A 介绍了倾向得分匹配（PSM）的有效性检验。按照 Chen 等学者（2018）的方法，我们利用 2006—2008 年政策实施前的数据，通过构建 Logit 模型来估计成为治疗企业的概率。匹配样本不包括自愿性企业社会责任披露的观测值。利用近邻匹配技术（卡尺设定为 0.25 × 倾向得分标准误差），将每家处理组公司与对照组公司进行替换匹配，***、** 和 * 分别表示系数在 1%、5% 和 10% 时显著。变量定义详见附录 B。

表 7 面板 B 展示双重差分（DID）模型的实证结果。强制性处理（TREATMAD）是一个虚拟变量，如果由于 2008 年年底颁布的政策，企业从 2009 年起被强制要求披露企业社会责任报告，则表示 1；如果企业在样本的整个期间完全不披露企业社会责任报告，则表示 0。对照组公司采用 PSM 方法进行匹配。政策虚拟变量（POLICY）的定义是：如果年份超过 2008 年，则为 1，否则为 0。交互项 TREATMAD × POLICY 是 TREATMAD 与 POLICY 的乘积。回归还控制了日均股票价格（PRICE）、市场规模（SIZE）、杠杆率（LEV）、日均股票周转率（TURNOVER）、股票收益波动率（VOL）、表示股票是否被纳入沪深 300 指数的虚拟变量（INDEX）、机构投资者持股比例（INSI）、表示公司是否为国有企业的虚拟变量（STATE）、现金资产比率（CASH）、股票可交易比率（TRADABLE）和公司年龄（AGE）。QS、ES、RS、PI、PRICE、SIZE、TURNOVER 和 AGE 均为对数形式。样本期为 2006—2015 年。涉及 TREATMAD 的回归仅限于剔除自愿性企业社会责任披露观测值的样本，***、** 和 * 分别表示系数在 1%、5% 和 10% 时显著。变量定义详见附录 B。

表7　　　　　　　　　DID 模型中的企业社会责任披露

面板 A　PSM 的有效性检验

Variable Obs (no. of firms)		Mean		bias（%）	T – test	
		Treated 1124 (149)	Control 742 (97)		t	$P>\|t\|$
SIZE	Pre – match	16.161	15.180	101.9	12.44	0.000***
	Post – match	16.161	16.165	-0.4	-0.03	0.974
TURNOVER	Pre – match	2.808	3.164	-67.6	-7.72	0.000***
	Post – match	2.808	2.768	-7.6	0.57	0.571
RET	Pre – match	1.891	2.002	-8.9	-0.95	0.341
	Post – match	1.891	1.909	-1.5	-0.13	0.896
ROE	Pre – match	0.785	0.292	78.1	8.75	0.000***
	Post – match	0.785	0.904	-18.7	-1.14	0.257
ANALYST	Pre – match	1.578	0.602	114.5	13.30	0.000***
	Post – match	1.578	1.521	6.7	0.55	0.580
STATE	Pre – match	0.707	0.521	38.8	4.18	0.000***
	Post – match	0.707	0.700	0.6	0.13	0.900

面板 B　DID 模型的实证结果

	(1) QS	(2) ES	(3) RS	(4) PI
$TREATMAD_i \times POLICY_t$	-0.00909* (-1.96)	-0.00583 (-1.15)	-0.0325** (-2.94)	0.0951*** (3.73)
$TREATMAD_i$	-0.0239** (-2.99)	-0.0384*** (-4.63)	-0.00681 (-0.52)	-0.112*** (-7.59)
$POLICY_t$	0.168*** (3.75)	0.182*** (3.96)	0.116*** (6.28)	0.237 (1.11)
$PRICE_{i,t-1}$	-0.393*** (-6.92)	-0.412*** (-7.64)	-0.389*** (-5.09)	-0.392*** (-9.83)
$SIZE_{i,t-1}$	-0.170*** (-7.51)	-0.167*** (-7.73)	-0.164*** (-7.17)	-0.276*** (-3.92)
$LEV_{i,t-1}$	0.0447*** (5.33)	0.0466*** (8.55)	0.0740*** (10.25)	-0.0116 (-1.07)

续表

面板 B　DID 模型的实证结果

	(1) QS	(2) ES	(3) RS	(4) PI
$TURNOVER_{i,t-1}$	-0.327*** (-6.51)	-0.334*** (-6.09)	-0.350*** (-7.30)	-0.364*** (-4.09)
$VOL_{i,t-1}$	0.226*** (12.91)	0.223*** (15.23)	0.295*** (10.07)	0.0371 (0.59)
$INDEX_{i,t-1}$	-0.0445*** (-3.74)	-0.0439*** (-4.55)	-0.0834*** (-3.87)	0.0280 (1.21)
$INSI_{i,t-1}$	0.00327*** (8.97)	0.00333*** (16.34)	0.00417*** (10.47)	0.00288** (2.86)
$STATE_{i,t-1}$	-0.0102 (-1.28)	-0.0138* (-2.01)	-0.00715 (-1.75)	-0.0247 (-1.32)
$CASH_{i,t-1}$	0.0268 (1.76)	0.0306* (2.12)	0.0215 (0.83)	0.0833*** (6.91)
$TRADABLE_{i,t-1}$	-0.341*** (-6.33)	-0.350*** (-6.28)	-0.377*** (-7.24)	-0.388** (-2.53)
$AGE_{i,t-1}$	-0.0434*** (-6.09)	-0.0427*** (-5.69)	-0.0326*** (-4.04)	-0.0426* (-2.15)
Year FE	Yes	Yes	Yes	Yes
Industry FE	Yes	Yes	Yes	Yes
N	1866	1866	1865	1858
R^2	0.816	0.817	0.729	0.538

双重差分法的有效性基于这样一个假设，即两组结果变量的基本趋势是相同的。我们首先对两组政策实施前特征的差异进行 t 检验，从而进行诊断性检验。表 7 面板 A 显示，处理实验组和对照组的企业特征在统计上没有显著差异，这可能会影响企业的信息不对称。这些检验结果表明，倾向得分匹配法可以减少企业特征差异对信息不对称的影响。因此，我们有信心对观察到

的企业社会责任披露与信息不对称度量之间在政策实施前后的变化做出因果解释。

表 7 面板 B 显示了配对样本的 DID 回归模型的实证结果。我们在回归中关注的变量是 TREATMAD 与 POLICY 之间交互项的系数。交互项的负（正）系数表明，在强制性企业社会责任披露政策实施后，基于利差的信息不对称及其组成部分会减少（增加）。我们在所有公司层面的分析中都使用了按公司聚类的稳健标准误差。

列（1）和列（2）显示了报价和有效价差的回归结果。结果显示，POLICY 的系数为正，表明强制性政策增加了信息不对称。关于处理虚拟变量（TREATMAD），在列（1）和列（2）中，我们发现了一个统计上显著的负系数，这意味着处理组公司的信息不对称程度低于披露前的对照组公司。最重要的是，我们发现交互项 TREATMAD × POLICY 的系数对报价价差和有效价差都是负的，尽管这种关系只对报价价差显著。这些结果证实了我们的预期，即政策实施后，接受处理的公司信息不对称程度降低。

接下来，我们来看看信息不对称度量的组成部分。对于信息不对称的非信息部分，即列（3）中的实现价差，我们发现处理虚拟变量与政策虚拟变量的交互项在统计上存在显著的负系数，这表明政策实施后，处理企业减少了第二类信息不对称。在列（4）中，我们关注信息不对称的信息部分（价格影响）。我们发现，处理虚拟变量与政策虚拟变量的交互项系数为显著正值，表明政策实施后，处理企业增加了第一类信息不对称。

总体而言，DID 检验的这些结果排除了潜在的识别问题，并与表 2 和表 3 的结论一致，即强制性企业社会责任披露减少了第二类信息不对称，但增加了第一类信息不对称。

（二）固定效应模型的结果

表 8 是利用固定效应模型对 CSRVOL 和 CSRMAD 的报价利差（QS）、有效利差（ES）、非信息摩擦成本（RS）和信息摩擦成本（PI）进行回归的实证结果。我们只使用在一段时间内披露过企业社会责任的公司。涉及 CSRVOL

(CSRMAD)的回归仅限于剔除强制性企业社会责任披露(自愿性企业社会责任披露)观测值的样本,***、** 和* 分别表示系数在1%、5% 和10%时显著。详细变量定义见附录 B。

表8　　　　　　　　稳健性检验:固定效应模型

	Voluntary CSR				Mandatory CSR			
	(1) QS	(2) ES	(3) RS	(4) PI	(5) QS	(6) ES	(7) RS	(8) PI
$CSRVOL_{i,t-1}$	-0.017* (-2.162)	-0.016* (-1.942)	-0.024*** (-3.429)	-0.013 (-1.638)				
$CSRMAD_{i,t-1}$					0.009 (0.758)	0.012 (0.970)	-0.044** (-2.416)	0.109** (2.889)
$PRICE_{i,t-1}$	-0.259*** (-8.768)	-0.268*** (-8.900)	-0.379*** (-11.086)	-0.208*** (-5.294)	-0.312*** (-9.107)	-0.325*** (-9.372)	-0.270*** (-6.117)	-0.424*** (-8.352)
$SIZE_{i,t-1}$	-0.237*** (-13.934)	-0.237*** (-13.172)	-0.187*** (-7.433)	-0.275*** (-14.392)	-0.248*** (-16.822)	-0.249*** (-15.908)	-0.292*** (-15.984)	-0.210*** (-5.541)
$LEV_{i,t-1}$	0.012 (0.845)	0.009 (0.627)	-0.012 (-0.349)	0.014 (0.822)	0.019 (1.384)	0.015 (1.059)	0.050** (3.203)	-0.054** (-2.264)
$TURNOVER_{i,t-1}$	-0.296*** (-26.890)	-0.302*** (-23.769)	-0.310*** (-7.781)	-0.310*** (-32.611)	-0.301*** (-16.808)	-0.308*** (-16.239)	-0.326*** (-21.889)	-0.327*** (-4.707)
$VOL_{i,t-1}$	0.166** (2.447)	0.156** (2.292)	-0.123 (-1.055)	0.240*** (5.028)	0.160** (2.523)	0.150** (2.337)	0.232*** (4.242)	-0.114 (-0.996)
$INDEX_{i,t-1}$	-0.057** (-2.830)	-0.061*** (-3.173)	0.053** (2.539)	-0.129*** (-4.170)	-0.050*** (-3.892)	-0.055*** (-4.280)	-0.103*** (-8.052)	0.026 (1.575)
$INSI_{i,t-1}$	0.003*** (5.299)	0.003*** (5.053)	0.003*** (3.764)	0.004*** (5.419)	0.003*** (6.509)	0.003*** (6.068)	0.004*** (7.133)	0.002** (2.982)
$STATE_{i,t-1}$	-0.030*** (-3.696)	-0.033*** (-3.950)	-0.042* (-2.064)	-0.025** (-2.440)	-0.024*** (-4.145)	-0.027*** (-4.224)	-0.019* (-1.866)	-0.042** (-2.803)
$CASH_{i,t-1}$	-0.002 (-0.617)	-0.002 (-0.665)	-0.007* (-2.020)	0.003 (0.848)	0.001 (0.506)	0.001 (0.222)	-0.003 (-1.728)	0.013** (3.004)
$TRADABLE_{i,t-1}$	-0.367*** (-28.170)	-0.380*** (-21.809)	-0.364*** (-9.100)	-0.403*** (-11.918)	-0.409*** (-13.073)	-0.425*** (-14.383)	-0.469*** (-15.660)	-0.448*** (-5.345)
$AGE_{i,t-1}$	-0.094 (-1.780)	-0.115* (-2.179)	-0.231** (-2.762)	-0.119** (-3.032)	-0.144* (-2.095)	-0.175** (-2.330)	-0.134 (-1.747)	-0.340*** (-3.395)
Year FE	Yes	Yes	Yes	Yes	Yes	Yes	Yes	Yes
Firm FE	Yes	Yes	Yes	Yes	Yes	Yes	Yes	Yes
N	3074	3074	3055	3072	3331	3331	3330	3316
R^2	0.772	0.774	0.625	0.562	0.795	0.794	0.679	0.527

不可观测的时变因素可能会同时影响回归（9）的左侧和右侧，从而导致遗漏变量偏差。为了控制遗漏变量，我们使用随时间改变企业社会责任报告状态的企业子样本，对企业固定效应进行了估计。我们在表 8 中报告了企业固定效应回归的结果。

在列（1）和列（2）中，自愿性企业社会责任披露的系数为负，且在统计上显著。自愿性企业社会责任披露使报价利差和有效利差分别减少了约 1.70% 和 1.60%。对于列（5）和列（6）的强制性企业社会责任披露结果，强制性企业社会责任披露对报价利差和有效利差的影响都不显著。对于信息不对称成分，列（3）和列（7）的结果显示，自愿性企业社会责任披露和强制性企业社会责任披露分别显著降低了 2.4% 和 4.4% 的实现价差。然而，在研究企业社会责任披露对买卖价差的信息部分（即价格影响）的影响时，我们发现自愿性企业社会责任披露和强制性企业社会责任披露的结果有所不同：列（4）的结果显示自愿性企业社会责任披露与价格影响之间没有明显关系，而列（8）的结果显示强制性企业社会责任披露则会明显增加价格影响。

总之，固定效应估计的结果证实了我们之前的发现，即自愿性和强制性企业社会责任披露都会减少第二类信息不对称，提高无信息投资者的交易意愿。虽然自愿性企业社会责任披露对企业与市场之间的信息不对称（第一类信息不对称）影响不大，但强制性企业社会责任披露与较高的第一类信息不对称程度相关。

（三）企业社会责任披露指数

我们用企业社会责任披露指数取代了所有回归中的企业社会责任披露虚拟变量，以确保我们的研究结果在企业社会责任九个组成部分中使用不同的企业社会责任披露维度时也是稳健的。我们首先将九个企业社会责任披露虚拟变量相加，构建企业社会责任披露指数（*CSRINDEX*）。自愿性企业社会责任指数（*CSRINDEXVOL*）表示企业社会责任自愿披露的九个组成部分虚拟变量之和，而强制性企业社会责任指数（*CSRINDEXMAD*）表示企业社会责任强制披露的九个组成部分虚拟变量之和。然后，我们将分解后的利差部分（*RS* 和 *PI*）与企业社会责任披露指数（CSRINDEX）、自愿性企业社会责任指数（CSRINDEXVOL）和强制性企业社会责任指数（CSRINDEXMAD）进行回归。表9列出了实证结果。

表9是实际摩擦成本（RS）和信息摩擦成本（PI）对CSRINDEX（企业披露的企业社会责任信息的总和）的回归实证结果。CSRINDEXVOL和CSRINDEXMAD分别表示自愿性企业社会责任指数和强制性企业社会责任指数。涉及CSRVOL（CSRMAD）的回归仅限于剔除强制性企业社会责任披露（自愿性企业社会责任披露）观测值的样本，***、**和*分别表示系数在1%、5%和10%时显著。详细变量定义见附录B。

表9　　　　稳健性检验：利用企业社会责任信息披露总和

	CSR disclosure		Voluntary CSR		Mandatory CSR		Voluntary & Mandatory	
	(1) RS	(2) PI	(3) RS	(4) PI	(5) RS	(6) PI	(7) RS	(8) PI
$CSRINDEX_{i,t-1}$	-0.022** (-3.061)	0.025 (1.553)						
$CSRINDEXVOL_{i,t-1}$			-0.013*** (-4.233)	0.004 (0.521)			-0.015*** (-5.833)	0.006 (0.656)
$CSRINDEXMAD_{i,t-1}$					-0.030** (-2.313)	0.052* (2.222)	-0.032** (-2.439)	0.049* (2.040)
$PRICE_{i,t-1}$	-0.312*** (-12.348)	-0.337*** (-17.181)	-0.279*** (-13.753)	-0.322*** (-14.268)	-0.308*** (-11.968)	-0.336*** (-17.103)	-0.312*** (-12.396)	-0.336*** (-17.199)
$SIZE_{i,t-1}$	-0.218*** (-62.617)	-0.275*** (-13.437)	-0.228*** (-64.976)	-0.279*** (-12.284)	-0.222*** (-66.029)	-0.283*** (-13.772)	-0.217*** (-66.163)	-0.277*** (-13.294)
$LEV_{i,t-1}$	0.021** (3.064)	-0.047*** (-7.843)	0.020** (2.951)	-0.044*** (-8.092)	0.020** (2.643)	-0.050*** (-8.821)	0.021*** (3.065)	-0.047*** (-8.051)
$TURNOVER_{i,t-1}$	-0.329*** (-54.682)	-0.309*** (-16.139)	-0.325*** (-60.988)	-0.309*** (-18.486)	-0.330*** (-61.591)	-0.310*** (-15.808)	-0.329*** (-54.571)	-0.310*** (-16.354)
$VOL_{i,t-1}$	0.296*** (5.566)	0.037 (0.403)	0.289*** (6.092)	0.023 (0.234)	0.288*** (5.627)	0.026 (0.276)	0.295*** (5.524)	0.039 (0.425)
$INDEX_{i,t-1}$	-0.037* (-1.938)	0.043 (1.350)	-0.006 (-0.290)	-0.003 (-0.139)	-0.025 (-1.354)	0.029 (0.957)	-0.032 (-1.705)	0.033 (1.067)
$INSI_{i,t-1}$	0.004*** (22.596)	0.004*** (16.210)	0.004*** (22.886)	0.005*** (16.575)	0.004*** (22.953)	0.005*** (14.620)	0.004*** (23.361)	0.004*** (16.393)
$STATE_{i,t-1}$	-0.027*** (-10.843)	-0.038*** (-8.489)	-0.026*** (-13.424)	-0.039*** (-12.197)	-0.027*** (-11.490)	-0.039*** (-8.396)	-0.027*** (-10.932)	-0.039*** (-8.529)
$CASH_{i,t-1}$	0.000 (0.079)	0.005 (0.754)	-0.000 (-0.199)	0.004 (0.713)	0.000 (0.046)	0.004 (0.721)	0.000 (0.099)	0.005 (0.739)

续 表

	CSR disclosure		Voluntary CSR		Mandatory CSR		Voluntary & Mandatory	
	(1) RS	(2) PI	(3) RS	(4) PI	(5) RS	(6) PI	(7) RS	(8) PI
$TRADABLE_{i,t-1}$	-0.435*** (-27.811)	-0.467*** (-12.763)	-0.403*** (-26.781)	-0.469*** (-11.721)	-0.432*** (-30.421)	-0.483*** (-11.471)	-0.431*** (-29.131)	-0.476*** (-12.396)
$AGE_{i,t-1}$	0.019** (3.232)	-0.035*** (-3.913)	0.023*** (5.227)	-0.031*** (-3.599)	0.017*** (3.317)	-0.033*** (-3.500)	0.019*** (3.410)	-0.036*** (-3.946)
Year FE	Yes	Yes	Yes	Yes	Yes	Yes	Yes	Yes
Industry FE	Yes	Yes	Yes	Yes	Yes	Yes	Yes	Yes
N	13075	12986	11793	11711	12007	11928	13075	12986
R^2	0.651	0.535	0.632	0.534	0.657	0.543	0.651	0.535

在列（1）和列（2）中，我们发现企业社会责任指数的增加与较低的第二类信息不对称（实现价差）相关，而与第一类信息不对称（价格影响）无显著关联。在列（3）和列（5）中，对于自愿性和强制性披露，我们发现自愿性和强制性企业社会责任指数都与实现价差显著负相关。自愿性企业社会责任指数对价格影响没有影响（列 4），而强制性企业社会责任指数与价格影响呈正相关。如果将自愿性企业社会责任指数和强制性企业社会责任指数纳入列（7）和列（8），也会发现类似的结果。

这些发现与我们之前在表 3 中的发现一致。自愿性和强制性企业社会责任披露都减少了以实现价差衡量的第二类信息不对称。与此相反，强制性企业社会责任披露会增加以价格影响衡量的第一类信息不对称。

（四）社会捐赠和环境保护披露

我们选择了企业社会责任中的两个关键主题：社会捐赠披露虚拟变量和环境保护披露虚拟变量①，以研究具体的企业社会责任表现披露会如何影响信息不对称。

---

① 当我们使用企业社会责任中的其他维度，如保护债权人、股东、工人权利、供应商、客户和消费者时，结果在本质上保持不变。

表 10 展示了非信息摩擦成本（RS）、信息摩擦成本（PI）对企业社会责任披露的回归实证结果。本文采用了四种企业社会责任披露方式，即自愿性社会捐赠信息披露（CSRDOVOL）、自愿性环境保护信息披露（CSRENVOL）、强制性社会捐赠信息披露（CSRDOMAD）和强制性环境保护信息披露（CSRENMAD）。样本期为 2007—2015 年。涉及 CSRDOVOL 或 CSRENVOL（CSRDOMAD 或 CSRENMAD）在内的回归仅限于剔除强制性披露社会捐赠或环境保护（自愿性披露社会捐赠或环境保护）企业社会责任的观测值的样本。***、** 和 * 分别表示系数在 1%、5% 和 10% 时显著。变量定义详见附录 B。

表 10　稳健性检验：利用企业社会责任信息披露

	(1) RS	(2) RS	(3) PI	(4) PI	(5) RS	(6) RS	(7) PI	(8) PI
$CSRDOVOL_{i,t-1}$	-0.026*** (-4.048)		0.008 (0.418)					
$CSRENVOL_{i,t-1}$		-0.022** (-3.192)		0.010 (0.507)				
$CSRDOMAD_{i,t-1}$					-0.064** (-2.427)		0.103* (2.225)	
$CSRENMAD_{i,t-1}$						-0.057* (-2.027)		0.101* (2.214)
Firm characteristics	Yes	Yes	Yes	Yes	Yes	Yes	Yes	Yes
Year FE	Yes	Yes	Yes	Yes	Yes	Yes	Yes	Yes
Industry FE	Yes	Yes	Yes	Yes	Yes	Yes	Yes	Yes
N	11793	11793	11711	11711	12042	12042	11928	11928
R^2	0.632	0.631	0.534	0.534	0.657	0.657	0.543	0.543

表 10 面板 A 列出了实现价差（RS）和价格影响（PI）对自愿性社会捐赠信息披露（CSRDOVOL）、自愿性环境保护信息披露（CSRENVOL）、强制性社会捐赠信息披露（CSRDOMAD）和强制性环境保护信息披露（CSRENMAD）的回归实证结果。列（1）和列（5）的结果显示，自愿性社会捐赠信息披露

和强制性社会捐赠信息披露与实现价差显著负相关；自愿性社会捐赠信息披露和强制性社会捐赠信息披露分别减少了 2.07% 和 5.61% 的实现价差。列（3）和列（7）显示，强制性社会捐赠信息披露与价格影响显著正相关，价格影响增加了 15.3%。因此，自愿性社会捐赠信息披露与价格影响之间存在明显的关联。列（2）、列（4）、列（6）和列（8）使用环境保护信息披露的回归结果与列（1）、列（3）、列（5）和列（7）使用社会捐赠信息披露的回归结果相似。

表 10 的结果为理解企业社会责任披露如何影响信息不对称提供了进一步的证据。与表 3 中的结论一致，自愿性和强制性企业社会责任披露减少了第二类信息不对称。强制性企业社会责任披露会增加第一类信息不对称，但自愿性企业社会责任内容披露不会。

六、结论

企业社会责任是一项重要的企业实践，已引起学术界和产业界的极大关注。因此，企业社会责任信息披露成为中国乃至全球商业环境中最受关注的问题之一也就不足为奇了。先前的研究表明，只要市场参与者重视企业社会责任信息披露，披露企业社会责任信息的企业就不会将其视为向市场参与者发出信号的工具，而会向投资者提供更透明、更可靠的信息，减少企业的信息不对称（Kim 等，2012；Atkins，2006）。然而，承担企业社会责任和披露企业社会责任并不一定会使企业更加透明。如果企业不能有效地向投资者传递企业慈善信息，企业从利益相关者那里获得的估值就会打折扣（Brown，2006；Jegadeesh 等，2004）。

这些关于企业社会责任披露的研究主要是在发达国家进行的。因此，据我们所知，关于企业社会责任信息披露对不同类型信息不对称影响的证据很少。本文基于中国上市公司的大样本，将信息不对称分解为两个部分（即价格影响和实现价差），并研究了不同的企业社会责任信息披露如何影响这两个部分。总体而言，我们发现企业社会责任信息披露减少了实现价差，但对价格影响没有影响。这些结果表明,企业社会责任信息披露有效减少了知情投资者与非知情投资者之间的信息不对称(第二类信息不对称),但并不影响企业与市场之间的信息不对称(第一类信息不对称)。

通过将企业社会责任披露区分为自愿披露和强制披露,并将基于价差的信息不对称度量分解为第一类和第二类信息不对称,我们记录了企业社会责任披露与信息不对称之间更为明确的联系。我们发现,自愿披露企业社会责任的公司会减少第二类信息不对称(以实现价差衡量),但对第一类信息不对称(以价格影响衡量)没有影响。强制披露企业社会责任的公司也减少了第二类信息不对称,但增加了第一类信息不对称。我们使用内生性检验和若干稳健性检验来证实我们的结果。我们还使用了差分检验来证明强制性企业社会责任披露与信息不对称成分之间的因果关系。

我们还探讨了企业社会责任信息披露影响两类信息不对称的渠道。无论是自愿披露还是强制披露企业社会责任的公司,都与较高的分析师覆盖率和报告相关联,这增加了投资者(尤其是不知情的投资者)的关注度,减少了第二类信息不对称。然而,较高的分析师覆盖率和报告率并没有减少第一类信息不对称。自愿披露的企业是自行选择报告企业社会责任表现的,因为它们不能有效地传递信息,从而最大限度地减少第一类信息不对称。强制披露的企业与更多的盈余管理、更多的卖空活动和更多的股票回报同步性相关,这表明强制披露的企业进行了更多的信息操纵,对市场的透明度较低。

总体而言,我们的研究结果表明,中国上市公司的企业社会责任信息披露并没有减少公司与市场之间的信息不对称,而只是减少了知情投资者与非知情投资者之间的信息不对称。企业社会责任信息披露未能为评估股价所反映的公司价值提供相关信息。一个令人不安的发现是,强制披露企业社会责任信息的企业容易对市场隐瞒信息,增加了企业的不透明性。研究结果对中国2008年实施的强制性企业社会责任报告的有效性提出了质疑,并呼吁在企业社会责任报告的监管设计中重新考虑适当的激励机制,以有效传递信息并带来更显著的价格影响。

参考文献

[1] ADMATI A R, PFLEIDERER P. Forcing firms to talk: Financial disclosure regulation and externalities [J]. The Review of Financial Studies, 2000, 13 (3): 479-519.

[2] AKERLOF G A. The market for "lemons": Quality uncertainty and the market mechanism [J]. The Quarterly Journal of Economics, 1970, 84 (3): 488-500.

[3] ALFORD A W, BERGER P G. A simultaneous equations analysis of forecast accuracy, analyst following, and trading volume [J]. Journal of Accounting, Auditing & Finance, 1999, 14: 219-240.

[4] ANDERSON R C, REEB D M, ZHAO W. Family-controlled firms and informed trading: Evidence from short sales [J]. The Journal of Finance, 2012, 67 (1): 351-385.

[5] ATTIG N, FONG W M, GADHOUM Y, et al. Effects of large shareholding on information asymmetry and stock liquidity [J]. Journal of Banking & Finance, 2006, 30 (10): 2875-2892.

[6] ASQUITH P, PATHAK P A, RITTER J R. Short interest, institutional ownership, and stock returns [J]. Journal of Financial Economics, 2005, 78 (2): 243-276.

[7] BARCLAY M J, HENDERSHOTT T. Liquidity externalities and adverse selection: Evidence from trading after hours [J]. The Journal of Finance, 2004, 59 (2): 681-710.

[8] BARNEA A, RUBIN A. Corporate social responsibility as a conflict between shareholders [J]. Journal of Business Ethics, 2010, 97 (1): 71-86.

[9] BARON D. Managerial contracting and corporate social responsibility [J]. Journal of Public Economics, 2008, 92 (1-2): 268-288.

［10］BARRON O E, BYARD D, KILE C, et al. High-technology intangibles and analysts' forecasts ［J］. Journal of Accounting Research, 2002, 40 (2): 289-312.

［11］BARTH M E, KASZNIK R, MCNICHOLS M F. Analyst coverage and intangible assets ［J］. Journal of Accounting Research, 2001, 39 (1): 1-34.

［12］BASKIN J. Corporate responsibility in emerging markets ［J］. Journal of Corporate Citizenship, 2006, 24: 29-47.

［13］BÉNABOU R, TIROLE J. Individual and corporate social responsibility ［J］. Economica, 2010, 77: 1-19.

［14］BHUSHAN R. Firm characteristics and analyst following ［J］. Journal of Accounting and Economics, 1989, 11 (2-3): 255-274.

［15］BOEHME R D, DANIELSEN B R, SORESCU S M. Short-sale constraints, differences of opinion, and overvaluation ［J］. Journal of Financial and Quantitative Analysis, 2006, 41 (2): 455-487.

［16］BOEHMER E, WU J. Short selling and the price discovery process ［J］. The Review of Financial Studies, 2013, 26 (2): 287-322.

［17］BOONE A L, WHITE J T. The effect of institutional ownership on firm transparency and information production ［J］. Journal of Financial Economics, 2015, 117 (3): 508-533.

［18］BRENNAN M J, HUGHES P J. Stock prices and the supply of information ［J］. The Journal of Finance, 1991, 46 (5): 1665-1691.

［19］BRENT A, MORSE D, STICE E K. Short interest: Explanations and tests ［J］. Journal of Financial and Quantitative Analysis, 1990, 25 (2): 273-289.

［20］BROCKMAN P, CHUNG D Y, YAN X. Block ownership, trading activity, and market liquidity ［J］. Journal of Financial and Quantitative Analysis, 2009, 44 (6): 1403-1426.

［21］BROCKMAN P, CHUNG D Y. An analysis of depth behaviour in an electronic, order-driven environment [J]. Journal of Banking & Finance, 1999, 23 (12): 1861-1886.

[22] BROWN S, HILLEGEIST S A. How disclosure quality affects the level of information asymmetry [J]. Review of Accounting Studies, 2007, 12 (2-3): 443-477.

[23] BROWN W O, HELLAND E, SMITH J K. Corporate philanthropic practices [J]. Journal of Corporate Finance, 2006, 12: 855-877.

[24] CARHART M M. On persistence in mutual fund performance [J]. The Journal of Finance, 1997, 52 (1): 57-82.

[25] CHEN Y C, HUNG M, WANG Y. The effect of mandatory CSR disclosure on firm profitability and social externalities: Evidence from China [J]. Journal of Accounting and Economics, 2018, 65 (1): 169-190.

[26] CHRISTOPHE S E, FERRI M G, HSIEH J. Informed trading before analyst downgrades: Evidence from short sellers [J]. Journal of Financial Economics, 2010, 95 (1): 85-106.

[27] COHEN L, DIETHER K B, MALLOY C J. Supply and demand shifts in the shorting market [J]. The Journal of Finance, 2007, 62 (5): 2061-2096.

[28] DANG T L, MOSHIRIAN F, ZHANG B. Commonality in news around the world [J]. Journal of Financial Economics, 2015, 116 (1): 82-110.

[29] DASKE H, HAIL L, LEUZ C, et al. Mandatory IFRS reporting around the world: Early evidence on the economic consequences [J]. Journal of Accounting Research, 2008, 46 (5): 1085-1142.

[30] DECHOW P M, HUTTON A P, MEULBROEK L, et al. Short-sellers, fun-damental analysis, and stock returns [J]. Journal of Financial Economics, 2001, 61 (1): 77-106.

[31] DEFOND M, HU X, HUNG M, et al. The impact of mandatory IFRS adoption on foreign mutual fund ownership: The role of comparability [J]. Journal of Acc-ounting and Economics, 2011, 51 (3): 240-258.

[32] DEMSETZ H. The cost of transacting [J]. The Quarterly Journal of Economics, 1968, 82: 33-53.

[33] DIAMOND D W, VERRECCHIA R E. Disclosure, liquidity, and the cost of capital [J]. The Journal of Finance, 1991, 46 (4): 1325-1359.

[34] DIAMOND D W, VERRECCHIA R E. Constraints on short-selling and asset price adjustment to private information [J]. Journal of Financial Economics, 1987, 18 (2): 277-311.

[35] DIMSON E. Risk measurement when shares are subject to infrequent trading [J]. Journal of Financial Economics, 1979, 7 (2): 197-226.

[36] DRISCOLL J C, KRAAY A C. Consistent Covariance Matrix Estimation with Spatially Dependent Panel Data [J]. Review of Economics and Statistics, 1998, 80: 549-560.

[37] DYE R A. Mandatory versus voluntary disclosures: The cases of financial and real externalities [J]. The Accounting Review, 1990, 65 (1): 1-24.

[38] DYCK A, LINS K V, ROTH L, et al. Do institutional investors drive corporate social responsibility? International evidence [J]. Journal of Financial Economics, 2019, 131 (3): 693-714.

[39] EASLEY D, O'HARA M. Information and the cost of capital [J]. The Journal of Finance, 2004, 59 (4): 1553-1583.

[40] ENGELBERG J E, REED A V, RINGGENBERG M C. How are shorts informed?: Short sellers, news, and information processing [J]. Journal of Financial Economics, 2012, 105 (2): 260-278.

[41] FAMA E F, FRENCH K R. Common risk factors in the returns on stocks and bonds [J]. Journal of Financial Economics, 1993, 33 (1): 3-56.

[42] FERNANDES N, FERREIRA M A. Does international cross-listing improve the information environment [J]. Journal of Financial Economics, 2008, 88 (2): 216-244.

[43] FISHMAN M J, HAGERTY K M. Mandatory versus voluntary disclosure

in markets with informed and uninformed customers [J]. Journal of Law, Economics, & Organization, 2003, 19 (1): 45 – 63.

[44] HAN J, HE J, PAN Z, et al. Twenty years of accounting and finance research on the Chinese capital market [J]. Abacus, 2018, 54 (4): 576 – 599.

[45] HEALY P M, PALEPU K G. Information asymmetry, corporate disclosure, and the capital markets: A review of the empirical disclosure literature [J]. Journal of Accounting and Economics, 2001, 31 (1 – 3): 405 – 440.

[46] HEALY P M, HUTTON A P, PALEPU K G. Stock performance and intermediation changes surrounding sustained increases in disclosures [J]. Contemporary Accounting Research, 1999, 16 (3): 485 – 520.

[47] HEFLIN F, SHAW K W, WILD J J. Disclosure policy and market liquidity: Impact of depth quotes and order sizes [J]. Contemporary Accounting Research, 2005, 22 (4): 829 – 865.

[48] HEFLIN F, SHAW K W. Blockholder ownership and market liquidity [J]. Journal of Financial and Quantitative Analysis, 2000, 35 (4): 621 – 633.

[49] HENDERSHOTT T, JONES C M, MENKVELD A J. Does algorithmic trading improve liquidity? [J]. The Journal of Finance, 2011, 66 (1): 1 – 33.

[50] HESS D. Social reporting and new governance regulation: The prospects of achieving corporate accountability through transparency [J]. Business Ethics Quarterly, 2007, 17 (3): 453 – 476.

[51] HOECHLE D. Robust standard errors for panel regressions with cross-sectional dependence [J]. Stata Journal, 2007, 7 (3): 281 – 312.

[52] HOFFMAN A J. Institutional evolution and change: Environmentalism and the U.S. chemical industry [J]. Academy of Management Journal, 1999, 42 (4): 351 – 371.

[53] HOSKISSON R E, EDEN L, LAU C M, et al. Strategy in emerging economies [J]. Academy of Management Journal, 2000, 43 (3): 249 – 267.

[54] HUNG M, SHI J, WANG Y. The effect of mandatory CSR disclosure on

information asymmetry: Evidence from a quasi-natural experiment in China [C]. Asian Finance Association (AsFA) Conference, 2013.

[55] HURTADO-SANCHEZ L. Short interest: its influence as a stabilizer of stock returns [J]. Journal of Financial and Quantitative Analysis, 1978, 13 (5): 965 - 985.

[56] HUSEYNOV F, KLAMM B. Tax avoidance, tax management and corporate social responsibility [J]. Journal of Corporate Finance, 2012, 18 (4): 804 -827.

[57] HUTTON A P, MARCUS A J, TEHRANIAN H. Opaque financial reports, R^2, and crash risk [J]. Journal of Financial Economics, 2009, 94 (1): 67 -86.

[58] IRVINE P J A. Do analysts generate trade for their firms? Evidence from the Toronto stock exchange [J]. Journal of Accounting and Economics, 2000, 30 (2): 209 -226.

[59] JEGADEESH N, KIM J, KRISCHE S D, et al. Analyzing the analysts: When do recommendations add value? [J]. The Journal of Finance, 2004, 59 (3): 1083 -1124.

[60] JENSEN M C, MECKLING W W. Theory of the firm: managerial behavior, agency cost and ownership structure [J]. Journal of Financial Economics, 1976, 3 (4): 305 -360.

[61] JONES C M, LAMONT O A. Short-sale constraints and stock returns [J]. Journal of Financial Economics, 2002, 66 (2 -3): 207 -239.

[62] JONES J J. Earnings management during import relief investigations [J]. Journal of Accounting Research, 1991, 29 (2): 193 -228.

[63] JORDAAN L A, DE KLERK M, DE VILLIERS C. Corporate social responsibility and earnings management of South African companies [J]. South African Journal of Economic and Management Sciences, 2018, 21 (1): 1 -13.

[64] KARPOFF J M, JOHN L, WEHRLY E W. The reputational penalties for environmental violations: empirical evidence [J]. The Journal of Law &

Economics, 2005, 48 (2): 653-675.

[65] KIM Y, PARK M S, WIER B. Is earnings quality associated with corporate social responsibility? [J]. The Accounting Review, 2012, 87 (3): 761-796.

[66] KIM H D, KIM T, KIM Y, et al. Do long-term institutional investors promote corporate social responsibility activities? [J]. Journal of Banking & Finance, 2019, 101: 256-269.

[67] KLEIN A. Audit committee, board of director characteristics, and earnings management [J]. Journal of Accounting and Economics, 2002, 33 (3): 375-400.

[68] KOTHARI S P, LEONE A J, WASLEY C E. Performance matched discretionary accrual measures [J]. Journal of Accounting and Economics, 2005, 39 (1): 163-197.

[69] LI S. Does mandatory adoption of International Financial Reporting Standards in the European Union reduce the cost of equity capital? [J]. The Accounting Review, 2010, 85 (2): 607-636.

[70] LIAO L, CHEN G, ZHENG D. Corporate social responsibility and financial fraud: Evidence from China [J]. Accounting & Finance, 2019, 59 (5): 3133-3169.

[71] LIN L W. Corporate social responsibility in China: Window dressing or structural change [J]. Berkeley Journal of International Law, 2010, 28 (1): 64-100.

[72] LIN K J, TAN J, ZHAO L, et al. In the name of charity: political connections and strategic corporate social responsibility in a transition economy [J]. Journal of Corporate Finance, 2015, 32: 327-346.

[73] LIU Q, TIAN G. Controlling shareholder, expropriations and firm's leverage decision: Evidence from Chinese Non-tradable share reform [J]. Journal of Corporate finance, 2012, 18 (4): 782-803.

[74] LINNENLUECKE M K, CHEN X, LING X, et al. Research in finance: a review of influential publications and a research agenda [J]. Pacific-Basin Finance

Journal, 2017, 43: 188 - 199.

[75] MADSEN P M, RODGERS Z J. Looking good by doing good: The antecedents and consequences of stakeholder attention to corporate disaster relief [J]. Strategic Management Journal, 2015, 36 (5): 776 - 794.

[76] MARQUIS C, QIAN C. Corporate social responsibility reporting in China: Symbol or substance? [J]. Organization Science, 2015, 25 (1): 127 - 148.

[77] MCNICHOLS M, O'BRIEN P C. Self-selection and analyst coverage [J]. Journal of Accounting Research, 1997, 35: 167 - 199.

[78] MONTIEL I. Corporate social responsibility and corporate sustainability [J]. Organization & Environment, 2008, 21 (3): 245 - 269.

[79] O'NEILL M, SWISHER J. Institutional investors and information asymmetry: An event study of self-tender offers [J]. The Financial Review, 2003, 38 (2): 197 - 211.

[80] OWEN D L, SWIFT T, HUNT K. Questioning the Role of Stakeholder Engagement in Social and Ethical Accounting, Auditing and Reporting [J]. Accounting Forum, 2001, 25 (3): 264 - 282.

[81] RHEE S G, WANG J. Foreign institutional ownership and stock market liquidity: Evidence from Indonesia [J]. Journal of Banking & Finance, 2009, 33 (7): 1312 - 1324.

[82] RUBIN A. Ownership level, ownership concentration and liquidity [J]. Journal of Financial Markets, 2007, 10 (3): 219 - 248.

[83] SAFFI P A C, SIGURDSSON K. Price efficiency and short selling [J]. Review of Financial Studies, 2011, 24 (3): 821 - 852.

[84] STOLL H R. Friction [J]. The Journal of Finance, 2000, 55 (4): 1479 - 1514.

[85] WANG C. Accounting standards harmonization and financial statement comparability: Evidence from transnational information transfer [J]. Journal of Accounting Research, 2014, 52 (4): 955 - 992.

[86] WANG M, QIU C, KONG D. Corporate social responsibility, investor behaviours, and stock market returns: Evidence from a natural experiment in China [J]. Journal of Business Ethics, 2011, 101 (1): 127 – 141.

[87] WARFIELD T D, WILD J J, WILD K L. Managerial ownership, accounting choices, and informativeness of earnings [J]. Journal of Accounting and Economics, 1995, 20 (1): 61 – 91.

[88] WELKER M. Disclosure policy, information asymmetry, and liquidity in equity markets [J]. Contemporary Accounting Research, 1995, 11 (2): 801 – 827.

[89] XIAO G. Trading and earnings management: Evidence from China's non-tradable share reform [J]. Journal of Corporate Finance, 2015, 31: 67 – 90.

[90] XU S, LIU D, HUANG J. Corporate social responsibility, the cost of equity capital and ownership structure: An analysis of Chinese listed firms [J]. Australian Journal of Management, 2015, 40 (2): 245 – 276.

[91] YEH Y H, SHU P G, LEE T S, et al. Non-tradable share reform and corporate governance in the Chinese stock market [J]. Corporate Governance: An International Review, 2009, 17 (4): 457 – 475.

[92] ZHANG M, XIE L, XU H. Corporate philantrophy and stock price crash risk: Evidence from China [J]. Journal of Business Ethics, 2016, 139 (3): 595 – 617.

[93] ZHANG G. Private information production, public disclosure, and the cost of capital: Theory and implications [J]. Contemporary Accounting Research, 2001, 18 (2): 363 – 384.

[94] ZHANG M, TONG L, SU J, et al. Analyst coverage and corporate social performance: evidence from China [J]. Pacific-Basin Finance Journal, 2015, 32: 76 – 94.

附 录

附录 A　　企业社会责任强制披露公告

面板 A：企业社会责任强制披露公告

	上交所	深交所
日期	2008 年 12 月 30 日	2008 年 12 月 31 日
标题	《关于做好上市公司 2008 年年度报告工作的通知》	《关于做好上市公司 2008 年年度报告工作的通知》
披露要求	凡在 2008 年 12 月 31 日之前上市的公司，应于 2009 年 4 月 30 日前完成 2008 年年度报告的编制、报送和披露工作。逾期未披露的，本所将自 2009 年 5 月 1 日起对该公司股票及其衍生品种实施停牌，并对公司或相关人员予以公开谴责	上市公司应当在 2009 年 4 月 30 日前披露 2008 年年报。逾期未披露的，本所将自 2009 年 5 月 1 日起对公司股票及其衍生品种实施停牌，并对公司及相关人员予以公开谴责
企业社会责任报告的范围	在本所上市的"上证公司治理板块"样本公司、发行境外上市外资股的公司及金融类公司应在 2008 年年报披露的同时披露公司履行社会责任的报告……企业社会责任报告应由董事会单独进行决议……社会责任报告应作为年报全文的附件在本所网站披露	纳入"深证 100 指数"的上市公司应当按照本所《上市公司社会责任指引》的规定，参照附件 3——公司社会责任披露要求，披露社会责任报告，同时鼓励其他公司披露社会责任报告。社会责任报告应当经公司董事会审议通过，并以单独报告的形式在披露年报的同时在指定网站对外披露

面板 B：深交所《关于做好上市公司 2008 年年度报告工作的通知》摘录

附件 3：公司社会责任披露要求（节选）

上市公司社会责任报告应当包括但不限于以下内容：

1. 综述

2. 社会责任履行情况

对照本所《上市公司社会责任指引》的具体要求，至少应包括以下内容：

（1）股东和债权人权益保护。

（2）职工权益保护。应明确说明在用工制度上是否符合《中华人民共和国劳动法》《中华人民共和国劳动合同法》等法律法规的要求，在劳动安全卫生制度、社会保障等方面是否严格执行了国家规定和标准。未达到有关要求和标准的应如实说明。说明公司在员工利益保障、安全生产、职业培训以及员工福利等方面采取的具体措施和改进情况。

（3）供应商、客户和消费者权益保护。重点说明公司反商业贿赂的具体措施和办法，如在反商业贿赂中查出问题应如实说明。说明公司在产品质量和安全控制方面所采取的具体措施，如发生重大产品质量和安全事故应如实说明。

（4）环境保护与可持续发展。说明公司在环保投资及技术开发、环保设施的建设运行以及降低能源消耗、污染物排放、进行废物回收和综合利用等方面采取的具体措施，并与国家标准、行业水平、以往指标等进行比较，用具体数字指标说明目前状况以及改进的效果。如存在未达标情况应如实说明。出现重大环保事故的、被环保部门处罚或被列入重点污染企业名单的应如实说明原因、目前状况及对公司经营和发展的影响。

（5）公共关系和社会公益事业。重点说明报告期内公司在灾害救援、捐赠、灾后重建等方面所做的工作，并说明有关捐赠是否履行了相关审议程序和信息披露义务。

3. 公司在履行社会责任方面存在的问题及整改计划

（1）结合上述未达到国家法律法规要求和标准、出现重大环保和安全事故、被列入环保部门的污染严重企业名单以及被环保、劳动等部门处罚等问题，说明解决进展情况。

（2）公司在履行社会责任方面存在的其他主要问题以及对公司经营及持续发展的影响，提出具体的改进计划和措施。

附录 B　　　　　　　　　　变量定义

变量	定义
CSR disclosure（*CSRDISC*）	表示公司是否披露企业社会责任报告的虚拟变量

续表

变量	定义
Voluntary CSR disclosure (CSRVOL)	表示公司是否自愿披露企业社会责任报告的虚拟变量
Mandatory CSR disclosure (CSRMAD)	表示公司是否强制披露企业社会责任报告的虚拟变量
CSR disclosure index (CSRINDEX)	九个组成部分虚拟变量的企业社会责任披露总和
Voluntary CSR disclosure index (CSRINDEXVOL)	九个组成部分虚拟变量的自愿性企业社会责任披露总和
Mandatory CSR disclosure index (CSRINDEXMAD)	九个组成部分虚拟变量的强制性企业社会责任披露总和
Voluntary social donations disclosure (CSRDOVOL)	表示公司是否自愿披露社会捐赠的虚拟变量
Mandatary social donations disclosure (CSRDOMAD)	表示公司是否强制披露社会捐赠的虚拟变量
Voluntary environmental protection disclosure (CSRENVOL)	表示公司是否自愿披露环境保护信息的虚拟变量
Mandatory environmental protection disclosure (CSRENMAD)	表示公司是否强制披露环境保护信息的虚拟变量
Stock price (PRICE, yuan)	一年内的日均股价
Firm size (SIZE, billions)	市值
Leverage (LEV)	债务总额/资产总额
Share turnover (TURNOVER)	每日交易股数除以总股数的年平均值
Stock return volatility (VOL)	每日股票收益率标准差的年平均值
Institutional ownership (INSI, %)	机构投资者拥有的股份除以股份总数

续　表

变量	定义
Cash asset ratio（CASH）	运营现金净流量除以总资产
Tradable ratio of stock（TRADABLE）	可交易股份除以股份总数
CSI 300 index（INDEX）	表示某只股票是否被纳入沪深300指数的虚拟变量
SOE dummy（STATE）	表示企业是否为国有的虚拟变量
Firm age（AGE）	公司自成立以来的经营年限
Volatility of EPS（VOLEPS）	过去三年每股收益的标准偏差
Trading volume（TRV, billions）	一年内的交易量（以人民币计）
Price to book value per share（PB）	股价除以每股账面价值
R&D expense ratio（RDR）	研发费用除以全年运营费用总额
R&D dummy（RD）	表示企业是否产生研发费用的虚拟变量
Annual stock return（RET）	年末价格减去年初价格，再除以年初价格
Market beta（BETA）	贝塔值是根据CAPM（资本资产定价模型），利用最新的250个每日数据计算得出的
Return on asset（ROA）	净收入除以总资产
R&D intensity（RD_INT）	研发费用除以销售总额
Equity offering（EO）	表示公司是否发行股票的虚拟变量

企业环境信息披露对融资约束的影响

沈 蜜

摘要：本文研究了环境信息披露程度对上市公司融资约束的影响，探讨其通过信息不对称和代理成本两个渠道发挥作用的机制。实证分析结果表明，提升环境信息披露可以有效减少信息不对称，降低代理成本，从而缓解企业的融资约束。具体而言，环境信息披露作为企业透明度的体现，可以增强投资者对企业环保行为和风险管理能力的信任，从而减少信息不对称。信息不对称的减少使投资者能够更加准确地评估企业的实际价值和潜在风险，进而更愿意提供资金支持。此外，环境信息披露的提升还可以降低企业内部的代理成本，即减少管理层与股东之间的利益冲突，提升公司治理水平。代理成本的降低不仅能够提高企业内部资源的配置效率，还能增强企业的市场竞争力和可持续发展能力。本文的研究不仅丰富了环境信息披露领域的相关文献，为学术界提供了新的实证证据，还为企业如何通过改进环境信息披露来缓解融资约束提供了实践指导。同时，本文的结论对政策制定者也具有重要意义，建议通过完善相关法规和政策，鼓励和引导上市公司提高环境信息披露的透明度，进而促进企业的可持续发展和资本市场的健康运行。总之，本文通过实证研究揭示了环境信息披露在缓解上市公司融资约束中的重要作用，并提出了一系列可行的对策建议，为企业、投资者和政策制定者提供了有价值的参考。

一、引言

随着新发展理念逐渐深入人心，环境保护问题越来越受到社会各界的广泛关注。作为社会经济的重要主体，上市公司的环境信息披露不仅是彰显企业环保责任的重要途径，也是接受政府部门、社会公众和投资机构监督的内在要求。近年来，中国秉持生态文明与经济建设协调发展的理念，不断完善上市公司的环境信息披露机制。2021年，生态环境部印发了《环境信息依法披露制度改革方案》，深化环境信息依法披露制度的改革，推进生态环境治理体系和治理能力的现代化。企业环境信息披露逐渐成为全社会关注的焦点，同时也为投资者从环保角度评估企业提供了新的视角。随着这些政策和制度的实施，越来越多的企业开始重视环境信息的透明披露，将其作为提升企业形象和增强市场竞争力的重要手段。

  已有的大多数文献集中于信息披露程度与融资约束之间的关系，但国内外鲜有学者专门研究环境信息披露程度与融资约束之间的关系问题。在前人研究的基础上，本文对这一方向进行了实证研究，旨在填补这一领域的空白，丰富环境信息披露领域的相关研究，并为缓解上市公司融资约束提供对策与建议。本文选择环境信息披露程度作为解释变量，其政策含义十分明确。在"碳达峰""碳中和"目标的推动下，企业提高环境信息披露程度不仅是响应国家政策法规的举动，还能促使企业减少实际污染行为，提高环境绩效，推动绿色经济的发展。这种信息披露不仅有助于企业在激烈的市场竞争中占据有利地位，还能吸引更多关注环境保护的投资者和合作伙伴。

  基于上述内容，本文首先使用内容分析法构建了环境信息披露指数，以衡量企业的环境信息披露程度。内容分析法是一种通过对企业公开披露的环境报告、年度报告等文件进行系统分析，提取和量化相关信息的方法。通过这种方法，我们可以客观地评估企业在环境信息披露方面的表现，为后续的实证分析提供可靠的数据支持。然后，通过信息不对称和代理成本两个渠道，研究环境信息披露程度与融资约束之间的关系。信息不对称指的是由于企业和外部投资者之间的信息不对称性，导致投资者无法准确评估企业的实际经营状况和风险水平，从而增加了融资的难度。而代理成本则是由于管理层与股东之间的利益冲突，导致管理层可能做出不利于股东利益的决策，从而增加企业的融资成本。

实证研究结果显示，上市公司提高环境信息披露程度能够有效减轻企业的信息不对称程度，并降低代理成本，从而缓解企业的融资约束问题。具体来说，环境信息披露的提升可以增强投资者对企业环保行为和风险管理能力的信任，减少投资者对企业潜在风险的担忧，从而提高企业的融资能力。此外，环境信息披露还可以促进企业内部治理结构的优化，减少管理层与股东之间的利益冲突，提高企业的经营效率和市场竞争力。

本文的研究安排如下：第一部分为引言；第二部分为文献综述与理论假设，回顾并总结了现有研究成果，提出了本文的研究假设；第三部分为研究设计及样本选取，详细介绍了研究方法、数据来源及样本选择标准；第四部分为实证结果分析与稳健检验，通过实证分析验证了研究假设；第五部分为研究结论，总结了主要研究发现，提出了政策建议和未来研究方向。

总的来说，本文通过实证研究揭示了环境信息披露在缓解上市公司融资约束中的重要作用，并提出了一系列可行的对策建议，为企业、投资者和政策制定者提供了有价值的参考。未来的研究可以进一步探讨不同类型企业和不同行业的环境信息披露对融资约束的具体影响，以及其他潜在的影响机制。通过这些研究，可以为实现企业的可持续发展和绿色经济的目标提供更加坚实的理论和实证基础。

二、文献综述与理论假设

近年来，环境信息披露在我国日益受到重视，相关的披露制度及法律建设也在逐步推进。许多学者开始关注信息披露的研究，并逐渐将焦点转向环境信息披露。张纯和吕伟（2007）指出，信息披露水平的提高能够显著降低企业的融资约束程度。吴红军等（2017）基于中国污染行业上市公司数据，实证检验了提高环境信息披露程度可以显著降低公司融资约束的结论。Leuz 和 Verrecchia（2000）、Shroff 等（2013）发现，为获得更多融资，企业不仅需要披露财务信息，还需要披露非财务信息，其中，环境信息是非财务信息的重要组成部分。企业通过披露环境信息，可以加深投资者对企业的认知，从而降低融资约束的负面影响。

在环境信息披露影响融资约束的机制方面，学术界形成了多种理论和观点。其中一个影响融资约束的渠道是通过减少信息不对称。宁亚平（2004）认为，信息不对称的存在会导致盈余管理，而盈余管理可以作为衡量信息不对称程度的指标。夏立军和鹿小楠（2005）的实证研究表明，上市公司盈余管理程度与信息披露质量之间存在显著的负相关关系。白云霞和吴联生（2008）发现，在国有企业改革过程中，及时披露非公开信息对国有股权转让价格中的盈余管理行为有显著抑制作用。张纯和吕伟（2007）、顾群和翟淑萍（2013）提出，主动信息披露和提高信息披露质量是解决信息不对称的有效方式。

在研究信息不对称与融资约束的关系时，Myers 和 Majluf（1984）指出，在不完美市场条件下，公司内部人员与外部投资者之间在关于企业现有资产和投资机会方面存在信息不对称，这导致内外部融资成本不同，并且企业面临的融资约束程度与其信息不对称程度正相关。屈文洲等（2011）以 PIN 值衡量信息不对称程度，研究发现信息不对称程度越高，公司面临的融资约束现象越严重。基于以上研究，本文提出假设 H1：

假设 H1：提高环境信息披露程度可以降低企业的信息不对称程度，从而有效缓解融资约束。

另一个影响融资约束的渠道是通过降低企业代理成本。杜兴强和周泽将（2009）检验了信息披露质量与代理成本之间的关系，认为高质量的信息披露可以减少所有者与经营者之间的利益冲突，更好地约束企业管理层偏离股东价值最大化的行为，从而显著降低代理成本。顾群和翟淑萍（2013）通过实证分析发现，提高信息披露质量可以有效降低企业的代理成本，具体通过销售费用与管理费用之和与销售收入的比率度量代理成本。在研究代理成本与融资约束的关系方面，Bernanke 和 Gertler（1990）基于代理问题的存在，提出股东和债权人为保证自身利益，在公司进行外部融资时会补偿资金供应者所承担的代理成本，进而导致内外部融资成本的差异。顾群和翟淑萍（2013）的研究发现，企业的代理成本越高，融资约束现象越严重。基于以上研究，本文提出假设 H2：

假设 H2：提高环境信息披露程度可以降低企业代理成本，从而有效缓解融资约束。

三、研究设计及样本选取

（一）变量选取及构建

1. 环境信息披露指标的构建

目前，国内外对环境信息披露水平进行量化分析时，最常用的方法是内容分析法。这种方法通过对上市公司年报、社会责任报告及可持续发展报告中有关环境信息的内容进行量化评分，从而评估其环境信息披露水平。因此，本文借鉴了任力和洪喆（2017）所设计的环境信息披露指标，并结合 CSMAR 数据库中中国上市公司环境研究数据库的相关数据，构建了环境信息披露指标体系。

具体来说，本文通过以下步骤构建环境信息披露指标：首先，收集各上市公司在年报、社会责任报告和可持续发展报告中披露的环境信息数据。其次，根据预设的评分标准对这些环境信息进行量化评分，评分标准涵盖了环境管理、环境绩效、环境合规、污染物排放等多个方面。最后，将各公司的得分除以满分，计算得到环境信息披露指数。通过这种方法，本文不仅能够客观地评估各上市公司在环境信息披露方面的表现，还可以为后续的实证研究提供可靠的数据支持，从而深入探讨环境信息披露与融资约束之间的关系。环境披露指标体系见表 1。

表 1　　　　　　　　　　　环境披露指标体系

披露项目	分值	解释
环保理念	0，1	未披露为 0，披露为 1
环保目标	0，1	未披露为 0，披露为 1
环保管理制度体系	0，1	未披露为 0，披露为 1
环保教育与培训	0，1	未披露为 0，披露为 1
环保专项行动	0，1	未披露为 0，披露为 1

续表

披露项目	分值	解释
环保荣誉或奖励	0，1	未披露为0，披露为1
污染物排放达标	0，1	未披露为0，披露为1
社会责任报告	0，1	无社会责任报告为0，有则为1
废气减排治理情况	0，1，2	无描述为0，定性描述为1，定量与定性描述为2
废水减排治理情况	0，1，2	无描述为0，定性描述为1，定量与定性描述为2
粉尘、烟尘治理情况	0，1，2	无描述为0，定性描述为1，定量与定性描述为2
固废利用与处置情况	0，1，2	无描述为0，定性描述为1，定量与定性描述为2
噪声、光污染、辐射等治理情况	0，1，2	无描述为0，定性描述为1，定量与定性描述为2
清洁生产实施情况	0，1，2	无描述为0，定性描述为1，定量与定性描述为2
液体排放量	0，1，2	无描述为0，定性描述为1，定量与定性描述为2
气体排放量	0，1，2	无描述为0，定性描述为1，定量与定性描述为2
烟尘和粉尘排放量	0，1，2	无描述为0，定性描述为1，定量与定性描述为2
工业固体废物产生量	0，1，2	无描述为0，定性描述为1，定量与定性描述为2

2. 控制变量的选取

本文主要研究环境信息披露程度与融资约束之间的相关关系，并检验信息不对称和代理成本两个渠道的中介效应，以此开展实证研究。首先，关于环境信息披露与融资约束之间的关系，本文参考了屈文洲等（2011）、张纯和吕伟（2007）、何孝星和叶展（2017）等学者对融资约束影响因素的相关文献。根据这些文献，我们选取了六个控制变量：公司规模（*SIZE*）、资产收益率（*ROA*）、成长性（*GROWTH*）、最终控股人性质（国有企业，*SOE*）、资产有形性（*PPE*）及风险程度（*RISK*）。上述研究表明，这些控制变量与公司融资约束程度之间存在显著相关性，因此本文在分析中将其作为控制变量。

在验证假设H1时，为研究环境信息披露与信息不对称之间的关系，本文参考了魏明海（2000）和白云霞与吴联生（2008）的相关研究，选取盈余管理作为衡量信息不对称的指标。同时，根据文献选取了五个控制变量：公司规模（*SIZE*）、资产收益率（*ROA*）、成长性（*GROWTH*）、资产负债率（*LEVERAGE*）及公司年龄（*AGE*）。这些控制变量有助于更准确地评估环境信息披露对信息不对称的影响。

在验证假设 H2 时，为研究环境信息披露与代理成本之间的关系，本文借鉴了杜兴强和周泽将（2009）以及顾群和翟淑萍（2013）的研究成果，采用销售费用与管理费用之和与营业收入的比率作为代理成本的衡量指标。同时，依据相关文献，选取了若干控制变量，包括董事会规模、两职合一情况、独立董事比例、高管持股比例、第一大股东持股比例、外部审计情况、外资持股、资产负债率、公司规模、资产收益率以及成长性等。这些变量能够全面反映企业治理结构和财务状况，从而更准确地评估环境信息披露对代理成本的影响。此外，为了消除行业和年份的异质性对回归分析结果的影响，本文在回归模型中加入了行业和年份的哑变量作为控制变量。变量的具体定义及说明详见表2。

表2　　　　　　　　　　变量的具体定义及说明

变量类型	变量名称	变量符号	变量定义
被解释变量	融资约束	KZ	公司融资约束程度，数值越小，公司融资约束越小
解释变量	环境信息披露指数	EDI	环境信息披露程度，指数越高，披露程度越大
中介变量	盈余管理	EM	企业盈余管理程度，数值越大，盈余管理程度越高
	代理成本	AC	（销售费用+管理费用）/营业收入
控制变量	公司规模	SIZE	公司的总资产对数
	资产收益率	ROA	资产收益
	成长性	GROWTH	应收增长率
	国有控股	SOE	国有企业为1，否则取0
	资产有形性	PPE	（固定资产+存货）/总资产
	风险程度	RISK	股票年收益率波动
	董事会规模	BOARDSIZE	董事会人数对数
	两职合一情况	DUALITY	两职合一取1，否则取0
	独立董事比例	INDERATIO	独立董事人数/董事会人数
	高管持股比例	EHP	高管持股/总股数

续 表

变量类型	变量名称	变量符号	变量定义
控制变量	第一大股东持股比例	TOP1	第一大股东持股数/总股数
	外部审计师	AUDITOR	外部审计师为"四大"取1，否则取0
	外资持股	FOREIGN	发行B股或H股为1，否则取0
	资产负债率	LEVERAGE	总负债/总资产
	公司年龄	AGE	公司成立年份
	行业	IND_DUMMY	行业哑变量
	年份	YEAR_DUMMY	年份哑变量

（二）研究样本的选取

从目前国内环境信息的披露情况来看，重污染行业的上市公司由于对环境行为较为重视，并且受到国家监管力度较大，通常披露的环境信息较为详细。因此，本文将研究范围集中在重污染行业的上市公司群体，以期更具现实意义。本文依据2010年环境保护部[①]发布的《上市公司环境信息披露指南（征求意见稿）》来界定重污染行业，具体包括火电、钢铁、水泥等行业。然后利用2015年第四季度中国证监会发布的上市公司行业分类结果，从沪深两市的上市公司中进行筛选。在筛选过程中，剔除了不符合研究要求的ST、*ST公司，以及其他研究指标数据缺乏或所在行业公司数量较少的公司。最终，共选取了560家上市公司作为研究样本。研究样本的行业分布详见表3。考虑到环境信息披露对企业的影响具有一定的滞后性，本文选取了2015—2019年的环境信息披露数据，以及2016—2020年的其他研究指标数据，构成了容量为2800组的面板数据。这种数据选取方式不仅可以捕捉环境信息披露的动态变化，还可以更准确地反映其对融资约束的影响。通过将研究集中在重污染行业，我们可以更加深入地了解这些行业在环境信息披露方面的现状及其对

---

① 2018年，环境保护部更名为生态环境部，整合多部门职责，统筹全国生态环境工作。

企业融资约束的具体影响。重污染行业在环境治理和信息披露方面面临更多挑战，因此研究这些行业的上市公司不仅具有理论意义，也为政策制定者和企业管理者提供了实际参考。

表3　　研究样本的行业分布

行业名称	公司数量	占比（%）
煤炭开采和洗选业	18	3.21
有色金属矿采选业	15	2.68
酒、饮料和精制茶制造业	24	4.29
纺织业	27	4.82
造纸及纸制品业	20	3.57
石油加工、炼焦及核燃料加工业	13	2.32
化学原料及化学制品制造业	126	22.50
医药制造业	127	22.68
化学纤维制造业	14	2.50
橡胶和塑料制品业	33	5.89
非金属矿物制品业	55	9.82
黑色金属冶炼及压延加工业	18	3.21
有色金属冶炼和压延加工业	36	6.43
电力、热力生产和供应业	34	6.07
合计	560	100*

注：*表中数据因四舍五入，合计占比显示为100%。

（三）实证模型的构建

本文聚焦于环境信息披露与融资约束之间的相关关系，并分别对假设H1和假设H2进行中介效应的检验，从而构建了基于大样本的多元线性回归模型。首先，本文参考了何孝星和叶展（2017）对融资约束影响因素的相关研究，采用KZ指数作为衡量公司融资约束的指标，建立了环境信息披露程度与融资约束之间关系的回归模型（1）：

$$KZ = \alpha_0 + \alpha_1 EDI + \alpha_2 SIZE + \alpha_3 ROA + \alpha_4 GROWTH + \alpha_5 SOE + \alpha_6 PPE +$$
$$\alpha_7 RISK + \sum IND\_DUMMY + \sum YEAR\_DUMMY + \varepsilon \quad (1)$$

接下来,本文利用大样本多元线性回归模型对假设 H1 和假设 H2 分别进行了检验。对于假设 H1,本文参考魏明海(2000)和白云霞与吴联生(2008)的相关研究文献,采用企业的可操控利润作为盈余管理的衡量指标,从而衡量企业的信息不对称程度。基于此,本文构建了环境信息披露与信息不对称之间关系的回归模型(2):

$$EM = \beta_0 + \beta_1 EDI + \beta_2 SIZE + \beta_3 ROA + \beta_4 GROWTH + \beta_5 LEVERAGE + \beta_6 AGE + \sum IND\_DUMMY + \sum YEAR\_DUMMY + \varepsilon \quad (2)$$

参考屈文洲等(2011)对信息不对称和融资约束的相关研究,本文认为信息不对称和融资约束之间存在着显著的相关关系,因而认为信息不对称有可能是环境信息披露影响融资约束的渠道之一。参考温忠麟等(2004)介绍的依次检验回归系数的方法,构建了回归模型(3)对信息不对称的中介效应进行检验:

$$KZ = \gamma_0 + \gamma_1 EDI + \gamma_2 EM + \gamma_3 SIZE + \gamma_4 ROA + \gamma_5 GROWTH + \gamma_6 SOE + \gamma_7 PPE + \gamma_8 RISK + \sum IND\_DUMMY + \sum YEAR\_DUMMY + \varepsilon \quad (3)$$

如果中介变量 EM 的系数仍然显著,则说明信息不对称对环境信息披露和融资约束之间的相关关系存在中介效应。

对于假设 H2,本文参考杜兴强和周泽将(2009)的相关研究文献,以销售费用和管理费用之和与营业收入的比率作为代理成本的衡量指标,就环境信息披露与代理成本之间的相关关系构建了回归模型(4):

$$AC = \beta_0 + \beta_1 EDI + \beta_2 BOARDSIZE + \beta_3 DUALITY + \beta_4 INDERATIO + \beta_5 EHP + \beta_6 TOP1 + \beta_7 EHP + \beta_8 SOE + \beta_9 AUDITOR + \beta_{10} FOREIGN + \beta_{11} LEVERAGE + \beta_{12} SIZE + \beta_{13} ROA + \beta_{14} GROWTH + \sum IND\_DUMMY + \sum YEAR\_DUMMY + \varepsilon \quad (4)$$

参考国内外学者对融资约束理论的相关介绍以及顾群和翟淑萍(2013)对代理成本与融资约束之间关系的阐述,本文认为代理成本与融资约束之间存在显著的相关关系,因而本文认为代理成本也可能是影响环境信息披露和融资约束之间相关关系的渠道之一。利用上文介绍的检验方法,本文构建了回归模型（5）对代理成本的中介效应进行检验：

$$KZ = \gamma_0 + \gamma_1 EDI + \gamma_2 AC + \gamma_3 SIZE + \gamma_4 ROA + \gamma_5 GROWTH + \gamma_6 SOE +$$
$$\gamma_7 PPE + \gamma_8 RISK + \sum IND\_DUMMY + \sum YEAR\_DUMMY + \varepsilon \quad (5)$$

同理，如果中介变量 AC 的系数仍然显著，则说明代理成本对环境信息披露与融资约束之间的相关关系存在中介效应。

四、实证结果分析与稳健性检验

（一）描述性统计

表 4 展示了各变量的描述性统计结果，包括样本数、平均值、标准差、最小值和最大值。结果显示，样本公司的融资约束（KZ 指数）的平均值为 0.017，标准差为 2.173，表明公司之间的融资约束情况存在显著差异。盈余管理（EM）和代理成本（AC）的平均值分别为 0.007 和 0.174，标准差分别为 0.082 和 0.163，显示出公司在盈余管理和代理成本方面的差异性。环境信息披露指数（EDI）的平均值为 0.316，表明样本公司在环境信息披露方面的整体水平中等偏低。公司规模（SIZE）和资产收益率（ROA）的平均值分别为 22.639 和 0.048，显示出样本公司在规模和盈利能力上的差异。此外，成长性（GROWTH）、最终控股人性质（国有企业，SOE）、资产有形性（PPE）和风险程度（RISK）等控制变量也显示出不同程度的差异。这些统计结果为进一步的回归分析提供了坚实的基础。由此显示样本公司之间融资约束程度参差不齐。

表 4　　　　　　　　各变量描述性统计

变量	样本数	平均值	标准差	最小值	最大值
KZ	2800	0.017	2.173	-10.555	8.444
EM	2800	0.007	0.082	-0.508	0.545
AC	2800	0.174	0.163	0.003	1.497
EDI	2800	0.316	0.229	0.000	0.964
SIZE	2800	22.639	1.248	19.226	27.099
ROA	2800	0.048	0.071	-0.915	0.478

续 表

变量	样本数	平均值	标准差	最小值	最大值
GROWTH	2800	0.180	1.18	-0.825	56.174
SOE	2800	0.439	0.496	0.000	1.000
PPE	2800	0.406	0.16	0.001	0.877
RISK	2800	0.435	0.138	0.124	0.880
BOARDSIZE	2800	2.154	0.201	1.099	2.833
DUALITY	2800	0.208	0.406	0.000	1.000
INDERATIO	2800	0.372	0.054	0.231	0.667
EHP	2800	0.568	0.495	0.000	1.000
TOP1	2800	0.337	0.142	0.050	0.827
AUDITOR	2800	0.066	0.249	0.000	1.000
FOREIGN	2800	0.039	0.194	0.000	1.000
LEVERAGE	2800	0.405	0.186	0.029	2.123
AGE	2800	2.477	0.622	0.000	3.367

(二) 多元回归结果分析

本文数据属于面板数据,因此使用最小二乘法进行多元回归分析。首先本文对模型(1)进行了大样本多元线性回归,结果见表5。

表5　　　　　　　　模型(1)的回归结果

因变量: 融资约束(KZ)	(1)	(2)	(3)
EDI	-0.588*** (0.179)	-0.95*** (0.156)	-0.758*** (0.16)
SIZE		0.155*** (0.031)	0.187*** (0.035)
ROA		-16.735*** (1.14)	-16.733*** (1.148)

续 表

因变量： 融资约束（KZ）	（1）	（2）	（3）
GROWTH		0.056 (0.052)	0.023 (0.029)
SOE		0.142** (0.07)	0.171** (0.07)
PPE		2.505*** (0.231)	2.548*** (0.236)
RISK		1.607*** (0.226)	3.069*** (0.399)
IND_DUMMY			Yes
YEAR_DUMMY			Yes
Constant	0.203*** (0.07)	-4.168*** (0.712)	-5.725*** (0.932)
Observations	2800	2800	2800
R^2	0.004	0.384	0.439

说明：(1) 稳健标注误差标注在括号内；(2) *** 表示1%水平上显著，** 表示5%水平上显著，* 表示10%水平上显著（双尾）。

模型（1）的回归结果显示，环境信息披露程度与融资约束之间存在显著的负相关关系，即环境信息披露程度越高，企业面临的融资约束水平越低。这与吴红军等（2017）的研究结论一致，表明公司提高环境信息披露水平可以显著降低融资约束。此外，本文利用方差膨胀因子（VIF）进行了多重共线性检验，结果显示最大的VIF值为3.14，远小于10，表明多重共线性问题基本不存在。接下来本文首先对假设H1进行了验证，模型（2）的实证分析结果见表6。

表6　　　　　　　　　模型（2）的回归结果

因变量： 盈余管理（EM）	（1）	（2）	（3）
EDI	-0.017** (0.007)	-0.026*** (0.007)	-0.019*** (0.007)

续 表

因变量： 盈余管理（EM）	(1)	(2)	(3)
AGE		-0.007***	-0.004
		(0.003)	(0.003)
LEVERAGE		0.007	0.007
		(0.01)	(0.01)
GROWTH		-0.002	-0.002
		(0.002)	(0.002)
SIZE		0.001	0.003
		(0.002)	(0.002)
ROA		0.559***	0.534***
		(0.034)	(0.034)
IND_DUMMY			Yes
YEAR_DUMMY			Yes
Constant	0.012***	-0.013	-0.057*
	(0.003)	(0.03)	(0.034)
Observations	2800	2800	2800
R^2	0.002	0.236	0.291

说明：(1) 稳健标注误差标注在括号内；(2) *** 表示1%水平上显著，** 表示5%水平上显著，* 表示10%水平上显著（双尾）。

模型（2）的回归结果表明，盈余管理与环境信息披露程度的关系显著为负，即环境信息披露程度越高，盈余管理水平越低，信息不对称程度越小。此外，本文利用 VIF 进行了多重共线性检验，结果显示最大的 VIF 为 2.03，远小于10，说明基本不存在多重共线性问题。随后本文就信息不对称的中介效应进行了检验，模型（3）的回归结果见表7。

表7　　　　　　　　模型（3）的回归结果

因变量： 融资约束（KZ）	(1)	(2)	(3)
EDI	-0.572***	-0.647***	-0.545***
	(0.179)	(0.141)	(0.143)

续 表

因变量: 融资约束（KZ）	（1）	（2）	（3）
EM	0.916* (0.502)	10.576*** (0.505)	10.21*** (0.503)
SIZE		0.163*** (0.029)	0.164*** (0.033)
ROA		-22.679*** (1.237)	-22.192*** (1.213)
GROWTH		0.071 (0.065)	0.047 (0.046)
SOE		0.108* (0.061)	0.116* (0.062)
PPE		2.364*** (0.211)	2.454*** (0.213)
RISK		1.654*** (0.211)	3.014*** (0.373)
IND_DUMMY			Yes
YEAR_DUMMY			Yes
Constant	0.192*** (0.07)	-4.197*** (0.66)	-5.053*** (0.87)
Observations	2800	2800	2800
R^2	0.005	0.505	0.544

说明：（1）稳健标注误差标注在括号内；（2）*** 表示1%水平上显著，** 表示5%水平上显著，* 表示10%水平上显著（双尾）。

模型（3）的回归结果表明，环境信息披露程度和信息不对称程度均与公司融资约束水平存在显著的相关关系，根据温忠麟等（2004）对中介效应检验的解释，该回归结果说明，信息不对称程度对环境信息披露和公司融资约束之间的相关关系存在中介效应，即假设H1成立。接下来，本文对假设H2进行了验证，模型（4）的回归结果见表8。

表 8　　　　　　　　　　　模型（4）的回归结果

因变量： 融资约束（KZ）	(1)	(2)	(3)
EDI	-0.572*** (0.013)	-0.034** (0.013)	-0.027*** (0.01)
BOARDSIZE		0.046*** (0.017)	0.022* (0.012)
DUALITY		0.017** (0.008)	0.006 (0.0006)
INDERATIO		-0.117** (0.058)	0.032*** (0.045)
EHP		0.002 (0.007)	-0.009** (0.013)
TOP1		-0.004 (0.022)	-0.035** (0.015)
SOE		-0.034*** (0.007)	-0.026*** (0.005)
ROA		-0.298*** (0.071)	-0.412*** (0.056)
IND_DUMMY			Yes
YEAR_DUMMY			Yes
Constant	0.209*** (0.013)	-0.579*** (0.075)	0.422*** (0.058)
Observations	2800	2800	2800
R^2	0.024	0.173	0.587

说明：(1) 稳健标注误差标注在括号内；(2) *** 表示1%水平上显著，** 表示5%水平上显著，* 表示10%水平上显著（双尾）。

模型（4）的回归结果表明，代理成本与环境信息披露程度的关系显著为负，即环境信息披露程度越高，公司的代理成本越低。此外，本文利用 VIF 进行了多重共线性检验，结果显示最大的 VIF 为 2.35，远小于 10，说明基本不存在多重共线性问题。随后，本文就代理成本的中介效应进行了检验，模型（5）的回归结果见表 9。

表9　　　　　　　　　　模型（5）的回归结果

因变量：融资约束（KZ）	(1)	(2)	(3)
EDI	-0.748***	-0.947***	-0.758***
	(0.18)	(0.157)	(0.16)
AC	-1.455***	-0.401*	-0.218
	(0.253)	(0.234)	(0.329)
SIZE		0.143***	0.183***
		(0.032)	(0.036)
ROA		-16.771***	-16.801***
		(1.140)	(1.181)
GROWTH		0.054	0.023
		(0.051)	(0.029)
SOE		0.132*	0.166**
		(0.070)	(0.071)
PPE		2.397***	2.518***
		(0.240)	(0.244)
RISK		1.573***	3.061***
		(0.226)	(0.399)
IND_DUMMY			Yes
YEAR_DUMMY			Yes
Constant	0.507***	-3.759***	-5.586***
	(0.087)	(0.762)	(0.950)
Observations	2800	2800	2800
R^2	0.016	0.385	0.439

说明：（1）稳健标注误差标注在括号内；（2）*** 表示1%水平上显著，** 表示5%水平上显著，* 表示10%水平上显著（双尾）。

模型（5）的回归结果表明，公司的环境信息披露程度和代理成本均与融资约束水平存在显著的相关关系。同理，该回归结果说明，公司的代理成本对环境信息披露和公司融资约束之间的相关关系存在中介效应，即假设H2成立。

综上所述，本文认为信息不对称和代理成本均为影响公司环境信息披露水平与融资约束程度相关关系的中介变量,即环境信息披露程度的提高可以在降低信息不对称程度的同时降低企业代理成本,从而有效缓解融资约束。

五、研究结论

本文以我国重污染行业的上市公司作为研究样本,借鉴任力和洪喆(2017)的方法,通过量化公司年报和社会责任报告中的环境信息披露水平,实证研究了环境信息披露对企业融资约束的影响。研究结果表明,环境信息披露对我国上市公司的融资具有积极影响,即通过提高环境信息披露程度,企业可以有效缓解其面临的融资约束。本文采用 KZ 指数作为融资约束的衡量指标,利用内容分析法构建了环境信息披露指数,并应用大样本多元线性回归模型,证明了环境信息披露程度与融资约束之间存在显著的负相关关系。本文通过依次检验回归系数,以盈余管理作为衡量信息不对称的指标,证明了信息不对称在环境信息披露与融资约束之间的中介效应。此外,本文还以销售费用和管理费用之和与营业收入的比率作为代理成本的衡量指标,证明了代理成本在环境信息披露与融资约束之间的中介效应。为了确保研究结果的稳健性,本文采用更为科学的量化方法重新构建了环境信息披露指数,结果发现结论具有一致性。

本文的研究不仅丰富了环境信息披露与企业融资约束领域的文献,还为了解和认识环境信息披露对企业融资的积极影响提供了实证支持。对企业而言,为了有效缓解融资约束,不仅需要全面进行环境信息披露,更要提高环境信息披露的质量。此外,本研究具有重要的政策意义。2021 年,"碳达峰""碳中和"目标首次被写入政府工作报告。这一目标的提出使得企业的环境问题再次成为社会关注的焦点。生态环境部出台的《环境信息依法披露制度改革方案》旨在规范和完善环境信息披露制度,加强对上市公司环境信息披露的监管,减少环境信息披露中的舞弊行为,促使企业提供高质量的环境信息披露,降低代理成本,缓解公司与投资者之间的信息不对称,从而切实保护投资者的利益。本文的实证结果为这一政策提供了理论依据。然而,本文的研究存在一定的局限性，未来的研究可以进一步改进和完善。首先，由于数据的局限性，本文未能研究强制环境信息披露与自愿环境信息披露对融资约束影响的差异性。其次，本文只选取了国内重污染行业的上市公司作为研究样本，可能会导致结论的片面性。最后，关于如何提高企业环境信息披露质量和促进绿色经济发展，本文未能进行深入探讨。

未来的研究可以从以下几个方面进行改进：首先，可以扩大研究样本范围，纳入更多行业的公司，分析不同类型企业环境信息披露对融资约束的影响；其次，可以细化环境信息披露的类型，比较强制披露和自愿披露对融资约束的不同影响；最后，可以深入探讨提高企业环境信息披露质量的具体措施，研究其对绿色经济发展的促进作用。通过这些改进，可以为政策制定者和企业管理者提供更加全面的参考和指导，推动企业实现可持续发展目标。

参考文献

［1］张纯，吕伟．信息披露、市场关注与融资约束［J］．会计研究，2007（11）：32－38，95．

［2］吴红军，刘啟仁，吴世农．公司环保信息披露与融资约束［J］．世界经济，2017，40（5）：124－147．

［3］宁亚平．盈余管理的定义及其意义研究［J］．会计研究，2004（9）：62－66．

［4］夏立军，鹿小楠．上市公司盈余管理与信息披露质量相关性研究［J］．当代经济管理，2005（5）：147－152，160．

［5］白云霞，吴联生．信息披露与国有股权私有化中的盈余管理［J］．会计研究，2008（10）：37－45，96－97．

［6］顾群，翟淑萍．信息披露质量、代理成本与企业融资约束——来自深圳证券市场的经验证据［J］．经济与管理研究，2013（5）：43－48．

［7］屈文洲，谢雅璐，叶玉妹．信息不对称、融资约束与投资—现金流

敏感性——基于市场微观结构理论的实证研究 [J]. 经济研究, 2011, 46 (6): 105 - 117.

[8] 杜兴强, 周泽将. 信息披露质量与代理成本的实证研究——基于深圳证券交易所信息披露考评的经验证据 [J]. 商业经济与管理, 2009 (12): 76 - 82, 90.

[9] 任力, 洪喆. 环境信息披露对企业价值的影响研究 [J]. 经济管理, 2017, 39 (3): 34 - 47.

[10] 何孝星, 叶展. 股权激励会影响企业融资约束吗?——基于我国上市公司的经验证据 [J]. 经济管理, 2017, 39 (1): 84 - 99.

[11] 魏明海. 盈余管理基本理论及其研究述评 [J]. 会计研究, 2000 (9): 37 - 42.

[12] 温忠麟, 张雷, 侯杰泰, 等. 中介效应检验程序及其应用 [J]. 心理学报, 2004 (5): 614 - 620.

[13] LEUZ C, VERRECCHIA R E. The Economic Consequences of Increased Disclosure [J]. Journal of Accounting Research, 2000, 38: 91 - 124.

[14] SHROFF N, SUN A X, WHITE H D, et al. Voluntary disclosure and information asymmetry: Evidence from the 2005 securities offering reform [J]. Journal of Accounting Research, 2013, 51 (5): 1299 - 1345.

[15] MYERS S C, MAJLUF N S. Corporate financing and investment decisions when firms have information that investors do not have [J]. Journal of Financial Economics, 1984, 13 (2): 187 - 221.

[16] BERNANKE B, GERTLER M. Financial Fragility and Economic Performance [J]. The Quarterly Journal of Economics, 1990, 105 (1): 87 - 114.